国家自然科学基金面上项目（项目编号：71974095）资助

专利信息语义表示与深度挖掘

张金柱 著

图书在版编目（CIP）数据

专利信息语义表示与深度挖掘 / 张金柱著. —北京：科学技术文献出版社，2021.12

ISBN 978-7-5189-8612-5

Ⅰ.①专… Ⅱ.①张… Ⅲ.①专利—信息系统—系统开发—研究 Ⅳ.① G252.7

中国版本图书馆 CIP 数据核字（2021）第 232708 号

专利信息语义表示与深度挖掘

策划编辑：孙江莉　责任编辑：崔灵菲　胡远航　责任校对：王瑞瑞　责任出版：张志平

出　版　者	科学技术文献出版社
地　　　址	北京市复兴路15号　邮编 100038
编　务　部	（010）58882938，58882087（传真）
发　行　部	（010）58882868，58882870（传真）
邮　购　部	（010）58882873
官 方 网 址	www.stdp.com.cn
发　行　者	科学技术文献出版社发行　全国各地新华书店经销
印　刷　者	北京虎彩文化传播有限公司
版　　　次	2021 年 12 月第 1 版　2021 年 12 月第 1 次印刷
开　　　本	710×1000　1/16
字　　　数	304千
印　　　张	19
书　　　号	ISBN 978-7-5189-8612-5
定　　　价	78.00元

版权所有　违法必究

购买本社图书，凡字迹不清、缺页、倒页、脱页者，本社发行部负责调换

前　言

党的十九大报告提出，创新是引领发展的第一动力，是建设现代化经济体系的战略支撑，要"倡导创新文化，强化知识产权创造、保护、运用"。作为知识产权的主要载体和代表的专利，是创新活动中的重要基础资源。一方面，从资源的产生与效用看，专利存量基数庞大，专利增量屡创新高，专利数据不仅成为科技大数据集中的重要组成部分，还不断促进和推动科技进步，持续为创新驱动发展战略实施提供重要支撑；另一方面，从创新活动模式的转变与提出的新要求来看，新一轮技术革命催生的数据密集型科学研究与创新范式使得专利大数据成为国家重要的基础性战略资源，促使强调需求驱动的管理决策逐渐向强调数据驱动的管理决策转变。对海量、类型多样、增长快速且内容真实的专利大数据进行深度挖掘，可以从中发现辅助决策的隐藏模式、未知的相关关系及其他有用的信息，从而实现趋势判断、动向感知、前瞻预测、前景研判，为规划优先发展方向、规避潜在落后技术、优化科技创新布局等管理决策提供支持和辅助。

因专利大数据深度挖掘的语义相关和知识推理区别于一般专利挖掘，所以其对语义数据支持提出了必然要求。与此同时，语义数据支持中的专利信息语义表示又能更好地促进专利信息深度挖掘，二者相辅相成，互相关联。构建在神经网络基础上的表示学习模型为专利信息语义表示提供了可借鉴的途径和方法。表示学习通过多层神经网络将原始数据通过非线性模型转变为更高层次的特征表示，将原来由人工设定的特征工程转换为机器的自我学习过程，把研究对象的语义信息映射为低维度的、连续的语义向量，作为多种分类、聚类和推荐任务的输入。因此，通过借鉴表示学习的理论和方法，设计合适的特征学习模型，利用低维度的连续特征来表示原有的高维度离散特征，把专利信息中的多种网络结构特征和文本内容特征映射到统一的语义向量空间里，最大限度保留原有语义信息，实现专利大数据的语义表示，能够为后续专利信息深度挖掘提供基础和前提。因此，本书针对专利信息深度挖掘的具体问题，应用和改进多种网络表示学习方法、文本表示学习方法和融合表示学习方法，研究基于表示学习的专利特征项抽取、表示和融合，形成专利数据语义表示，为多种情报分析任务提供理论、方法和数据支撑。

以专利数据语义表示为基础，专利信息深度挖掘问题能够得到更好的解决。本书根据专利数据分析与挖掘的一般流程，结合其中的研究重点和研究热点，着力解决以下5个方面的问题。

①专利科学引文元数据抽取和分析。当前科学技术间的关联研究主要通过非专利引文分析实现，非专利引文包括期刊论文、会议论文、著作、文件等多种类型，而其中很多类型并不能作为科学知识的代表。如何借鉴和改进表示学习方法，快速准确地识别出非专利引文中的专利科学引文，进而抽取专利科学引文中的多种特征项来表示专利引用的科学知识，实现更准确的科学技术关联分析，研究科学知识与技术应用间的知识转移和流动，是专利信息深度挖掘的基础性工作。

②无监督跨语言专利推荐。跨语言专利推荐可以为企业和个人遴选相关重要专利、发现相关技术发展趋势、追踪最新技术进

展提供辅助，进而提供个性化的信息推送和决策支持服务，是有效获取其他语言相关专利的重要途径。当前，跨语言专利推荐多从查询词和文本精确翻译的角度出发，往往需要大规模特定领域的双语词典、双语语料库及高效准确的机器翻译等方法来实现有监督的跨语言查询扩展，导致这些方法应用扩展到其他领域进行跨语言专利推荐的难度较大。与此同时，由此推荐的专利大多是相似专利，推荐的多样性和相关性尚需进一步扩展，亟须从专利文本语义表示角度出发进行相关专利推荐，以提供更好的决策支持服务。

③技术机会预测。技术机会作为技术创新及市场创新活动的基础，可以为企业提供可能的未来发展方向参考，是进行任何一项技术创新活动都要考虑的重要因素，也是决定企业能否顺利开展技术创新活动的关键环节。当前研究主要侧重于对已发生的技术机会进行发现，而技术机会预测则多是通过分析大量历史数据进行验证。实际上，当技术机会出现时，一般还没有积累大量数据，特别是在技术机会尚处于萌芽阶段的时候。因此，需要借助表示学习方法和类比设计方法，协同利用具有类似功能或效果的相关领域数据，在尚未累积大量数据的技术萌芽期对技术机会进行预测，更好地支撑数据驱动的管理决策。

④技术融合预测。技术融合是新技术产生的重要来源，预测潜在的技术融合成为企业提高竞争能力、获取竞争优势甚至是颠覆现有市场的最有效和最重要的技术手段。当前，技术融合预测的定量分析和研究主要从3个角度展开，包括基于专利引用的技术融合预测、基于专利分类号共现的技术融合预测及基于专利文本的技术融合预测，但还存在以下问题亟须解决：第一，专利引

用具有一定的时间滞后性，需要一定的时间积累，因此现有研究多是对已有技术融合的验证，不利于技术融合预测。第二，专利分类号共现不能体现专利分类号在序列中的位置特征和上下文语义，由此得到的专利分类语义表示可能存在信息丢失的问题。此外，现有研究一般平等对待专利分类序列中的每个专利分类号，进而赋予同样的文本信息，造成不同专利分类具有大量相同文本，不利于区分专利分类。尤为重要的是，专利分类网络结构和文本内容中的每一维特征的贡献程度可能并不相同，需要针对不同领域数据进行针对性学习，自动调整特征的权重和贡献。

⑤专利大数据处理与分析系统构建。全流程专利数据处理与分析的工具软件较少，而且一般仅能实现专利处理与分析中的某一步骤，无法形成规范的输入输出，难以简便快捷地对特定领域进行全流程分析与处理。此外，需要针对专利数据分析与挖掘，系统调研专利特征项，设计专利数据仓库，研究和实现专利大数据获取、解析、预处理、查询、统计、分析和可视化的全流程专利处理与分析系统，从而为专利数据深度挖掘提供更好的工具软件支撑。

为了解决上述问题，本书引入表示学习理论与方法，研究专利信息语义表示，进而针对情报分析现实需要，从专利信息语义表示角度形成了一系列新方法和新技术，主要包括：从专利科学引文角度出发，提出基于表示学习的专利科学引文识别、专利科学引文特征项抽取及多种专利科学引文内容深度挖掘方法；从专利推荐角度出发，利用不同语种但相同语义的词在语义空间中位置相近的原理，提出基于表示学习的无监督跨语言专利推荐方法；从技术机会预测角度，结合表示学习和类比设计，提出基于短语语义表示和类比设计的技术机会预测方法；从技术融合预测角度，结合表示学习理论与方法，研究专利分类文本赋予及其语义表示、专利分类网络结构语义表示及融合表示，形成基于专利分类语义表示的技术融合预测方法；从信息系统构建角度，设计专利数据仓库，研究和实现专利大数据获取、解析、预处理、查询、统计、分析和可视化的全流程专利处理与分析系统构建。

  本书的顺利完成和出版，离不开信息分析小组研究生的支持和帮助，他们分别是胡一鸣、李溢峰、蒋霖琪、王秋月、仇蒙蒙、韩永亮、徐知迅、刘越、张轩、叶晓宇和施佳璐等。此外，感谢家人对笔者的关怀和鼓励，也衷心感谢科学技术文献出版社编辑们的辛勤付出。由于笔者水平有限，书中难免有疏漏之处，恳请各位读者批评指正，共同推动专利分析与挖掘的研究不断深入。

张金柱

2021 年 10 月 8 日

目　　录

1 绪论 …………………………………………………………………… 1

  1.1 专利信息语义表示与深度挖掘的研究背景 ………………………… 2
      1.1.1 专利信息语义表示成为必然趋势 ……………………………… 9
      1.1.2 专利信息深度挖掘成为创新发展的重要助力 ………………… 11
  1.2 相关概念界定 ………………………………………………………… 13
      1.2.1 专利信息基础类概念 …………………………………………… 13
      1.2.2 专利信息表示类概念 …………………………………………… 15
      1.2.3 专利信息挖掘类概念 …………………………………………… 17
      1.2.4 专利信息系统构建类概念 ……………………………………… 19
  1.3 研究意义和研究问题 ………………………………………………… 20
      1.3.1 研究意义 ………………………………………………………… 21
      1.3.2 研究问题 ………………………………………………………… 24
      1.3.3 研究内容 ………………………………………………………… 26
  1.4 研究方法和研究框架 ………………………………………………… 27
      1.4.1 研究方法 ………………………………………………………… 27
      1.4.2 研究框架 ………………………………………………………… 30

2 专利信息语义表示与深度挖掘的理论和方法基础 ……………………… 32

  2.1 表示学习 ……………………………………………………………… 32
      2.1.1 网络表示学习 …………………………………………………… 33
      2.1.2 文本表示学习 …………………………………………………… 35
      2.1.3 融合表示学习 …………………………………………………… 39
  2.2 专利信息深度挖掘 …………………………………………………… 42
      2.2.1 专利网络挖掘的视角 …………………………………………… 42
      2.2.2 专利文本挖掘的视角 …………………………………………… 45

3 专利科学引文语义表示与挖掘··52
3.1 专利科学引文挖掘的研究背景和研究问题················52
3.2 专利科学引文语义表示与挖掘的相关研究··················53
3.2.1 专利科学引文元数据抽取研究·····················53
3.2.2 专利科学引文内容挖掘研究·······················56
3.3 基于表示学习的专利科学引文元数据自动抽取···········60
3.3.1 专利科学引文识别······················60
3.3.2 专利科学引文标题抽取························63
3.3.3 专利科学引文元数据自动抽取实证分析·············67
3.4 基于表示学习的专利科学引文内容挖掘······················73
3.4.1 专利科学引文内容元数据的获取····················74
3.4.2 基于专利科学引文的科学关联度计算················75
3.4.3 基于专利科学引文摘要的内容挖掘··················75
3.4.4 基于专利科学引文关键词的内容挖掘················77
3.4.5 专利科学引文内容挖掘实证分析····················78

4 基于专利文本语义表示的跨语言相关专利推荐··················95
4.1 跨语言专利推荐的研究背景和研究问题······················95
4.2 跨语言专利推荐的相关研究································96
4.2.1 专利推荐···························96
4.2.2 跨语言专利检索······················99
4.2.3 跨语言词向量映射·····················101
4.3 基于表示学习的跨语言相关专利推荐·······················103
4.3.1 词向量映射理论基础··················103
4.3.2 构建无监督跨语言词向量映射方法·················105
4.3.3 基于无监督词向量映射的双语专利文本表示方法·····109
4.3.4 基于双语专利文本表示的跨语言相关专利推荐方法···113
4.4 实证研究······································114
4.4.1 数据来源······················114
4.4.2 数据预处理··················117
4.4.3 评价方法·······················118

4.4.4　结果分析 ·· 118

5　基于短语语义表示的技术机会预测 ································· 136
　5.1　技术机会预测的研究背景和研究问题 ························· 136
　5.2　技术机会预测的相关研究 ·· 138
　　5.2.1　类比设计 ·· 138
　　5.2.2　潜在技术机会预测研究 ··································· 140
　　5.2.3　潜在技术机会实现路径研究 ····························· 143
　5.3　基于表示学习和类比设计的潜在技术机会预测方法 ······ 148
　　5.3.1　技术机会有关的类比知识单元抽取 ··················· 148
　　5.3.2　技术机会有关的类比关系建立 ·························· 151
　　5.3.3　基于技术机会得分的潜在技术机会预测 ············· 152
　　5.3.4　基于类比设计的潜在技术机会预测实证研究 ······ 153
　5.4　基于表示学习和知识图谱的技术机会实现路径构建 ······ 165
　　5.4.1　潜在技术机会实现路径技术主题抽取 ················ 165
　　5.4.2　潜在技术机会实现路径构造 ···························· 168
　　5.4.3　潜在技术机会实现路径知识图谱构建 ················ 170
　　5.4.4　技术机会实现路径构建实证研究 ······················ 171

6　基于专利分类语义表示的技术融合预测 ·························· 182
　6.1　技术融合预测的研究背景和研究问题 ························ 182
　6.2　技术融合预测的理论与方法基础 ······························ 184
　　6.2.1　基于专利引用的技术融合预测 ························· 185
　　6.2.2　基于专利分类号共现的技术融合预测 ················ 186
　　6.2.3　基于专利文本的技术融合预测 ························· 187
　6.3　基于专利分类语义表示的技术融合预测 ····················· 188
　　6.3.1　基于专利分类序列语义表示的技术融合预测 ······ 188
　　6.3.2　基于专利分类文本语义表示的技术融合预测 ······ 190
　　6.3.3　基于专利分类序列结构和文本内容语义融合的
　　　　　技术融合预测 ··· 193
　　6.3.4　基于链路预测的技术融合预测定量评估方法 ······ 194
　6.4　实证研究 ·· 195

6.4.1　数据来源 …………………………………………… 196
　　6.4.2　数据解析 …………………………………………… 197
　　6.4.3　数据预处理 ………………………………………… 200
　　6.4.4　基于专利序列语义表示的技术融合预测结果 …… 203
　　6.4.5　基于专利分类文本语义表示的技术融合预测结果 … 205
　　6.4.6　融合专利分类序列与文本语义表示的技术融合预测结果 … 207
　　6.4.7　技术融合预测示例 ………………………………… 210

7　专利大数据全流程处理与分析系统 ……………………… 214
7.1　需求分析 …………………………………………………… 214
　　7.1.1　系统需求分析 ………………………………………… 214
　　7.1.2　竞品分析 ……………………………………………… 216
7.2　概要设计 …………………………………………………… 218
7.3　详细设计 …………………………………………………… 221
　　7.3.1　系统开发流程设计 …………………………………… 221
　　7.3.2　界面设计及使用流程 ………………………………… 222
　　7.3.3　数据库设计 …………………………………………… 238

8　基于网络表示学习的专利信息分析系统 ………………… 241
8.1　系统设计 …………………………………………………… 241
　　8.1.1　需求分析 ……………………………………………… 241
　　8.1.2　系统应用流程设计 …………………………………… 242
　　8.1.3　系统开发流程设计 …………………………………… 243
8.2　界面设计与功能模块 ……………………………………… 244
　　8.2.1　专利系统主界面 ……………………………………… 244
　　8.2.2　专利数据导入模块 …………………………………… 245
　　8.2.3　专利网络生成模块 …………………………………… 245
　　8.2.4　专利网络语义表示模块 ……………………………… 247
　　8.2.5　专利主题识别模块 …………………………………… 249
　　8.2.6　专利主题可视化模块 ………………………………… 249
　　8.2.7　相似专利推荐模块 …………………………………… 251
8.3　系统的具体功能及使用 …………………………………… 251

8.3.1 系统功能的实现过程 ……………………………………… 251
　　8.3.2 系统功能实现的关键技术 …………………………………… 253

9 结论与展望 ……………………………………………………………… 256
9.1 研究总结 …………………………………………………………… 256
9.2 贡献与创新之处 …………………………………………………… 261
9.3 不足与后续研究 …………………………………………………… 263

参考文献 …………………………………………………………………… 266

1 绪 论

党的十九大报告提出,创新是引领发展的第一动力,是建设现代化经济体系的战略支撑,要积极"倡导创新文化,强化知识产权创造、保护、运用"。专利文献作为科技信息最重要的载体,几乎包括了所有应用领域内的最新技术成果,比一般科技文献刊物所提供的信息要早 5~6 年,而且 70%~80% 的创新发明仅通过专利文献公开,并不见于其他科技文献。所以相比其他文献形式,专利文献内容新颖,实用性强并具有法律效力。因此,作为一种集技术、法律、商业信息为一体的情报源,专利信息越来越受到重视,并且已经成为社会和企业科研成果和新产品研发的重要信息来源。

随着创新驱动发展战略的深入推进,专利在创新驱动中的作用日益凸显,专利深度挖掘的作用也在多个层面深入体现。如在国家层面,自党中央提出"创新驱动发展战略"、国家推行《国家创新驱动发展战略纲要》以来,科技情报相关机构、学者便开始着力于通过专利信息深度挖掘把握学科领域的前沿热点主题及动态演化过程,并评估预测其发展趋势,进而辅助科研选题与决策,实现学术资源的合理配置,找到我国技术创新突破口,推动国家科技创新进程。在产业层面,基于大数据的知识发现已经成为科技领域知识发现的重要形式[1],随着"五型"融合的情报研究新范式的发展,专利也成为其中专业型战略情报研究的重要基础[2]。据统计,全球 80% 左右的技术信息出现在专利文献中,因其是技术创新最直接的表现方式,故通过专利信息深度分析与挖掘可有效将多个产业技术创新知识吸收及扩散结合起来,为创新主体制定创新战略、为实现跨行业技术突破提供基础,进而实现产业经济效益最大化。在行业层面,一是通过对海量、类型多样、增长快速且内容真实的专利大数据进行深度挖掘,可以从中发现辅助决策的隐藏模式、未知的相关关系及其他有用信息[3],从而实现行业趋势判断、动向感知、前瞻预测、前景研判,可为企业规划优先发展方向、规避潜在落后技术、优化科技创新布局等管理决策提供有力支持和辅助;二是在进行技术革新、技术创造时,可以利用专利信息分析获得启发、扩大思路,借助他人的技术构思和技术方案,解决企业的实际问题,同时促进新发明的产生,从而有利于企业采用新技术和避免侵权风险。

专利信息深度挖掘不完全等同于传统的共词分析、同被引分析、耦合分析等科学计量方法在专利信息上的应用,而应与大数据时代多种深度学习和表示学习方法深度结合,探索专利信息语义表示基础上的深度挖掘,因此迫切需要研究专利信息语义融合、关联及知识推理实现语义数据支撑[3]。当前,在网络化和数字化交织的大数据环境下,专利信息的生产、存储、传播、发现与利用呈现出多种新特点,由此对专利信息语义融合也提出了新要求[4]。主要体现在以下3个方面:第一,专利外部特征项及其关联关系构成的专利网络结构日趋复杂多样,导致专利不仅受到其自身特征项及自身之间关联关系的影响,还受到其他专利及其特征项和它们之间复杂多维关联关系的影响,这些关系形成了专利在所处网络中的复杂上下文语境信息,由此对专利网络结构语义的表示程度和方法提出了更高的要求;第二,由专利正文、引用内容、引文内容、摘要内容等组成的文本内容日益丰富、繁杂,导致文本表示时特征向量稀疏和维度过高,如在行业技术发现等研究中无法有效揭示词语间的语法、语义和语义依存性与词语内在的语义多样性等问题,以及文本内容表示尚不足以支撑从语义关联和知识推理角度出发的专利信息深度挖掘,导致现有研究存在诸多不足,所以迫切需要形成专利文本语义表示方法;第三,网络结构和文本内容共同作用才能表达出完整的专利语义信息,也使得二者融合成为了必然趋势,如在专利推荐、技术机会发现等任务中迫切需要研究和设计多种网络结构与文本内容结合的语义融合方法。

因此,本书将从专利信息语义表示出发,深度挖掘其潜在内涵,并在此基础上结合数据分析与知识发现中的现实需要和研究问题,提出在语义表示视角下的一系列新方法和新技术,从专利全元数据和全文数据获取和解析、跨语言专利推荐、技术机会预测、技术融合分析,以及专利信息系统开发等角度展开专利信息语义表示与深度挖掘研究,促进知识产权数据的深度利用,挖掘其中蕴藏的知识价值,促进技术创新,辅助管理决策。

1.1 专利信息语义表示与深度挖掘的研究背景

习近平总书记2018年在两院院士大会上的重要讲话中指出:"世界正在进入以信息产业为主导的经济发展时期。我们要把握数字化、网络化、智能化融合发展的契机，以信息化、智能化为杠杆培育新动能"。这一重要论述是对当今世界信息技术的主导作用、发展态势的准确把握，是对利用信息技术推动国家创新发展的重要部署[5]。随着经济和科技的日益进步与发展，市场需求变化与科学技术变革速度加快，全球经济一体化的进程不断加速，技术创新的规模和进程正在以前所未有的速度发展。与此同时，科技产业化不断加快，技术及产品的生命周期大大缩短，原始的资金、规模、劳动力数量间的竞争逐渐被技术竞争取代。专利作为技术活动的产物，以及知识产权主要的载体和代表，是创新活动中的重要基础资源，记载了发明创造的成就和轨迹，是当今时代最重要的技术文献和知识宝库。通过对专利进行分析，为制定相关的创新战略、研发策略和竞争策略提供参考和支撑十分重要。此外，专利信息作为一种重要的技术领域研究资源，从中可以获得有价值的技术情报，用于技术机会发现、技术趋势分析、知识推荐等多方面研究。但随着各项研究对文本语义要求的提高，许多传统的专利信息处理方法已无法满足当前研究需要，这为专利信息语义表示与深度挖掘在各项研究中提供了充足的应用空间。

（1）科学引文内容抽取与挖掘

作为专利引文的子类，专利科学引文是科学知识（科学论文）与技术创新（专利）之间产生关联关系的媒介。当前科学技术间的关联关系主要通过非专利引文分析实现，而非专利引文类型繁多、错综复杂，很多类型并不能作为科学知识的代表，如果识别出非专利引文中的专利科学引文来表示专利引用的科学知识，就可以实现更准确的科学技术关联关系分析。通过对专利科学引文进行分析，可以掌握科学技术间的关联关系，进而获知科学知识与技术应用间的知识转移和流动。然而，专利科学引文的深层次内容挖掘和分析迫切需要识别专利科学引文的内容元数据，进而才能更准确、全面地从内容角度发掘科学技术在哪些学科、领域、技术间产生知识流动并产生了何种影响。所以，倘若能实现高效率的专利科学引文元数据抽取，就可以为专利科学引文分析提供强有力的数据支持。

目前，专利科学引文元数据抽取主要包括3种方法，分别为基于规则的、基于模板的和基于机器学习的专利科学引文元数据抽取。基于规则的元数据抽取使用一组由领域专家事先定义好的规则来抽取元数据。由于基于规则的方法需事先设计一系列的抽取规则，并要经常对这些规则进行维护，因此规则的适应性较为一般，每当处理新的引文风格时，就要增加新的规则，这样往往较耗费人力物力。此外，规则一旦被定义，就固定不变，后续修改调整比较困难。基于模板的方法是实现引文元数据抽取的另一种广泛使用的方法，易于实现，但其抽取结果取决于文档的风格和版式，适应性较差。基于机器学习的方法则是利用机器学习技术进行抽取，在元数据抽取上取得了较好的效果，但对样本进行人工标注和训练时则比较费时费力，还需进一步融入更丰富的文本上下文语义信息。而将表示学习方法运用到专利科学引文元数据抽取中的最大优势在于，可以通过表示学习方法学习专利科学引文文本的语义特征，得到信息更全面的向量表示，因此能够更准确地表示专利科学引文及其对应的元数据。在此基础上，再通过分类算法便可以完成专利科学引文的识别和抽取工作。

因此，本书在第3章中提出了一种基于表示学习的专利科学引文元数据抽取方法。首先，利用表示学习自动提取专利科学引文的多种特征，形成多维语义向量表示专利科学引文，并结合分类算法，识别出非专利引文中的专利科学引文；其次，在此基础上，基于表示学习方法提取专利科学引文元数据的多个特征项，形成每种元数据的语义向量表示，并结合分类算法识别专利科学引文元数据；最后，将专利科学引文元数据自动抽取和内容挖掘方法应用到"纳米技术"领域的相关研究中，分别进行了元数据抽取和内容挖掘的实验。结果表明，提出的元数据抽取方法与传统方法相比具有更高的准确率、召回率，提出的内容挖掘方法具有可用性和实用性。

专利科学引文的内容挖掘是非专利引文分析的子内容，也是专利引文研究中的重要内容。总的来看，专利引文分析的相关研究经历了专利引文分析—非专利引文分析—专利科学引文分析这一发展历程。其中，专利引文分析主要研究专利代表的技术创新带来的经济及技术创新等方面影响的评估，以及对特定技术领域的分析和预测，分析方法以共被引、耦合、聚类等引文分析方法为主；非专利引文分析研究集中于科学—技术关联关系分析、知识转移等方向，研究者主要使用文献计量的方法进行非专利引文分析的相关研究，具体可分为定量分析、建模分析、网络分析等方法；专利科学引文分析采用与非专利引文分析类似的方法，研究方法以文献计量为主。从内容层面出发，以专利科学引文的标题、摘要、关键词等内容元数据表示科学与技术在内容上的联系，并引入表示学习的方法对专利科学引文内容元数据中的语义信息进行表示，在此基础上对专利科学引文的内容进行挖掘。专利科学引文内容挖掘一般流程为：首先，利用抽取到的专利科学引文标题检索，得到专利科学引文的摘要、关键词等内容元数据；其次，利用聚类、表示学习、相似度计算等方法对数据进行分析；最后，将专利科学引文的内容挖掘结果与专利的内容挖掘结果进行对比，可实现内容层面的科学—技术间关联关系分析。

因此，本书在第3章中提出的专利科学引文内容挖掘方法以专利科学引文元数据抽取作为前提和基础，具体研究分为基于专利科学引文的科学关联度计算、基于专利科学引文摘要的内容挖掘及基于专利科学引文关键词的内容挖掘。

（2）跨语言专利推荐

跨语言专利推荐可以为企业和个人遴选相关重要专利、发现相关技术发展趋势、追踪最新技术进展，进而提供个性化的信息推送和决策支持服务。当前，专利推荐主要基于单语言专利文献数据，从专利的技术关键词、主题等内容特征出发，研究单语言环境下的相似专利推荐，而专门针对双语或者多语种专利文献数据的跨语言专利推荐和分析还较少。跨语言专利推荐和分析一般是将跨语言检索中涉及的词翻译和机器翻译等技术直接应用于专利推荐中，目前主要包括3种方法：第一种是基于词典的方法，这种方法主要是从双语或者多语专利词典中选择合适的词来替代查询词，如基于HowNet、WordNet等的查询词翻译和扩展。该方法的优点是简单、易于实现，但是由于词拥有多种含义，以及词典的涵盖范围有限，并且词典构造工作量很大，费时费力，因而对于专利数据尤其是术语较多的专利数据来说，难以实现有效的查询词翻译。第二种方法是基于语料库的方法，这种方法借助专利语料库中对同一信息的不同语种的互译对进行比较，过滤查询翻译后产生的歧义翻译项。与第一种方法一样，该方法也需要较大规模的语料库来训练模型进而提高检索效果。第三种方法是基于机器翻译的方法，其基本思路是将双语或者多语言的机器翻译模型应用于多语言专利推荐和检索应用中。总的来说，以上跨语言专利推荐的方法多从查询词和文本精确翻译的角度出发，往往需要大规模特定领域的双语词典、双语语料库及高效准确的机器翻译方法来实现有监督的跨语言查询扩展，导致这些方法应用扩展到其他领域进行跨语言专利推荐的难度较大；与此同时，推荐的专利大多是相似专利，推荐的多样性和相关性尚需进一步扩展，所以亟须从专利文本语义的角度出发，进行相关专利推荐方法探索，以期提供更好的决策支持服务。

因此，针对多语言专利文献数量巨大因而难以有效获取跨语言相关专利的迫切现实需求，本书在第4章中借鉴深度学习的理论和方法，改进相关专利推荐技术，基于无监督跨语言词向量映射的方法，使用中英专利单语语料库独立训练中英单语专利词向量，然后通过线性变换将其映射到共享语义空间。在既不需要任何外部双语词典，也不需要大型双语语料库的情况下，就可以得到很好的中英专利相关词映射关系，实现跨语言需求相关专利词推荐。以此为基础，利用文本表示学习方法，自动学习中英专利文本的语义信息，并在统一语义向量空间中进行表示，最后通过向量相似度计算方法，计算不同语言下专利文本间的语义相似度，构建基于表示学习的跨语言专利推荐方法，实现跨语言相关专利推荐。

（3）技术机会预测

技术机会作为技术创新及市场创新活动的基础，是进行任何一项技术创新活动都要考虑的因素，可以为创新机构提供诸多的契机和可能性，是决定企业能否顺利开展技术创新活动的关键环节。然而技术机会并不是以成品的形式存在，而是隐藏于论文、专利及研究报告等大量数据的背后[6]。仅仅依靠专家的背景知识和智慧来发现潜在的技术机会不仅耗时耗力，也存在一定的片面性和局限性。当前，针对某个领域的技术机会预测研究主要借助一定的数据挖掘技术、科技监测方法及文献计量分析方法，从不同类型的信息资源中识别出价值含量较高的技术机会。然而这类方法大多着眼于该领域的自身数据，很难发现数据中还未提及的潜在技术机会，而实际上潜在技术机会在萌芽阶段几乎不会出现在这些数据中，就算出现也很难判别，等到具有足量数据进行识别时已经存在很强的时滞性。此外，对于一些相关数据较少的研究领域，特别是刚出现的新兴研究领域来说，找到的潜在技术机会非常有限，参考价值也不高。因此，有必要设计一种不仅能够有效使用最新研究领域的数据集，还能扩充数据范围，实现充分有效利用较成熟的某些领域的已有数据，通过协同利用不同数据来预测潜在技术机会的方法。

同时，目前技术机会的研究主要在于识别出潜在技术机会，虽然一定程度上解决了"做什么"的问题，却较少提及技术机会后续的实现路径。而在现实生活中，"怎么做"的问题同样重要。因此，如果能够在发现潜在技术机会的基础上，进一步提供技术机会的实现路径，就可以帮助企业更快地实现技术创新，赢得竞争优势。由于潜在技术机会通过潜在的研究问题来体现，所以若能构建出研究问题关键技术到潜在研究问题的语义关联路径，便能够完成潜在技术机会实现路径的构建。

因此，本书在第5章中提出了一种基于类比设计的潜在技术预测及实现路径构建的方法：首先，利用深度学习的方法抽取类比目标领域和类比源领域专利中的研究问题信息—专利功效短语，作为进行类比的共同语义成分；其次，设计专利功效短语的语义向量表示方法，并基于语义相似度通过聚类实现类比的建立；最后，根据类比的结果，对技术机会进行定性分析与定量评估，以发现潜在的技术机会，并在此基础上构建其实现路径。将上述方法运用在5G领域，可分别进行潜在技术机会预测和其实现路径构建的实验。

(4) 技术融合预测

技术融合是新技术产生的重要来源，提前预测潜在的技术融合成为企业获取竞争优势、提高竞争能力甚至是颠覆现有市场的最有效和最重要的技术手段。技术融合一般是指两种或多种技术通过有机结合以形成新技术机会的过程[7]，而技术融合预测则是通过历史数据计算尚未发生融合的多个技术之间的相似性或相关性，以此来表示未来发生技术融合的可能性。新的技术融合可能诱发新的技术机会产生，而这些新技术机会又可以引发技术变革或技术创新，为企业带来新的价值及新颖的产品和服务[8-11]。所以技术融合预测不仅是技术机会的重要来源，也是技术创新的基础和前提，因此也被认为是企业保持市场地位、持续发展、避免被其他企业颠覆的关键影响因素。

技术融合形成的原因多样且复杂，在定量分析中主要以专利分类号代表某一技术或功能，并以多个专利分类号在同一专利中出现作为技术融合的外在表现，进而研究特定形式下的技术融合。目前主要从3个角度开展技术融合预测研究，包括基于专利引用的技术融合预测、基于专利分类号共现的技术融合预测及基于专利文本的技术融合预测。其中，基于专利引用的技术融合预测利用专利之间的引用关系构建专利引用网络，通过共被引、引用频次等信息建立衡量技术融合的指标评估不同技术领域之间的融合可能性。但同族专利之间常常存在自引现象，使得引用网络变得复杂冗余，而且专利引用需要一定时间的积累，具有时间滞后性，因此多是对已有技术融合的验证，不利于技术融合预测。基于专利分类号共现的技术融合预测是通过获取每篇专利文献下对应的专利分类序列，依据分类号之间的共现关系构建共现网络，之后利用节点中心度、中介中心度等网络指标或结合标题、摘要等外部语义特征计算分类号之间的相似度来预测可能的技术融合。然而，由于专利分类号共现网络通过共现关系构建，往往不能体现专利分类号在序列中的位置特征和上下文语义，由此得到的专利分类语义表示可能存在信息丢失等问题。基于专利文本的技术融合预测是通过外部语义特征赋予专利分类号以文本信息，辅助专利分类共现网络进行技术融合发现，现有研究一般平等对待序列中的每个专利分类号，进而赋予同样的文本信息[7]，因此导致多个专利分类号之间文本信息冗余，形成的专利分类号文本表示相似度高，从而区分度较低，对于技术融合的作用难以体现。此外，尤为重要的是，专利分类号的网络表示与文本表示在融合过程中，多采用直接拼接、点乘等方式进行，而对于不同领域，网络和文本中的每一维特征的贡献程度可能并不相同，因此有必要针对不同领域数据进行针对性学习，实现自动调整特征的权重和贡献。

基于上述背景信息，本书在第 6 章提出了一种基于专利分类序列和文本语义融合的技术融合预测方法。首先，选取细粒度专利分类号，直接对专利分类序列进行语义表示，研究基于细粒度专利分类序列语义表示的技术融合预测；其次，通过分析专利分类序列中不同位置专利分类号的重要性，设计专利分类文本分配方法，并结合文本表示学习方法，研究基于专利分类文本语义表示的技术融合预测；最后，设计特征融合方法，基于机器学习方法自动学习专利分类序列和专利文本两种语义表示中每维语义特征的贡献度和权重，研究基于序列结构和文本语义融合的技术融合预测。

(5) 专利大数据处理与分析系统

面对专利数据量日益庞大的现状，系统功能逐渐跟不上需求增长的速度，如 Delphion，尽管起步较早，但在近些年更新速度明显放缓。此外，虽然大多数已有软件的数据收录范围较广，但每个软件对地区数据的详尽程度不同，导致用户体验参差不齐。同时提供第三方数据库导入的系统操作一般较复杂，导入格式严格，用户难以导入指定格式数据。所以亟须开发一种能根据专利网站提供的数据，实现多方面数据解析，简单快捷导入数据等功能的系统。

总的来说，现有专利大数据处理系统类型繁多，但仍存在一些缺陷使得系统性能尚需提升，缺陷主要体现在：无法支撑全流程专利大数据处理与分析；难以根据现有数据形成结构化数据用于后续专利分析与内容挖掘；缺少针对特定领域的领域数据集；亟须新增专利数据预处理功能，如发明人消歧等；亟须对特定领域的重要发明人和研究团队进行识别；亟须对特定领域的重点研究主题进行识别等。

因此，本书在第7章中提出了一种开发专利大数据全流程处理与分析系统的方法。首先，进行全流程数据预处理和分析等系列操作；其次，优化检索功能，允许用户在检索界面进行单字段一般检索或者多字段高级检索，检索结果可导出保存到文件夹；再次，授权用户使用软件中多种分析方法对数据进行有效分析，如发明人合作网络、关键词共现、技术主题识别及发明人团队识别等；最后，对于分析结果提供可视化展示功能，使结果更清晰易懂，满足用户的不同需求。

（6）专利信息分析系统

总的来看，当前专利信息分析系统依然有多种问题亟须解决，具体问题主要包括以下方面：专利数据库虽多样，但下载格式繁多，难以进行相互转换；专利信息分析过程中，产生的中间数据可以作为其他分析方法、工具和系统的输入，但需要对必要的中间数据提前进行保存，以提高专利数据的利用率；在大数据环境下，因表示学习会对整个网络数据进行分析，从而容易造成数据处理速度慢、结果生成时间长和程序在运行时可能出现"假死""卡顿"等一系列问题，严重影响用户的使用体验，所以在进行系统设计时，充分考虑到用户的使用舒适性至关重要。此外，专利大数据中的大量其他信息尚待挖掘和分析，如文本信息、专利引用信息等，进而实现更为全面、系统的专利信息深度分析。

因此，在第8章中提出了一种专利信息分析系统设计方法——充分利用网络表示学习。该方法通过简单操作完成专利数据的处理、专利网络表示、主题识别、相关推荐等工作。首先，通过多种网络生成方法、网络表示学习方法，实现多种专利网络下的多种专利语义表示；其次，在此基础上结合聚类方法，发现技术研究现状和研究热点，并结合不同的时序数据，实现专利技术演化分析，发现技术发展趋势；最后，对结果进行可视化展示，使得主题表示结果更易于解释和说明，从而有效辅助管理决策和满足科研需要。

1.1.1 专利信息语义表示成为必然趋势

在技术竞争、技术创新和知识管理研究领域，专利分析一直被认为是国家技术经济分析和企业研发管理的有效工具。作为一种集技术、法律、商业信息为一体的情报源，专利信息越来越受到重视，并且已经成为社会和企业科研成果和新产品研发的重要信息来源。专利大数据通常具有多种特性，从不同角度看呈现出不同的特点。一方面，从资源的产生与效用看，专利存量基数庞大，增量屡创新高，可持续为创新驱动发展战略实施提供重要支撑；另一方面，从创新活动模式的转变与提出的新要求来看，新一轮技术革命催生的数据密集型科学研究与创新范式使得大数据成为国家重要的基础性战略资源，促使强调需求驱动的管理决策逐渐向强调数据驱动的管理决策转变[12]。因此，在实际研究中，专利文献对文本挖掘提出了独特的挑战与更高的要求。

首先，作为科技信息最重要的载体，专利几乎包括了所有应用领域内的最新技术成果，从中可获取丰富的技术情报，若在科研工作中能充分应用专利文献的信息价值，不仅可以提高科研项目的研究起点和水平，还可以减少60%左右的研究时间和40%左右的研究经费。随着互联网技术的发展，语义分析技术被广泛地应用于文本挖掘的各个方面之后，使得其在处理海量文本数据时更加智能，在一定程度上满足了科研需求，进一步降低了研究成本，由此受到广泛认可。

其次，语义表示是指利用表示学习将研究对象的语义信息表示为低维稠密实值向量，这种向量是一种分布式表示，孤立地看向量中的每一维，都没有明确对应的含义，而综合各维形成一个向量，则能够表示对象的语义信息。表示学习通过多层神经网络将原始数据通过非线性模型转变为更高层次的特征表示，将原来由人工设定的特征工程转换为机器的自我学习过程，把研究对象的语义信息映射为低维度的、连续的语义向量，作为多种分类、聚类、推荐任务的输入。因此，将表示学习方法运用到专利信息抽取中，在此基础上研究专利网络表示学习、专利文本表示学习、专利融合表示学习共3类语义表示方法，将专利大数据转化为低维稠密实值向量，实现知识的有效表示，可有效解决专利分析工作仅限于对外部特征项的分析、对内容项未进行深入挖掘、难以获得重要的科技信息等问题。

将专利信息语义表示应用于研究过程中将具有以下特点及优势：①方便操作。在语义向量的启发下，专利信息内容中的复杂语义关系被映射到连续的向量空间中，并包含一些深层语义层面的信息，便于在下游任务中更加方便地操作，如推荐任务、关系抽取等[13-15]。②简化计算，提高效率。专利文本信息进行表示学习后，通过相关方法可以计算语义相似度，使得计算效率显著提升。③提高计算的精确性。语义表示能够通过实体向量与关系向量距离的计算，处理低频对象的语义表示问题，从而提高精确性[16-18]。④使信息或语义融合变得更容易。在实际研究中，信息即使来源于不同的知识库（Knowledge Base，KB），但表达的对象也可能是同一个对象。因此研究人员们越来越清晰地意识到只有将异构信息进行充分融合，才能够得到准确的信息，而基于表示学习的语义分析能使知识融合变得更容易[19]。所以专利信息语义表示的应用具有显著优势。

同时，专利文本挖掘中现阶段的专利分析常通过专利统计、计算机等手段对专利文件的信息进行处理和分析，进而收集到有价值的情报以支持决策过程。但鉴于专利文献数据分析主要涉及文本信息抽取、文本分类、文本聚类、文本数据压缩、文本数据处理等内容。特别是文本信息抽取，其是专利文本数据处理的基础，在专利数量剧增的大环境下，对专利文本进行传统的处理分析已经不具有现实性。因此，为了深度挖掘大量专利文本中的信息，提供更多方面和深层次的技术信息和决策信息，将语义表示广泛用于专利信息的处理与挖掘任务中，如专利文献中与技术特征相关的概念、术语、属性等知识单元的识别和抽取、知识单元相关性测度、技术特征主题提取、技术领域知识库构建等，优化文本信息处理过程，提高专利信息利用率。

最后，语义表示作为深度学习中的最新方法，引入到专利信息挖掘中是对专利大数据深度挖掘方法体系的丰富和扩充。从理论上讲，与传统的基于统计的专利分析方法相比，专利内容深度挖掘更有助于从概念和内容的角度对专利文献中包含的技术特征（术语、关键词等）进行更深层次的分析，以测度不同专利文献之间的相似性，发现各种技术特征间的关系及其演变和发展趋势等，有助于企业从微观的角度把握技术创新细节，更高效地辅助企业技术创新决策[20]。

总的来说，在当前的大数据环境下，特别是数据密集型科学知识研究范式的出现，使得数据在信息抽取、知识推荐、技术预测、系统开发等方面的作用需要进一步加强，基于数据科学理论和方法的文本信息深度表示与挖掘成为迫切之需，因此积极探索语义表示学习在专利信息方面的相关应用已是学界和产业界的必然趋势。

1.1.2 专利信息深度挖掘成为创新发展的重要助力

2021年5月，习近平总书记在中国科学院第二十次院士大会、中国工程院第十五次院士大会和中国科协第十次全国代表大会上强调指出，我国原始创新能力还不强，创新体系整体效能还不高。因此，"十四五"时期，中

专利信息语义表示与深度挖掘

国不仅要加大科技投入,增加科技产出,更应该通过加快提升技术创新效率为实现经济高质量发展提供重要战略支撑[21]。技术创新对国家的社会进步和经济发展发挥着重要作用,并推动着相关产业的变革。当前,新一轮科技革命和产业变革突飞猛进,技术创新广度显著加大,技术创新深度显著加深,技术创新速度显著加快,技术创新精度显著加强。同时,随着经济全球化和科技的飞速发展及知识产权保护国际化意识的逐渐增强,国内外各行各业新兴技术不断涌现,技术创新更是呈现跨越式的发展。虽然我国近年来经济发展迅速,但我国现有的技术创新大多数是基于技术引进或模仿创新,突破性创新极少,这对我国持续竞争力的提高提出了极大的挑战。因此,中国的技术创新应尽快从单纯引进和模仿转向自主创新,逐渐重视突破性创新,迫切需要实现技术的跨越式发展。所以在新时代实施创新驱动发展战略的背景下,对技术创新成果进行全面、充分、有效的保护,掌握自主知识产权,避免核心技术流失,以及抓住技术创新成果的主要发明点巩固国内企业自身的核心竞争力,对于提升我国技术创新效率、推动产业创新高质量发展具有重要意义。

专利作为各领域最新技术成果的具体体现,是推动科技发展和技术进步的重要资源。例如,专利引用科学论文把基础研究和技术创新联系起来,分析专利引用的科学论文对专利技术的影响,是探索基础研究如何影响技术创新的重要途径。根据世界知识产权组织的统计,全世界90%~95%的发明成果都会最先出现在专利文献中,其中有70%~80%不会以其他形式发表,只存在于专利文献中。在一些与基础研究密切相关的高技术领域(如生物、医药、基因工程、纳米技术等),专利知识对技术创新的贡献度更高,因此对专利信息进行分析更有助于技术创新中的突破性创新发展。《2018年国家知识产权局年报》的数据显示,在2018年,我国专利申请为154.2万件,同比增长11.6%。其中,国内发明专利申请139.4万件,占总量的90.4%,同比增长11.9%;国外在华发明专利申请14.8万件,占总量的9.6%,同比增长9.1%。在信息化时代的推动和互联网技术的支撑下,每年都会涌现大量新的专利,专利存量数据庞大,增量屡创新高,常规专利分析已经无法适应科技全球化的发展。同时,在当前技术快速发展的形势下,专利冲突与专利壁垒深深困扰着国内广大企业与研发机构,专利技术创新和产品革新信息成为关注的焦点,追踪和研究国外专利技术的需求与日俱增。例如,2003年4月,劲量公司向美国国际贸易委员提起诉讼申请,起诉包括中国大陆和香港地区的长虹、南孚、双鹿、正龙、虎头、高力、金力、三特、豹王等 9 家电池生产企业,声称这些企业侵权了该公司的 709 号"无汞碱锰电池专利";在长达 7 年的专利侵权诉讼拉锯战后,2018 年 5 月,美国法院最终裁定 SAMSUNG 需向 APPLE 支付总计 5.39 亿美元(约为 2018 年韩国 GDP 的 3.13‰)赔偿金;2018 年,美国政府制裁中兴通讯事件,禁止中兴向美国企业购买敏感产品,由于中兴公司许多核心电子通信零部件产品来自美国,导致其公司主要经营活动无法正常进行,影响巨大。

以上种种有关专利方面的事件,已经让国内企业充分意识到科学技术创新才是驱动发展的第一动力,唯有加强企业的自主知识产权,才能不受制于人,并能够在市场中长久地占有一席之地。一般而言,专利挖掘主要有以下 3 个作用:第一,通过专利挖掘,可以更加准确地抓住企业技术创新成果的主要发明点,对专利申请文件中的权利要求及其组合进行精巧设计。第二,通过专利挖掘,对技术创新成果进行全面、充分、有效的保护,全面梳理并掌握可能具有专利申请价值的各主要技术点及其外围的关联技术。第三,通过专利挖掘,站在专利整体布局的高度,利用核心专利和外围专利相互组合,形成严密的专利网,这不但可以培养巩固企业自身的核心竞争力,还可与竞争对手形成有效对抗甚至在相关技术要点上实现反制。

因此,无论是站在产业链和技术链的角度,还是站在现有技术的对比角度,抑或是站在完善专利信息利用途径的角度来看,深度挖掘专利信息都将是促进国内企业创新发展和技术创新迭代的重要推动力。

1.2 相关概念界定

1.2.1 专利信息基础类概念

专利信息是指以专利文献作为主要内容或以专利文献为依据,经分解、加工、标引、统计、分析、整合和转化等信息化手段处理,并通过各种信息化方式传播而形成的与专利有关的各种信息的总称。

专利信息主要分为技术信息、法律信息、经济信息、著录信息及战略信息 5 类。其中,技术信息是指在专利说明书、权利要求书、附图和摘要等专利文献中披露的与该发明创造技术内容有关的信息,以及通过专利文献所附的检索报告或相关文献间接提供的与发明创造相关的技术信息。法律信息是

专利信息语义表示与深度挖掘

指在权利要求书、专利公报及专利登记簿等专利文献中记载的与权利保护范围和权利有效性有关的信息。经济信息是指在专利文献中存在着一些与国家、行业或企业经济活动密切相关的信息,这些信息反映出专利申请人或专利权人的经济利益趋向和市场占有欲。著录信息是指与专利文献中的著录项目有关的信息,如专利文献著录项目中的申请人、专利权人和发明人信息等。战略信息是指通过对前4种信息进行检索、统计、分析、整合而产生的具有战略性特征的技术或经济信息。其中,本书中涉及的专利信息相关概念如下。

(1) 专利挖掘

专利挖掘是指在技术研发或产品开发中,对所取得的技术成果从技术和法律层面进行剖析、整理、拆分和筛选,从而确定用以申请专利的技术创新点和技术方案。简言之,专利挖掘就是从创新成果中提炼出具有专利申请和保护价值的技术创新点和方案。本书中所有研究均以专利文本信息作为数据基础,采用多种方法从专利文本内容,如摘要、关键词、标题等中提取可用信息,深度挖掘专利的潜在价值,将其应用于专利推荐、技术机会发现、技术融合、技术主题识别、专利系统开发等任务中。

(2) 专利科学引文元数据

专利引文指的是专利引用的所有其他文献。大体上,专利的引文类型可分为两类:一类是指在专利文件中列出的与本专利申请相关的其他专利文献,另一类则是专利引用的非专利文献,称为非专利引文(Non-Patent References, NPR)。非专利引文包括期刊论文、会议论文、著作、数据库文件等多种类型,其中的期刊论文、会议论文等科学论文又可称为专利科学引文(Scientific References in Patent, SRP)。每一条专利科学引文文献由作者、标题、期刊、发表时间等著录项目和著录要素构成,这些著录项目和著录要素被称作专利科学引文的元数据[22]。

(3) 专利功效短语

在专利文献中,专利功效信息主要由其中的功效词语来体现,同时,由于单个的功效词语所具备的语义信息不完整,且可能存在歧义问题,因此会从专利中抽取功效短语作为基础研究对象。本书中提到的专利功效短语主要是指与领域技术机会有关的相关文本信息内容,用于体现具体的技术机会。

（4）专利分类序列

专利分类号是对专利技术内容的反映，具有层次结构。一个完整的专利分类号中包含了多个层级信息，层级越低，越能体现技术细节信息。以国际专利分类号 IPC 为例，其由部、大类、小类、大组、小组 5 个层级构成，相较于其他层级，小组这一层级体现了一项技术完整的技术细节。专利分类序列则是指对专利分类号按照层级顺序排列形成的序列结构，在本书中主要通过对专利分类序列进行建模获得专利分类的语义表示，力求最大限度地保留真实的位置信息和语义信息。

（5）专利网络

本书中所开发的专利信息分析系统可提供专利引用网络、耦合网络及同被引网络的生成。其中，引用网络用于展示专利的相互引用关系；耦合网络以专利拥有共同的被引专利为依据来判定专利之间关系的强弱；同被引网络以共同的引文为依据来判断被引专利之间关系的强弱。将各类专利网络与网络表示学习方法结合，可用于实现专利主题识别、相关专利推荐等信息服务。

1.2.2 专利信息表示类概念

表示学习通过多层神经网络将原始数据通过非线性模型转变为更高层次的特征表示，将原来由人工设定的特征工程转换为机器的自我学习过程，把研究对象的语义信息映射为低维度的、连续的语义向量，作为多种分类、聚类、推荐任务的输入[23]。本书中涉及的相关概念如下。

1）语义表示是指利用表示学习将研究对象的语义信息表示为低维稠密实值向量，这种向量是一种分布式表示，孤立地看向量中的每一维，都没有明确对应的含义，而综合各维形成一个向量，则能够表示对象的语义信息。将语义表示学习应用于专利信息方面可形成 3 类方法，分别是专利网络表示学习、专利文本表示学习、专利融合表示学习。本书中涉及语义表示的概念如下。

①专利网络表示学习。利用专利信息中的关键词、发明人、专利号等信息构建专利复杂网络，并以此与深度学习交叉融合，将网络节点转化为低维稠密实数向量，进而进行专利信息的深度挖掘和分析。

②专利文本表示学习。将专利信息中的文本内容转化成计算机能够处理的向量表示，以便进行自然语言处理时能够提高特定的专利语义表示效果。

③专利融合表示学习。将网络表示学习与文本表示学习相结合并应用在专利信息挖掘中,利用专利网络的结构信息及节点的文本信息共同学习节点的低维向量表示。

④共享语义空间。共享语义空间又称语义空间共享,是指在进行向量表示时可以直接映射到同一语义空间中,实现语义信息共享。本书中的共享语义空间是指基于词表示学习方法分别训练中英专利词向量,构建无监督的跨语言词向量映射方法[24],通过线性变换将其映射到一个统一的语义向量空间,即表示中英词语间语义映射关系的一个共享向量空间。

2) 文本表示学习。文本表示学习是将文本中的信息转换成计算机能够处理的向量表示,传统文本表示方法有向量空间模型、统计语言模型和主题模型等[25]。

3) 网络表示学习。网络表示学习是复杂网络与深度学习的交叉融合,可以将网络节点转化为低维稠密实数向量[26]。根据复杂网络的不同特点,又可将其分为如下两类。

①同质网络表示学习。同质网络是信息网络(知识网络)的一种,是指由单一的节点和节点间的连线构成的网络,如知识与知识之间的网络[27]。同质网络表示学习,即在同质网络上应用表示学习,将节点语义关系转换成低维向量表示。其通常分为两类:基于网络结构的同质网络表示学习和结合外部信息的同质网络表示学习。对于基于网络结构的同质网络表示学习,常用的网络结构包括邻域结构、高阶节点邻近结构和网络社团等。而依据算法基于的不同技术又可将其分为4类:基于矩阵特征向量的方法、基于矩阵分解的方法、基于浅层神经网络的方法和基于深度学习的方法。对于结合外部信息的同质网络表示学习,将节点标签信息、节点属性信息、文本信息等这些外部信息与网络拓扑结构信息结合起来对网络进行表示并加以应用,可以提高网络表示的质量,同时也可以增强表示向量在网络分析任务上的效果。

②异质网络表示学习。异质网络是信息网络(知识网络)的一种,是由不同种类的节点和节点间的连线构成的网络,如知识点与知识主体之间的网络。网络中节点的类型不同,链接对象的边的类型也不同。不同类型的节点和边构成的路径所表达的语义信息不同,两个节点通过不同的路径链接在一起也会表达不同的语义信息[28]。异质网络表示学习是将异质网络中的节点投影到一个潜在低维表示空间中,学习一个映射函数,同时保留网络原有的结构信息和语义关联。当前针对异质信息网络的网络表示学习研究方法主

要可分为两类：基于分解的异质网络表示学习和基于元路径的异质网络表示学习[29]。

4）融合表示学习。在文本表示学习与网络表示学习的基础上，将二者融合，利用网络的结构信息及节点的文本信息共同学习节点的低维向量表示。

1.2.3 专利信息挖掘类概念

（1）专利科学引文元数据抽取

专利科学引文元数据抽取是基于内容的深层次科学技术关联分析的前提和基础，实现高效率的专利科学引文元数据抽取，就可以为专利科学引文分析、技术关联分析等研究过程提供强大的数据支持。具体抽取方法可分为3类，分别为基于规则的、基于模板的和基于机器学习的专利科学引文元数据抽取方法。本书在专利科学引文元数据抽取过程中引入表示学习，利用得到的内容元数据进行专利科学引文内容挖掘的探索性研究。

（2）专利科学引文内容挖掘

专利科学引文的内容挖掘是专利科学引文分析的分支，此处的内容指的是专利科学引文的文本内容。本书中专利科学引文内容挖掘是基于专利科学引文的摘要、标题等文本内容。当前专利科学引文分析研究一般采用文献计量的方法，对专利科学引文的引用数、引用来源、引用时序等数据进行分析；而专利科学引文的内容挖掘可以采用机器学习或表示学习的方法，通过对专利科学引文的摘要、关键词等内容元数据进行分析，将分析结果与专利内容元数据分析结果进行对比，可以进行知识转移、发现专利推荐等问题的研究。

（3）专利推荐

专利推荐是指根据用户需求描述，帮助遴选相关重要专利，发现相关技术发展趋势，跟踪最新技术进展，进而提供个性化信息推送和决策支持服务。按照语言类型分，可分为单语言专利推荐和跨语言专利推荐。本书中研究的跨语言专利推荐是指将跨语言词向量映射模型引入专利推荐研究中，以跨语言词向量映射方法为基础，学习双语专利词向量表示，实现跨语言需求相关词推荐。随后利用文本表示学习方法，自动学习中英专利文本的语义信息，并在统一语义向量空间中进行表示；最后，通过向量相似度计算方法，计算不同语言下专利文本间的语义相似度，构建基于表示学习的跨语言专利推荐方法，实现跨语言相关专利推荐。

（4）技术机会预测

技术机会理论来源于技术创新机会，由美国斯坦福大学的 Peter[30]教授在 1974 年提出，他认为技术机会能够为某行业的创新带来新的机遇或者使某行业的研究内容发生变化，该观点被称为技术机会发展的雏形。1995 年佐治亚理工大学的 Alan Porter[31]教授的研究团队正式提出技术机会的概念，认为技术机会是一种发展趋势，存在于整个技术发展历史之中，与当前存在的技术密切相关并具有复杂的互动机制。进入 21 世纪，Olsson[32]再次定义技术机会，认为技术机会是指某个特定领域内取得技术进步的潜力和可能。

基于上述背景，本书将潜在技术机会定义为技术在其实现功能上取得进一步发展的可能性，这种功能可以是该技术领域已出现但还未饱和的功能，也可以是还未产生的新功能。在早期或技术潜伏期对能满足上述条件的机会进行预测和识别的过程称为技术机会预测。

（5）类比设计

类比是相似的一种形式，是知识从一个领域（类比源领域）向另一个领域（类比目标领域）的映射，包括从熟悉的类别中获取和转移元素，以便将其用于构建一个新的想法，例如，试图解决一个问题或解释一个概念[33]。类比设计（Analogy-Based Design，ABD）最初是一种将类比应用于设计过程的活动，旨在激发设计师或工程师产生想法，克服设计固定性并解决设计问题[34]。本书将类比设计的思想和方法引入潜在研究问题发现的研究中，其中最核心的部分是类比源的选择和类比关系的建立方法两部分。

（6）知识图谱

知识图谱是以图的形式表现客观世界中的概念和实体及其之间关系的知识库[35]，能够将海量文本中的知识结构化和规则化，将信息关联起来形成知识网络，具有广阔的应用范围和应用场景，也是语义搜索、智能问答、决策支持等智能服务的基础技术之一。根据知识的覆盖面，知识图谱可以分为通用知识图谱（或开放知识图谱）和行业知识图谱（或垂直知识图谱）[36-37]。通用知识图谱通常不限定于特定领域，包含的内容较广泛，旨在获取一切重要的概念、实体及其之间的关系，多用于搜索引擎任务中，受众面也相对比较广泛。行业知识图谱则基于行业数据针对特定领域而构建，往往强调知识专业性，如用于医疗领域的知识图谱等。本书主要将知识图谱应用到技术机会实现路径的构建中，以便获得实现潜在技术机会所需的技术支持信息乃至关联信息，同时也方便技术路径的动态更新。

（7）技术机会得分

一个评估主题是否为真正具有潜在价值的技术机会的量化指标。在本书中的定义为：如果类比目标领域对应该功效主题的专利又很少，则表明该功效的研究对类比目标领域来说还没有完全满足市场的需求，其实现技术方法还存在创新的机会，说明满意度还不够，存在技术进步空间。因此，如果某个主题很重要，同时满意度又低，那么认为其机会得分就越高。

（8）技术融合预测

技术融合是指不同领域、不同产业多种技术通过技术边界交叉融合或专利分类号的跨领域和跨部融合，根据技术融合的结构和程度、融合的效果，技术融合可以分为完全融合、部分融合两种类型[38-41]。技术融合具有多种表现形式，定量分析中技术融合通常体现在一个专利同时具有多个专利分类号或者专利分类号间发生引用，而预测则主要是通过设计指标计算专利分类号间的相似性或相关性来实现[42-44]。目前技术融合预测主要有3类方法，分别为基于专利引用的技术融合预测、基于专利分类号共现的技术融合预测及基于专利文本的技术融合预测。

（9）专利文本语义融合

本书借鉴 doc2vec 模型思路及专利文本表示学习理论，将专利分类号类比为模型中的文本 ID，专利文本中的每个词类比为"word"序列。训练时，模型选取专利文本中一定长度的句子，将句子中的每个词及专利文本对应的专利分类号（文本 ID）作为输入一起训练得到整个文本的向量表示，即专利分类号的语义表示。

（10）链路预测

链路预测是指在不同网络中通过已知的网络节点和网络结构等信息来预测网络中尚未产生联系的两个节点之间产生连接的可能性[45-47]。在本书第6章技术融合预测方法研究中将此方法应用于技术融合预测结果的定量评估实验中，用来对比验证基于专利分类序列和文本语义融合的技术融合预测方法的有效性。

1.2.4 专利信息系统构建类概念

专利信息系统构建包括专利数据库建设和专利信息系统开发。专利数据库按照服务主体的不同，可分为基础专利数据库、重点产业（行业）

专利数据库和企业专利数据库；专利信息系统开发是指设计一种可实现专利检索、专利解析、专利分析与专利管理等功能的集成系统或多个单一系统[33]。

（1）专利信息解析

专利信息解析是指对专利数据进行收集、整理、清洗、结构化等数据预处理操作。本书中开发的系统主要从实现专利数据多维度查询、专利数据导出、发明人消歧、发明人分析、关键词分析、领域分析、国家专利分析8个功能模块角度出发对专利大数据进行相关解析处理，为后续专利信息深层次分析提供前提和基础。

（2）专利信息检索

专利信息检索是指根据一项或数项特征，从大量的专利文献或专利数据库中挑选符合某一特定要求的文献或信息的过程。简单地说，专利信息检索就是依据需求进行有关专利信息的查找。检索过程是由多种因素构成的，如：数据量、数据特点、检索系统、检索方式、检索入口、检索种类、检索目的、检索范围、检索技巧及检索经验等。

（3）专利信息分析

对专利信息进行提取、加工、组合，并利用统计学、数学等多种方法使这些信息转化为科技情报，从而为企业的技术、产品及服务开发中的决策和研究提供参考和支持。本书中专利信息分析内容包括：基于相关算法进行重要研究团体、研究热点、领域分析和国家趋势分析；根据网络语义表示结果，借助程序算法对相关的专利进行推荐或对专利信息的技术主题进行识别，以及对不同时序下的专利技术热点的演变进行探索等。

1.3 研究意义和研究问题

随着经济和科技的日益发展与进步，市场需求变化与科学技术变革速度加快，进而引起技术创新的规模和进程以前所未有的速度发展。以信息技术为主导的高新技术已成为各国竞相角逐的竞争焦点和掌握竞争主动权的制高点。与此同时，全球经济一体化的进程不断加快，行业间的竞争加剧，市场竞争已逐渐由资金、规模、劳动力数量间的竞争转变为技术间的竞争。

专利作为技术活动的产物，记载了发明创造的成就和轨迹，是当今时代最重要的技术文献和知识宝库。专利分析是技术创新的重要组成部分，能够实现重大关键技术的预测与应用,对国家的经济、科技、产业等有巨大的推动作用。首先,随着全文数据库技术的发展,专利数据的获取愈加方便,研究人员可以通过检索和解析专利元数据及全文数据获取需要的信息,从而进行更加深入的分析。专利间的引文信息是专利分析中的重点之一[48],除了专利文献,引用信息还包括以专利科学引文为代表的非专利引文,是科学知识与技术创新之间产生关联关系的媒介,如何深层次地挖掘和分析专利科学引文具有重要意义。其次,在对专利进行分析时为了获得更加准确全面的结果,研究人员的样本往往不局限于国内数据。因此如何更准确地进行跨语言专利推荐,帮助科研人员了解国际科研成果与技术的发展动态十分重要。最后,专利作为科技信息最重要的载体,蕴含着大量的技术机会[6]。如何预测专利中潜在的技术机会对技术创新及市场创新活动十分重要。从潜在技术机会预测对这一视角研判企业或国家在相关产业和技术领域的重点技术及技术发展方向、主要竞争对手的技术组合和技术投资动向,为企业乃至国家制定与总体发展战略相匹配的专利战略提供重要的参考价值。

1.3.1 研究意义

专利信息的分析和挖掘从不同层面上都具有十分重要的意义。对于个人研究者而言,分析专利信息并进行深度挖掘,有利于发现现有研究的不足。在浩如烟海的专利数据中快速挖掘出自己需要的信息,可以大大提升工作效率,进一步推动技术的创新。对于企业高校而言,首先,通过专利信息分析挖掘能够跟踪某项技术的发展动向并进行技术预测,为决策服务。其次,在进行研究开发活动时,可以充分利用专利的实践性和地域性。再者,在技术革新、技术创造时,可以利用专利信息分析获得启发、扩大思路,借助他人的技术构思和技术方案,解决企业的实际问题,同时促进新发明的产生,有利于采用新技术和避免侵权。从世界范围看,运用专利战略保护自己的知识产权、增强竞争优势已经成为国际市场竞争中最为有效的手段。作为制订、运用专利战略的基础和前提,专利信息分析与利用无疑是十分重要的。本书研究的理论意义和实践意义具体体现在以下6个方面。

①通过专利科学引文元数据自动抽取为实现专利科学引文的内容深层次挖掘提供数据支撑。科学技术间的关联关系主要通过非专利引文分析实现,具体表现为以非专利引文表示科学知识,以专利引用非专利引文表示科学技术间的关联关系。然而,非专利引文类型繁多、错综复杂,当前研究主要是

从统计分析的角度识别技术对科学知识的依赖程度，还需要进一步从专利科学引文的内容元数据角度出发，更准确、全面地发掘科学技术在哪些学科、哪些领域、哪些技术间产生知识流动并产生了何种影响。该部分的研究将表示学习引入到专利科学引文元数据抽取中，强化了对专利科学引文中语义信息的利用，为专利科学引文分析领域的研究者及本书后续的专利科学引文内容挖掘研究提供更多的数据支持。

②基于专利信息中的文本特征，从文本语义角度出发进行相关专利推荐，优化专利推荐结果，提供更好的决策支持服务。当前跨语言专利推荐方法多从查询词和文本精确翻译的角度出发，往往需要大规模特定领域的双语词典、双语语料库及高效准确的机器翻译方法来实现有监督的跨语言查询扩展，导致这些方法应用扩展到其他领域进行跨语言专利推荐的难度较大。因此本书将表示学习的方法应用到跨语言相关专利推荐的研究中，一方面丰富现有专利挖掘分析的方法，当前专利分析方法多基于单语言专利文献数据，本书提出的基于表示学习的跨语言专利推荐方法可以从多语言专利文本数据的角度出发，来更全面有效发现相关领域的前沿技术、新兴技术和发展态势；另一方面减少双语词典和双语平行语料的需求，同时减少了检索推荐查询输入扩展，只需输入整个专利文本，就可以得到更丰富的跨语言相关专利结果，提高查询效率。该方法为企业遴选相关重要专利、规避专利侵权、收集竞争情报等方面提供个性化信息推送和决策支持服务。

③预测潜在技术机会，为技术创新奠定基础。当前针对某个领域的技术机会发现研究主要借助一定的数据挖掘技术、科技监测方法及文献计量分析方法从不同类型信息资源中识别出价值较高的技术机会。这类方法大多着眼于该领域的自身数据，很难预测数据中还未提及的潜在技术机会。此外，对于一些相关数据较少的研究领域，特别是刚出现的新兴研究领域来说，预测的潜在技术机会非常有限，降低了参考价值。因此，本书提出一种基于类比设计[34]的潜在技术发现及实现路径构建方法，将类比设计方法引入潜在技术机会预测研究中。通过对类比目标领域和类比源领域的专利数据提取功效短语作为共同语义成分的类比知识单元，并基于功效短语的语义相似度建立类比关系，能够有效地抓住体现技术机会信息的核心信息。另外，本书从技术主题与技术机会的关联关系入手，构建"技术主题—关系—功效词语"形式的三元组实现路径，有效地体现出了整个类比目标领域及类比源领域内技术与功效的关联关系，便于发现潜在技术机会的多个实现路径，甚至是关

1 绪 论

键路径,同时能够实现对多个路径之间的比较,以及支持实现路径的实时查询与动态更新。该方法能够预测更有价值的技术机会,为最新的研究领域预测潜在的技术机会。并且通过技术与技术机会之间的语义关系,可以快速获得多种实现路径,并且提供不同路径之间的比较,有助于企业结合实际情况选择更合适的潜在技术机会实现路径。

④融合专利分类序列和文本语义,更准确地进行技术融合预测。目前研究者主要从3个角度开展技术融合预测研究,包括基于专利引用的技术融合预测、基于专利分类号共现的技术融合预测及基于专利文本的技术融合预测。基于专利引用的技术融合预测方法中,常常出现同族专利自引现象,使得引用网络变得复杂冗余,并且专利引用具有一定的时间滞后性,多是对已有技术融合的验证,不利于技术融合预测。基于专利分类号共现的技术融合预测通过专利分类号贡献关系构建网络,无法体现专利分类号在序列中的位置特征和上下文语义,由此得到的专利分类语义表示可能存在信息丢失。基于专利文本的技术融合预测通过外部语义特征赋予专利分类号以文本信息,辅助专利分类共现网络进行技术融合发现时,这类方法对序列中的专利分类号都赋予同样的文本信息,形成的专利分类号文本表示相区分度较低。并且在专利分类号的网络表示与文本表示在融合过程中没有针对不同领域数据进行针对性学习,自动调整特征的权重和贡献。针对现有问题,本书提出了一种基于专利分类序列和文本语义融合的技术融合预测方法,找到最佳的专利分类文本分配方法和最佳的特征融合方式,提升技术融合预测的效果。该部分的研究一方面可以通过对比择优的思想验证本书专利分类序列方法的有效性;另一方面找到了最优的专利文本分配方法。与此同时,通过最佳的特征组合方式进一步地提升了技术融合的预测效果。

⑤设计专利全流程处理系统,全流程可视化分析处理专利数据。当前的专利数量庞大,如何快速地进行查询与分析对每个研究人员都是一个重要的问题。现有的少量专利分析系统,无法满足用户专利技术处理、分析与挖掘的需求,特别是这些软件工具仅实现专利处理与分析中的某一步骤,无法形成规范的输入输出,难以简便快捷地对特定领域进行全流程分析与处理。本书设计了针对专利数据的处理软件,整合专利处理与分析中的步骤,形成规范的输入输出,简便快捷地对特定领域进行全流程分析与处理。该系统更加直观地展示数据,扩展灵活,可以满足用户的不同需求。

⑥设计专利信息分析系统,帮助该系统能够帮助研究人员深入分析专利

专利信息语义表示与深度挖掘

信息。随着专利数量不断增多,对专利信息进行分析的难度也在逐步提升,对专利数据工作者提出了更高的要求。本书通过多种算法实现多种专利网络下的多种专利语义表示;在此基础上结合聚类方法,发现技术研究现状和研究热点,并结合不同的时序数据,实现专利技术演化分析,发现技术发展趋势;并辅以结果进行可视化展示,使得主题表示结果更易于解释和说明。该系统可以辅助管理决策,帮助相关工作人员节省时间,提高工作效率。

1.3.2 研究问题

专利信息语义表示和深度挖掘的研究问题是对专利信息进行语义表示,挖掘更深层次的信息,来解决现有的研究的不足。主要表现为专利科学引文元数据提取困难、相关专利推荐没有考虑多语言的因素、潜在技术机会难以识别、技术主题演化关系不明确、专利分析系统功能不全面等。

专利中的非专利引文是分析科学技术间关联关系的重要研究数据,如何识别出非专利引文中的专利科学引文表示的科学知识,进而更准确地分析科学技术关联十分迫切。当前科学技术间的关联关系研究主要通过非专利引文分析实现,而非专利引文类型繁多、错综复杂,其中很多类型并不能作为科学知识的代表。识别出非专利引文中的专利科学引文表示专利引用的科学知识,可以实现更准确的科学技术关联关系分析,进而获知科学知识与技术应用间的知识转移和流动。

研究国内外专利文献是了解国内外科研成果与技术发展动态的重要手段之一,如何针对双语或者多语种专利文献数据的跨语言专利推荐和分析是亟待解决的问题。在经济全球化的背景下,技术竞争加剧,研究国内外专利文献一方面可以尽可能避免专利侵权,另一方面也可以不断创新进步,增强知识产权核心竞争力。因此,及时准确地获取世界各国的专利信息变得十分必要,使得作为有效获取其他语言相关专利的跨语言专利推荐研究得到广泛关注。跨语言专利推荐可以为企业和个人遴选相关重要专利、发现相关技术发展趋势、追踪最新技术进展,进而提供个性化信息推送和决策支持服务。但是目前专利推荐主要基于单语言专利文献数据,从专利的技术关键词、主题等内容特征出发,研究单语言环境下的相似专利推荐,而专门针对双语或者多语种专利文献数据的跨语言专利推荐和分析还较少。

技术机会预测是技术创新的重要手段,如何利用多种专利信息的语义表示,提前发现潜在技术机会是当前研究的重要问题。当前针对某个领域的技术机会预测研究主要借助一定的数据挖掘技术、科技监测方法及文献计量分析方法从不同类型信息资源中识别出价值含量较高的技术机会。然而这类方法大多着眼于该领域的自身数据,很难发现数据中还未提及的潜在技术机会,而实际上潜在技术机会在萌芽阶段几乎不会出现在这些数据中,就算出现也很难判别,等到具有足量数据进行识别时已经具有很强的时滞性;此外,对于一些相关数据较少的研究领域,特别是刚出现的新兴研究领域来说,找到的潜在技术机会非常有限,降低了参考价值。

技术融合是新技术产生的重要来源,预测潜在的技术融合成为企业获取竞争优势、提高竞争能力、甚至是颠覆现有市场的最有效和最重要的技术手段。目前技术融合预测研究的三类研究方法还存在问题:首先,基于专利引用的技术融合预测是重要的手段,但是专利引用具有滞后性,多是对已有技术融合的验证,不利于技术融合预测。其次,基于专利分类号共现的技术融合预测通过构建专利分类号共现网络,往往不能体现专利分类号在序列中的位置特征和上下文语义,由此得到的专利分类语义表示可能存在信息丢失。最后,基于专利文本的技术融合预测方法也会结合专利分类号进行研究,通过外部语义特征赋予专利分类号以同样的文本信息[42]。往往会导致多形成的专利分类号文本表示区分度较低,对于技术融合的作用难以体现。因此,结合现有的研究问题如何在技术融合预测任务中设计合理的多种专利特征融合还需要进一步探索。

专利存量数据庞大,专利增量屡创新高,利用系统进行高效灵活地分析十分有必要。现有专利分析系统较少,无法满足用户专利技术处理、分析与挖掘的需求,特别是这些软件工具仅实现专利处理与分析中的某一步骤,无法形成规范的输入输出,难以简便快捷地对特定领域进行全流程分析与处理。因此设计一套专利大数据全流程处理与分析软件对快速地进行查询与分析专利有着重要价值。

专利数据快速增长,专利信息进行深入分析的难度也在逐步提升,对专利数据工作者提出了更高的要求,因此如何更高效地进行专利深度分析成了专利组织和各领域研究者关注的重点。需要设计一款专利信息分析软件帮助相关研究人员节省时间,提高工作效率。

综上,专利信息语义表示与深度挖掘的研究主要存在 6 个问题亟待解决:①如何抽取专利科学引文的元数据:为科学技术关联关系分析奠定基础;②跨语言专利的推荐:突破单语言专利推荐,在经济全球化的浪潮中全面了解国内外的技术是积累竞争优势的重要一步；③潜在技术机会的识别与预测：当前的技术机会发现方法多样，如何识别技术机会，为技术创新奠定基础是专利分析中最重要的目的之一，对技术机会识别的研究还需进一步深化；④技术融合预测；⑤专利大数据全流程处理与分析系统的设计及实现：快速检索和分析专利数据；⑥专利分析软件的设计与实现：深入分析挖掘专利信息。

1.3.3 研究内容

基于以上研究问题，本书将从 6 个方面开展研究，首先是科学引文元数据的提取，其次是跨语言专利推荐，然后对专利文本信息进行深入挖掘，以及通过技术主体间的演化关系挖掘技术情报，最后通过设计专利信息分析系统达到实现高效便捷分析专利的目的。

（1）专利科学引文的元数据提取

将表示学习的方法引入专利科学引文元数据的抽取中，提出基于表示学习的专利科学引文元数据自动抽取的方法。首先设计规则将专利科学引文进行分割并向量化表示，然后通过机器学习分类算法将分割块进行分类，实现专利科学引文元数据的自动抽取。最后从基于专利科学引文的科学关联度计算、基于专利科学引文摘要的内容挖掘及基于专利科学引文关键词的内容挖掘三个方面实现专利科学引文内容挖掘。

（2）跨语言专利推荐

将表示学习的方法应用到跨语言相关专利推荐及分析中，跨语言词向量映射可以有效地学习双语词向量表示。利用不同语言中互为翻译的两个词在各自向量空间中具有相似分布的特点，初始化中英文专利词间的相似关系，并不断迭代优化，构建跨语言词向量映射方法，在不需要双语词典和大型双语语料库的情况下，就可以得到很好的中英专利相关词映射关系，实现中英文专利词向量在同一向量空间中的语义表示。然后以跨语言词向量映射方法为基础，学习双语专利词向量表示，实现跨语言需求相关词推荐。

（3）技术机会预测

利用表示学习的方法对类比知识单元实现语义向量表示，并通过聚类对所有向量基于语义相似度建立类比关系形成功效主题。在此基础上利用机会评估算法计算每个功效主题的技术机会得分，并根据得分高低确定最终的潜在技术机会。一般的评估方法都着眼于对单一的研究对象的分析，并不适用于该部分的研究。本书参考基于结果创新驱动（Outcome-Driven Innovation，ODI)[49]的机会算法从未满足的需求角度来评估机会大小，设置了重要性和满意度两个指标。

（4）技术融合预测

分别进行基于专利分类序列语义表示的技术融合预测和基于专利分类文本语义表示的技术融合预测。然后融合以上两个步骤中效果最优的两类特征找到最优的技术融合预测方法。实现每个专利分类号组合对的向量表示是技术融合的重要内容，本书设计了多种向量合并方式，以期在不同的合并方式中找到最优的技术融合预测方法。

（5）专利大数据全流程处理分析系统

专利数量的快速增加对专利分析系统提出新的要求，基于分析需求，设计开发专利大数据全流程处理分析系统，包括专利数据解析与预处理、专利数据多维度查询、专利数据导出、发明人消歧、发明人分析、关键词分析、领域分析、国家专利分析8个功能模块。

（6）基于专利表示学习的专利信息分析系统

为了能更好地利用专利信息获取相关的技术情报，基于分析需求设计开发基于专利表示学习的专利信息分析系统，功能模块包括专利数据导入、专利网络生成、专利网络语义表示、专利主题识别、专利主题可视化、相似专利推荐。

1.4 研究方法和研究框架

1.4.1 研究方法

本书的主要任务是对专利文献的语义表示和深度挖掘，案例数据的分析、适用方法的理论论证与实践设计等，涉及对已有方法、对研究中所设计方法的可靠性验证，以及对研究结果的论证等。本书主要采用了实验法对研究目的和研究过程中所产生的具体问题进行分析。

（1）个案研究法

个案研究（Case Study）也称个案调查，是对某一特定个体、单位、现象或主题的研究。这类研究广泛收集有关资料，详细了解、整理和分析研究对象产生与发展的过程、内在与外在因素及其相互关系，以形成对有关问题深入全面的认识和结论。个案研究的单位可以是个人、群体、组织、事件或者某一类问题,由此而产生人员研究个案、各生活单位或社会团体个案、传播媒介个案,以及各种社会问题个案等。本书在提出通用模型后,选择合适的领域作为研究对象进行深入分析,通过具体的案例验证本书所提方法的先进性和优势。

本书的第3章到第6章提出了针对专利分析的算法模型,然后通过实证分析验证了提出的方法可行性:第3章基于2012—2016年5年间的纳米技术领域的专利及专利科学引文数据进行专利科学引文内容挖掘实证分析;第4章以无线通信网络的中英文专利文献作为实验对象,进行无监督跨语言专利推荐的实证分析;第5章对5G领域潜在技术机会实现路径的构建进行实证研究,以验证方法的可行性和实用性;第6章对"无人机"领域专利文献数据进行技术融合预测实验。

(2) 复杂网络分析法

被引科学知识多个特征项及其关系形成的网络属于复杂网络的研究范畴,借鉴复杂网络社团结构发现和演化分析的指标和方法,改进并应用于突破性创新的主题突变识别中。通过复杂网络中的社团结构发现算法发现不同时间段中被引科学知识的研究主题,是主题突变程度计算的前提和基础,应用于突破性创新识别和形成机制的探索和明晰等方面。

现实生活中,许多复杂系统都可以建模成一种复杂网络进行分析,比如常见的电力网络、航空网络、交通网络、计算机网络及社交网络等[50]。复杂网络不仅是一种数据的表现形式,同样也是一种科学研究的手段。复杂网络研究目前受到了广泛的关注和研究,正渗透到数理学科、生命学科和工程学科等众多不同的领域,对复杂网络的定量与定性特征的科学理解已成为网络时代科学研究中一个极其重要的挑战性课题。钱学森对于复杂网络给出了一种严格的定义:具有自组织、自相似、吸引子、小世界、无标度中部分或全部性质的网络称之为复杂网络。言外之意,复杂网络就是指一种呈现高度复杂性的网络,具有小世界特性、无标度特性和社区结构特性[51-53]。

本书在第3章和第5章采用了无监督的复杂网络聚类方法,通过计算节点间的相似度将相似度高的对象聚到一起。第3章中通过复杂网络聚类对专利科学引文数据进行分割;第5章中在复杂网络中基于语义相似度进行聚类对类比知识单元建立类比关系形成功效主题。

(3) 实验分析法

实验分析法是研究者通过一定的手段来改变观察环境中的某个或某几个变量，以观察这个或这些变量对其他变量的影响。观察环境中总是有一个变量发生变化，如气温、学习方法、人事政策、推销方式、操作技术等；这个变化可以是研究者人为引入的，也可以是外界自然存在的；这个变量被称为独立变量。与此同时，在观察环境中还有一个或若干其他变量，其可能受独立变量的影响而发生变化，或者人们期待其出现变化，这些变量被称为从属变量。通过实验研究，研究者要确认：在独立变量发生变化时，从属变量是否发生了变化及怎样变化。例如，某单位采取了一项新的信息政策，研究者将观察该政策对科技人员科研效率的影响。实验研究的目的是确认独立变量与从属变量间的因果关系，从而解释客观事物间的关系，解释客观现象。因此，实验研究方法是解释性研究方法，其效度标准主要是看其是否能够准确地确定变量间的因果关系，即内在效度。由于主要考虑内在效度和观察环境中其他变量的复杂性，实验研究往往是在一个较小的范围内甚至特定的环境（包括人为实验室）内进行，其外在效度有一定局限，因而其结果的推广性有一定局限。

(4) 比较分析法

比较分析法就是对物与物之间和人与人之间的相似性或相异程度的研究与判断的方法。比较研究法可以理解为是根据一定的标准，对两个或两个以上有联系的事物进行考察，寻找其异同，探求普遍规律与特殊规律的方法。通过与专利被引频次、引用专利文献差异、科学关联度等已有突破性创新识别方法进行比较分析，在多方面验证本书所提方法的先进性和优势。

本书在后面的章节中综合使用实验法和对比法，通过计算机编程实现了提出的算法，并且综合比较多个实验结果证明所提方法的优越性。第 3 章将所提方法与传统的文本特征提取方法对比，证明本书提出的专利科学引文识别方法效果更优；第 4 章比较了不同的双语文本表示方法对无监督跨语言专利推荐准确度的影响；第 5 章中设置了精确率（P）、召回率（R）及 F1 值 3 项指标评估技术主题词的抽取效果；第 6 章在融合专利分类序列结构特征和文本内容语义特征时设计了多种融合方式并将其进行对比。

(5) 自然语言处理

自然语言处理（Natural Language Processing，NLP）是计算机科学领域与人工智能领域中的一个重要方向。其研究能实现人与计算机之间用自然语言进行有效通信的各种理论和方法。自然语言处理是一门融语言学、计算机科学、数学于一体的科学。自然语言处理并不是一般地研究自然语言，而在于研制能有效地实现自然语言通信的计算机系统，特别是其中的软件系统。因而其是计算机科学的一部分。自然语言处理主要应用于机器翻译、舆情监测、自动摘要、观点提取、文本分类、问题回答、文本语义对比、语音识别、中文 OCR 等方面。信息抽取是自然语言处理的关键技术之一，是将嵌入在文本中的非结构化信息提取并转换为结构化数据的过程。信息抽取的主要过程有三步：首先对非结构化的数据进行自动化处理，其次是针对性的抽取文本信息，最后对抽取的信息进行结构化表示。信息抽取最基本的工作是命名实体识别，而核心在于对实体关系的抽取。

本书第 3 章到第 6 章的算法模型都是针对专利设计的，将日常使用的文本信息输入到计算机中进行处理的前提是进行自然语言处理，将专利中的相关信息提取出来进行表示。例如，第 3 章中在专利科学引文抽取和挖掘是，通过文本表示学习将元数据提取后进行向量化表示；第 4 章中基于词表示学习方法分别进行中英专利词向量训练；第 5 章中利用深度学习模型从专利中抽取功效短语作为类比知识单元；第 6 章中将专利分类号和专利文本都处理成向量表示为后续的融合奠定基础。

1.4.2 研究框架

专利文献涉及多种特征项，其中专利文本信息具有非常重要的价值。本书在对专利进行研究时首先基于表示学习专利科学引文元数据自动抽取及其内容挖掘，然后进行跨语言专利推荐，为促进科研交流、技术创新奠定基础。另外，专利是技术的重要载体，体现了技术的发展，蕴含着未来技术的发展趋势，因此对专利信息体现的技术机会进行挖掘并对专利的技术主题进行研究。本书还设计了两套专利分析相关的系统帮助研究人员快速深入地挖掘专利数据，基于专利语义信息表示进行深入地挖掘，探索技术情报，其研究框架如图 1-1 所示。

1 绪　论

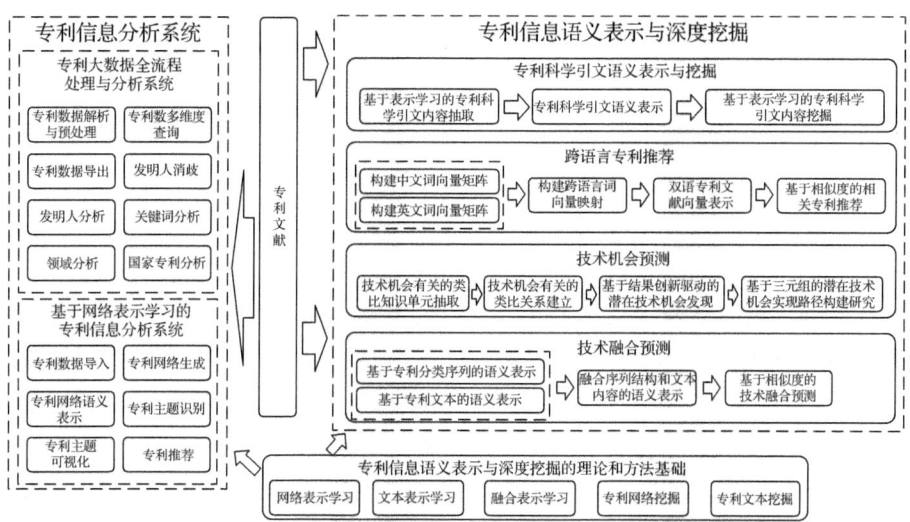

图 1-1　研究框架

2 专利信息语义表示与深度挖掘的理论和方法基础

专利信息语义表示主要通过借鉴和改进表示学习的理论和方法来进行，把专利本身或者特征项表示为多维向量空间中的一个点，作为后续专利信息深度挖掘方法的输入。一般来说，专利信息语义表示主要从网络表示学习、文本表示学习和融合表示学习3个方面展开。

专利信息深度挖掘与专利信息语义表示对应，也是从网络、文本和两者融合的角度展开，形成了多种专利数据挖掘方法。相关的理论和方法主要以专利特征项形成的各种类型网络、专利全文本为研究对象，以信息抽取、聚类、分类、机器学习、深度学习等方法为依托，进行专利特征项抽取、信息推荐和技术预测等相关研究。

2.1 表示学习

表示学习（Representation Learning）是指通过多层神经网络将原始数据经过非线性模型转变为更高层次的特征表示，将原来由人工设定的特征工程转换为机器的自我学习过程。通过表示学习将研究对象的语义信息映射为低维度的、连续的实值向量，能够充分利用对象间的关联关系，提高计算效率。目前，表示学习通过对单词、短语、句子、文档、实体和社会网络等对象进行特征自动语义学习，已经在中文分词、命名实体识别、实体消歧、情感分析、句法分析、信息检索、词向量映射等领域进行了广泛应用[54-55]。

设输入样本数据为 $X=(x_1, x_2, \cdots, x_n)$，通过表示学习能够得到一个低维特征表达 $X'=(x'_1, x'_2, \cdots, x'_m)$，$m \gg n$，当该实体和关系处于相同维度的低维稠密向量空间中时，可以通过计算欧几里得距离、曼哈顿距离等方法来获得任意两个对象间复杂的语义关联，作为后续应用任务的输入。

根据研究对象的不同，表示学习主要分为以下3种：网络表示学习、文本表示学习及融合表示学习。

2 专利信息语义表示与深度挖掘的理论和方法基础

2.1.1 网络表示学习

网络表示学习（Network Representation Learning），又称为网络特征学习（Network Feature Learning）、网络嵌入（Network Embedding），是连接网络中原始数据和应用任务之间的桥梁，可以将网络中的组件（节点、边或子图等）表示成低维、稠密、实值的向量形式，同时最大限度地保留这些组件在原网络中的信息和属性，之后这些向量表示就可以作为其特征应用于后续网络中的应用任务，如链路预测、个性化推荐和关系提取等。例如，刘思等[56]提出了基于网络表示学习和随机游走的链路预测算法，实验表明该算法在 AUC 值上有所提升；李宇琦等[57]将网络表示学习融入至商品网络后，发现该算法在准确率上相较于其他效果最好的基准方法提升了10%；潘俊[58]将历史人物网络与网络表示学习相结合，计算人物相关度来挖掘人物之间的关系，该算法验证了在人文研究中进行数据挖掘的可行性。

网络表示学习是一种复杂网络与深度学习的交叉融合，其流程如图 2-1 所示。定义网络 $G=(V, E)$，V 表示网络节点集合，E 表示网络中连边的集合。网络 G 对应的顶点特征矩阵 A 是一个稀疏且庞大的矩阵，若顶点的属性特征为 n 维，则 A 的维度通常为 $V \times n$。通过网络表示学习，对网络中的任意节点 $v \in V$，都可以学习得到一个低维稠密的实值向量表示 $v_r \in R^k$，且满足 $k \ll V$。根据网络中节点和连边类型的不同，可分为同构网络表示学习和异构网络表示学习。

（1）同构网络表示学习

同构网络指所有节点在网络中都具有相同的类型，目前基于网络结构的同构网络表示学习方法包括基于矩阵特征向量计算的表示学习方法、基于矩阵分解的表示学习方法、基于简单或深层神经网络的表示学习方法和基于社区发现算法的表示学习方法，还有保存特殊性质，如社区分布等的网络表示学习方法。其中，基于矩阵特征向量进行计算的方式也可以称作为谱聚类算法，即通过计算关系矩阵的前 k 个特征向量或奇异向量来得到 k 维的节点表示，常常用于对高维的流形数据进行非线性降维，其中 ISOMAP（Isometric Feature Mapping）算法通过计算测地距离而非欧氏距离，局部线性表示（Locally Linear Embedding）算法则是由邻居节点加权组合得到该节点的向量表示，对 LLE 算法加以改进得到了 Laplace 特征表（Laplace Eigenmap）算法，其核心思想就是在低维向量空间中也保持着邻居节点之间的邻近关系，但由于前3个算法均只能处理无向网络，因此基于LLE算法，有向图表示（Directed Graph Embedding）算法为不同的邻居节点加入了不同的权重信息，从而能够处理有向网络。但是这些较早的算法需要将关系矩阵整个存在内存中或仅仅保留节点的一阶相似度，其空间或时间复杂度都极大地限制了其在大规模数据中的应用，在这一点上，基于神经网络的方法较为快速且效果更佳。Perozzi等[59]受word2vec算法的启发，提出的Deepwalk算法就是运用简单神经网络的典型代表，其是实现深度学习和网络表示学习相结合的第一个算法，首次把词向量训练模型引入到学习网络中节点的向量表示中，由于其所利用的随机游走序列仅依赖于局部信息，因此可以满足分布式和在线系统的需要；Grover等[60]提出的Node2vec算法对Deepwalk算法进行了扩展，该算法在随机游走序列的生成过程中引入了宽度优先搜索和深度优先搜索来控制方向，从而获得更加丰富的网络结构信息；而Wang等[61]提出的SDNE（Structural Deep Network Embedding）算法则是利用深度神经网络并采用半监督的方式进行网络表示学习，如图2-2所示。模型主要分为两部分：第一部分为无监督深层自编码器，用于获取节点的二阶相似度；另一部分用于有监督地建模节点的一阶相似度。

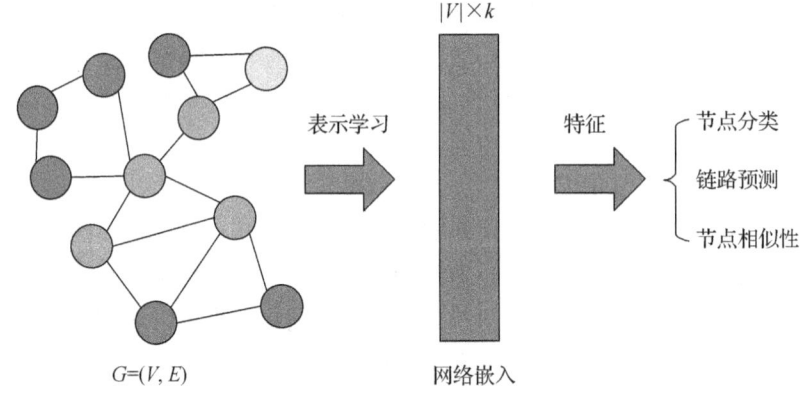

图2-1　网络表示学习流程

（2）异构网络表示方法

在异构网络中，节点代表的实体可以有多种类型。其实现实生活中的大部分网络组件中也会包含着一些丰富的外部信息，如节点的属性特征、标签类别和文本的内容等，而同构网络表示学习方法主要依赖于网络拓扑信息，忽略了这些外部信息，不能真实地反映现实世界中节点和连边的类型多样,而异构网络表示学习算法可以有效地解决网络的异质性,通过异构网络表示学习强大的建模能力,将网络中丰富的结构和语义信息嵌入到低维节点中。其中,Tang 等[62]认为网络中有多种类型的节点和边,因此将 LINE 扩展到异构网络中,针对文本标签预测任务提出了半监督的 PTE 模型,该模型将部分标签已知的文档集合数据转换为一个包含文档、词语和标签三类节点的异构网络,然后学习不同类型节点的向量表示;Dong 等[63]受同构网络中 Node2vec 算法的启发,提出了 Metapath2vec 算法,该方法通过在异构信息网络中进行随机游走来获取节点的邻居节点集合;Shi 等[64]提出的 HERec 模型基于元路径从异质信息网络中抽取出同类节点序列,相当于从异质信息网络中抽取出多个同质信息网络,并提高了推荐效果;王建霞等[65]介绍了异构网络表示学习相关方法的模型,有基于网络结构的嵌入方法和图神经网络方法,基于网络结构的嵌入方法又包含了基于随机游走方法和基于一阶、二阶相似度方法,图神经网络方法包含了基于图注意力网络方法和基于图卷积网络方法。

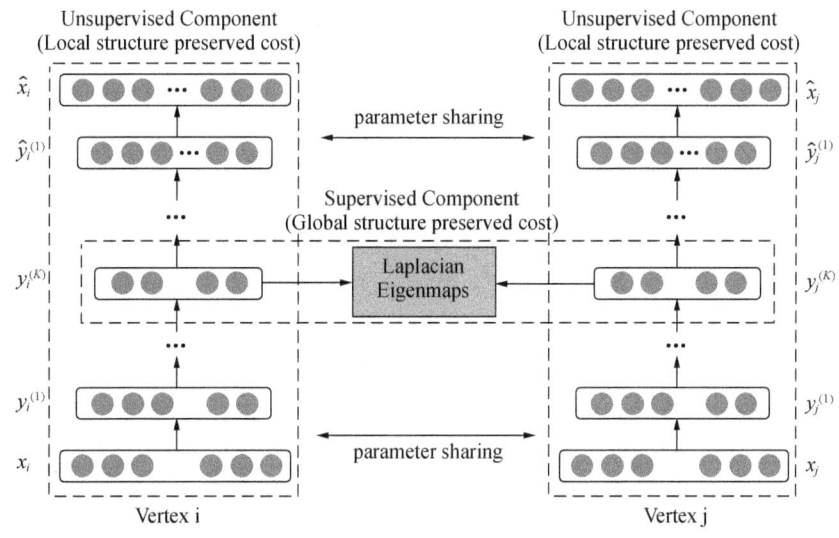

图 2-2 SDNE 算法

(资料来源:参考文献 [61],原文即英文,其中部分为公式表达)

2.1.2 文本表示学习

文本表示学习(Text Representation Learning)是将文本中的信息转换成

计算机能够处理的向量表示,从而实现在低维空间中高效计算实体间复杂的语义关联,是自然语言处理中的开始环节。例如,张金柱等[66]通过文本表示学习方法对专利科学引文中的关键词、摘要等特征进行语义向量表示,并计算其语义相似度,从而对特定领域科学技术间的主题关联进行分析。文本表示方式分为离散式表示(Discrete Representation)和分布式表示(Distributed Representation)。

(1)离散式表示

离散式表示中的 One-Hot 编码是最基础,也是最传统的词(或字)特征表示方法,又称为独热编码或哑编码,词(字)向量的维度就是词典(或字典)的长度,其中当前词的索引位置值为 1,其余的位置均为 0,最后得到的矩阵为高维稀疏矩阵。一个文本数据集形成的词典为 V,则 V 表示该字典的大小,字典中的每一个词表示为 w_i,w_i 表示一个维度为 $|V|$ 的向量,其中第 i 个位置的值为 1,其余位置均为 0。假设 w_2 和 w_7 是字典 V 中的两个词,w_2 表示"土豆",而 w_7 表示"马铃薯",则有:

$$w_2 = [0,1,0,0,0,0,0,0,0,0,\cdots,0]$$
$$w_7 = [0,0,0,0,0,0,1,0,0,0,\cdots,0]$$

由此可见,"土豆"和"马铃薯"的向量表示中都是很多 0 中有一个 1,显然这种形式的词向量表示很占空间,而且数据表现得很稀疏。离散式表示中的另一代表是词袋模型(Bag Of Word,BOW),把每篇文档都看成是一个"袋子",该模型中不考虑有关文本语序和词法等信息,每个词语之间都是相互独立的,即将词语放入一个"袋子"里统计每个单词出现的频率,因此可以发现,词袋模型和独热编码非常类似,差别就在于词袋模型表示的是文档向量,而独热编码表示的是词向量,所以一篇用独热编码形式来表示词向量的文档,将所有的词向量做简单相加就可以表示为词袋模型的形式。基于此原理,不难明白在词袋模型中有着各个词向量出现的频率信息,但是仅仅通过"出现的频率"这一属性无法区分常用词(如"我""你""他"等)和关键词(如"表示学习""Representation Learning"等)在文本中的重要程度。为了解决这一问题,Salton 等提出了向量空间模型(Vector Space Model,VSM),他们构建了一个词汇与文档的共现矩阵,并使用词频和逆向文档频率(TF-IDF)计算词汇与文档的语义相关度。TF(Term Frequency)指某个词在当前文本中出现的频率,IDF(Inverse Document Frequency)指逆文本频率,即含有某个词的文本在整个语料库中所占比例的倒数:

2 专利信息语义表示与深度挖掘的理论和方法基础

TF = 某个词在文本中出现的总次数/文本包含的总词数。

IDF = log[语料库的文本总数/(包含某词的文本数量 + 1)]。

$$TF\text{-}IDF = TF \times IDF$$

从 IDF 的计算过程中可以发现,由于语料库的很多文本中都会出现常用词,所以 IDF 的值会很小,而关键词只会在专业领域文本中出现,IDF 的值会相对较大,因此 TF-IDF 统计方法在保留文章中重要词汇的同时可以过滤掉一些常见且无关紧要的词汇。但近年来,随着全球数据的爆炸式增长,高维稀疏的离散型文本表示已无法满足文本分析的需求,后来陆续提出了以隐语义分析(Latent Semantic Analysis,LSA)为代表的各种矩阵分解模型[67],但 LSA 缺乏概率意义上的解释,Hofmann[68]和 Blei 等[69]为此又先后提出了概率隐语义分析(probabilistic Latent Semantic Analysis,pLSA)及其贝叶斯版本 LDA(Latent Dirichlet Allocation)等主题模型。矩阵分解模型和主题模型的本质都是寻求共现矩阵的低维隐主题空间,有研究表明二者之间存在某种等价性。张金柱等[70]则是利用依存句法分析抽取短语来构建短语序列,并将其视为词序列,抽取相关的短语作为主题表征词与主题一起构成向量表示模型,从而提高主题识别结果的区分度。

(2)分布式表示

除了对离散式表示本身算法的改进之外,学者对分布式的文本表示方法加以深入研究,其将高维稀疏的向量映射到低维稠密的向量空间中,同时这些向量之间还存在着语义上的关系。Mikolov 等[71-72]在 Bengio 的 NNLM(Neural Network Language Model)模型[73]和 Hinton 的 Log_Linear 模型[74]的基础上提出的一种高效训练词向量表示模型 word2vec,即为分布式表示学习方法中的经典模型。word2vec 通过优化后的训练模型,依据给定的语料库,快速有效地将一个词语表示成向量形式,以解决后续多种任务中的数据稀疏与维度灾难问题。word2vec 使用两种神经网络模型,CBOW(Continuous Bag-of-Words)和 Skip-gram 模型训练语料,全面考虑单词上下文的语义信息。CBOW 的目标是根据上下文来预测当前词语的概率,且上下文所有的词对当前词出现概率的影响的权重是一样的,如在袋子中取词,取出数量足够的词就可以了,至于取出的先后顺序是无关紧要的;Skip-gram 与 CBOW 恰好反过来,它是在给定一个单词的条件下预测上下文的概率,这两种方法都利用人工神经网络作为其分类算法(图 2-3);与 word2vec 相类似的还有斯坦福大学 Pennington 等[75]提供的 Glove(Global Vectors for Word Representation）算法，该算法综合了全局矩阵分解（Global Matrix Factorization）和局部上下文窗口（Local Context Window）两种方法的优点，也考虑了词语的上下文和全局语料库的信息，学习到了语义和语法的信息，但 word2vec 模型和 Glove 算法都仅仅学习了文本的浅层表征，得到的都是静态的向量表示，训练结束之后向量表示不会根据上下文进行改变，为了得到与文本上下文相关的向量表示，Peters 等[76]提出了 ELMo（Embeddings from Language Models）模型，这一动态模型不仅能够表征文本词汇语法和语义层面的特征，这些特征表示还能够随着上下文语境的变换而进行更新，并且在多个下游任务中表现良好，这一模型直接推动了预训练技术的发展。另外，Google 也提出了一种 BERT（Bidirectional Encoder Representations from Transformers）预训练语言模型[77]，该模型充分利用词左右两边的信息，能够更好地解决一词多义问题。为了更好地获取上下文信息、学习句内和句间关系，BERT 模型对两个任务同时进行训练，分别是遮挡语言模型和下一个句子预测任务。遮挡语言模型不同于常见的利用上文预测下一个单词或者利用上文和下文预测中间词的语言模型，遮挡语言模型随机遮挡一定比例的单词，利用其余单词预测这些遮挡词，由于遮挡词的位置是随机的，被遮挡的词可能是句子的任何成分，避免模型利用数据集的偏差，从而强迫模型从句子整体学习上下文的信息达到双向编码的效果。即它在预训练中采用遮蔽语言模型实现了深度双向表示，打破了以前所有单向标准模型对架构类型的限制，因此在 11 个 NLP 领域的任务中的表现刷新了纪录。

按照细粒度大小进行划分，可分为字级别、词语级别、句子级别和篇章级别的文本表示。相比于词向量和句子向量，篇章级别的向量表示难点在于文章篇幅较长、语义过于复杂。Le 等[78]借鉴 word2vec 的基本思想，提出了一种无监督的、将长文本转化为固定长度向量的 doc2vec 模型，该模型在训练过程中将长文本作为一个特殊段落 ID 引入语料中，同时结合了上下文、单词顺序和段落特征，最后在链路预测及情感分类等方面都表现出了不错的效果。和 word2vec 一样，该模型也有两种方法：Distributed Memory（DM）和 Distributed Bag-of-Words（DBOW）。DM 试图在给定上下文和段落向量的情况下预测单词的概率。在一个句子或者文档的训练过程中，段落 ID 保持不变，共享着同一个段落向量；DBOW 则在仅给定段落向量的情况下预测段落中一组随机单词的概率。

Tang 等[79]使用 CNN、LSTM 建模句子，同时使用 Bi-RNN 建模整个篇

2 专利信息语义表示与深度挖掘的理论和方法基础

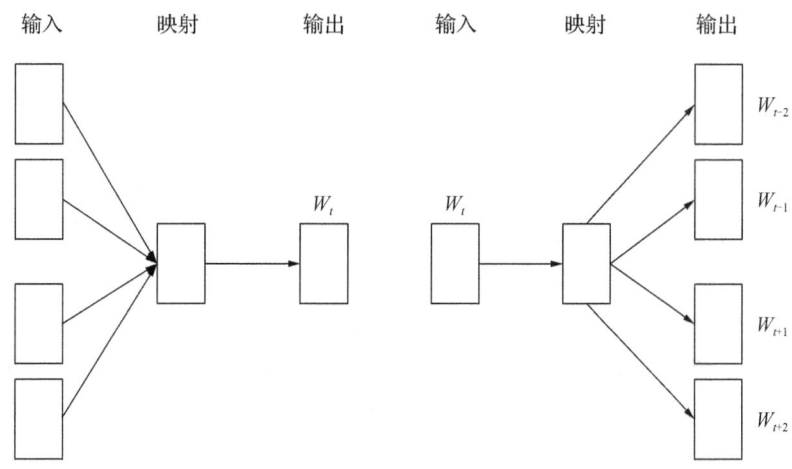

图 2-3 CBOW 和 Skip-gram 模型结构

章,使之在文档级情感分类任务上得到了更好的效果。Yang 等[80]在 Tang 等提出的模型基础上,在句子、文档层面分别加入注意力机制,对文档中的单词、句子的重要性建模,进行加权计算生成文档向量。后续研究者们对关键词、句子、上下文内容等不同层次的文本表示学习方法进行了改进,形成了 key2vec、senten2vec、con-s2vec 等模型,针对不同特定领域数据类型形成了 paper2vec、query2vec、hyperdoc2vec 等模型,提升了特定任务下的语义表示效果,并扩展应用在信息检索、知识图谱、自动问答和自然语言处理等领域。同时,在长文本中有着更加严重的冗余和噪声问题,导致对其的特征提取不够充分,预训练速度相对较慢,基于 BERT 模型的优秀性能,学者对 BERT 模型提出了不同方法的改进。王昆等[81]提出在 BERT 模型中加入注意力层的同时,结合语句的粗粒度和细粒度信息进行特征提取,以获得更好的长文本情感分析效果。

2.1.3 融合表示学习

在文本表示学习与网络表示学习的基础上,近年来开始了将这两者相融合的表示学习研究,即利用网络的结构信息及节点的文本信息共同学习节点的低维向量表示。刘正铭等[82]给出了两种不同的融合节点网络结构信息和文本属性信息的实现方法,首先是最简单的拼接,假设通过文本属性信息表示学习模型训练得到的表示矩阵为 U_W,通过网络结构信息表示学习模型训练得到的表示矩阵为 U_S，两者直接拼接可得到最终的节点表示向量矩阵 U_+，即 $U_+ = U_W \oplus U_S$，其拼接过程如图 2-4 所示。然而由于两个表示矩阵在训练过程中是相互独立的，属于训练后结合，缺少了两方面信息在训练过程中的相互补充与制约。因此，提出基于参数共享的交叉训练机制实现融合表示学习，即使用融合表示向量矩阵 U 替换基础模型中的 U_W 和 U_S，建立共耦神经网络模型，如图 2-5 所示。两部分的表示学习模型交替训练，U 由两个模型共享，即 U 在训练过程中相互传递，最后通过反复迭代，得到融合两方面信息的节点向量表示。最后实验表明，基于参数共享的共耦神经网络模型有效地实现了融合表示学习，在面向节点分类的评测任务中，算法性能有一定提升。与刘正铭等较为相似，倪琦瑄等[83]提出了一种基于双视角的耦合表示学习算法 DPBCNE，即基于边视角进行随机游走以获得不同于节点视角的采样结果，再融合基于节点视角下的节点采样序列进行耦合训练，以学习节点和边的表示。在融合表示学习的过程中，主要有融合多个表示学习算法或模型和将表示学习算法融入某个具体学科这两种形式。

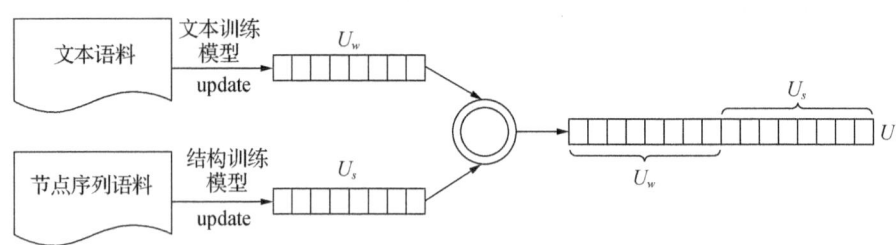

图 2-4 直接拼接

（1）融合多个算法或模型

近年来针对不同的研究目标，学者对以上两种乃至多种算法和模型结合生成向量表示展开了深入的研究，如 Yang 等[84]提出了 TADW（Text-Associated Deep Walk）算法，该算法在矩阵分解的框架下，引入了节点的文本特征，将网络结构特征和节点的文本特征进行联合训练，实现这两种特征的融合；在 TADW 模型的基础上，Zhang 等[85]从不同的网络结构与节点内容相互作用的角度构建了 HSCA 模型（Homophily Structure and Content Augmented），认为网络信息有 3 个来源，分别是同质、拓扑结构和节点内容，并将 3 种信息源增加至一个目标函数中，共同学习网络表示；Sun 等[86]提出一种新的 CENE（Content-enhanced Network）算法，将节点内容视为一种特殊的

2 专利信息语义表示与深度挖掘的理论和方法基础

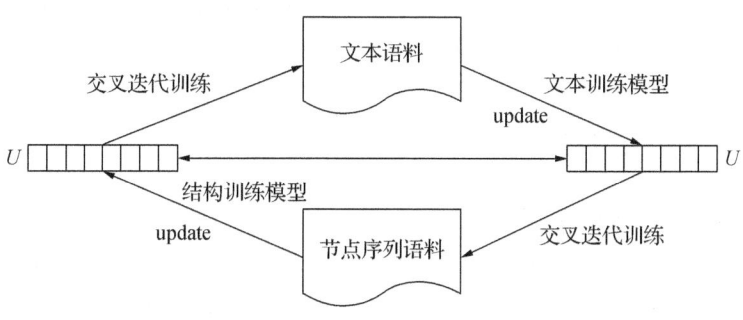

图 2-5 共耦交叉训练机制

节点来扩展到网络中,该算法使用逻辑回归函数学习扩展的网络,并通过负采样的方法优化目标函数,使得到的网络表示不仅可以保留网络结构特征,还可以保留节点和内容之间的语义信息;Li 等[87]提出了 PPNE(Property Preserving Network Embedding)模型来有效地融合不同类型的节点属性信息,将表示向量的学习过程转化为联合优化的问题,并通过使用有效的随机梯度下降算法解决联合优化问题,在多个数据集上进行的节点分类和链路预测任务中证明了 PPNE 的有效性。

但由于现实生活中的节点在与其他节点交互时往往会呈现不同的特征,以上算法无法体现不同邻居节点角色的变化,因此 Tu 等[88]提出了 CANE(Context-Aware Network Embedding)算法,该算法同样利用的是节点的文本特征,但其还同时对节点之间的关系进行了解释,该算法假设每个节点的向量表示由文本表示向量和结构表示向量共同构成,其中文本向量是利用相互注意力机制选取两个邻居节点间最相关的卷积结果而生成的,因此实现了节点根据不同的邻居节点进行上下文相关的网络表示学习。

除了节点自带的文本信息外,节点与节点之间的边上也存在着丰富的交互信息。例如,我们不仅可以利用社交软件中用户的个人资料、用户活跃度等节点信息,还可以关注用户之间的交谈、转发等文本信息,对节点之间的具体关系进行建模和预测。为此,Tu 等[89]提出了 TransNet(Translation-Based Network)模型,该模型通过平移机制来抽取社会关系,假设节点表示向量由邻居节点表示向量和两节点间的关系表示向量共同构成,该算法可以有效地预测未标注的边上的标签集合,从而能够更好地实现社会关系抽取任务;Pan 等[90]提出结合网络结构、节点内容和节点标签的深度学习模型

TriDNR（Tri-Party Deep Network Representation），该模型通过随机游走生成节点序列并学习节点语义表示来保留节点结构信息，然后用另一个神经网络学习节点上下文的相关性，同时，将节点标签作为输入，直接在标签和上下文之间建模来学习标签向量和单词向量。

（2）融合其他学科模型

随着信息技术的发展，不论是网络资源还是文本数据都呈现着爆炸式的增长，单一的表示学习模型或其他模型渐渐无法满足一些具体的数据分析需要，因此学者们尝试将表示学习模型融入至其他学科领域的模型中，带来更好的模型性能。例如，丁勇等[91]将利用Node2vec模型提取出的用户和项目特征作为XGBoost评分预测模型的输入，从而缓解数据稀疏的问题，提高用户评分的预测精度；杨奕卓等[92]通过表示学习方法对用户名信息进行向量表示，并与拓扑结构信息向量相结合生成账号节点向量，实现跨社交网络用户的身份匹配；林原等[93]在表示学习中融入作者、关键词等共现网络来构建潜在合作机会的挖掘模型，识别潜在合作领域，提升潜在合作机会挖掘的可靠性。将表示学习算法与其他学科领域的模型相结合进行数据分析为各学科的资源利用提供了新思路，能够更好地对大规模数据进行处理分析。

2.2 专利信息深度挖掘

2.2.1 专利网络挖掘的视角

专利网络以社会网络分析、社会计量学和图形理论为基础，成为揭示专利之间关系、内涵、联系强度的重要工具，在专利网络中涵盖了专利权人、发明人、关键词、关键技术、引文信息等，以及各种对象之间的关系。

根据专利中涵盖对象的不同，专利网络又可以细分为专利合作网络、专利共现网络、专利引文网络、专利技术转移网络，国内外研究者根据研究目的形成了针对专利网络的研究体系。关鹏等[94]通过图渗透算法获取到关于专利网络的领域热点，总结出中文文献关于"专利网络"的研究主要集中在专利合作网络、专利引文网络、产学研合作网络、技术转移网络、技术创新网络和技术演化路径分析等热点研究主题。而英文文献关于"专利网络"的研究侧重于专利分析方法研究、专利合作网络、专利引文网络、社会网络分析和专利文本挖掘等研究热点，在综合中英文文献热点研究的基础上，将

2 专利信息语义表示与深度挖掘的理论和方法基础

基于专利网络的信息深度挖掘的相关内容分为专利合作网络、专利引文网络、专利技术转移网络、专利网络研究方法4个方面。赵阳等[95]通过研究专利网络的主要应用领域，提出了专利网络包括专利合作网络、专利关键词网络、专利技术共类网络、专利引文网络，并将对这些网络的信息挖掘与分析应用在技术发现中。

通过网络分析的方式能够获得专利信息发现的微观视角，以技术预测为例，技术预测常使用经验预测技术，如个人见解法、市场调查法等，或是定量预测中的时间序列预测、因果关系预测，但这些方法不能对关系详细描述，只能在宏观的角度上描述技术发展的方向，而在专利网络中，通过专利网络与专利信息深度挖掘的结合，使得技术与关系同时呈现，通过不同的网络描述专利权人之间的合作、专利之间的引用与转让等多重关系，能够解释技术发展的路径及未来技术发展的趋势，既考察了既存技术，也为新技术的产生提供了有价值的参考。

针对专利网络信息深度挖掘，主流方法是在社会网络分析方法的基础上结合复杂网络理论与文本挖掘方法等，对网络中信息进行深度挖掘。中心性、聚类、子群等经典网络分析方法能够识别专利网络中的核心技术，度分析、聚类系数、平均路径长度等复杂网络的静态几何量能够识别网络中的关系，在此基础上增加的多模关系信息挖掘则能够获取技术演变动因及技术发展趋势。

(1) 专利合作网络

专利合作网络以专利权人和发明人构建专利合作网络，揭示其合作关系，在网络中经常通过网络密度、点度中心势、中间中心势、接近中心性等指标来挖掘出专利权人与发明人、团队与团队或是国家与国家之间的合作信息，从而判断技术发展趋势、识别竞争对手与合作者。在现有的针对专利合作网络所做研究有：刘彤等[96]、李红等[97]构造了有多种属性的节点，主要对专利合作网络的演进与动态特征做了分析，识别网络中可能出现的重要关系。Du等[98]提出了针对异构网络的发明人影响排序的迭代算法，充分利用了网络中的信息，有效识别出对专利数据影响较大的发明人。

专利合作网络是典型的社会网络，应用于社会网络的方法与工具等同样适用于专利合作网络。通过常用软件 UCINET、Gephi，结合如网络规模、密度、聚类、模块化指数等的网络结构的参数获得关于整体网络或是节点的信息。以 Gephi 为例，主要功能模块有网络布局、网络统计、网络滤波、网络

专利信息语义表示与深度挖掘

可视化,网络滤波是根据研究目的对网络中的节点或边进行筛选,从而更加精准地探索和发现网络中的信息,网络统计则通过不同的统计算法计算网络特性。

(2)专利共现网络

专利共现网络用于探索专利所属的技术领域和主题,揭示技术演进和技术创新体系,从技术网络结构中挖掘技术分布。专利共现主要通过IPC聚类和词语共现实现,其中,词语共现中以主题词、关键词和术语等作为分析对象,将词语之间的联系与分布可视化形成专利共现网络。专利技术普遍具有融合性、新颖性、扩张性、影响力4种特征,通过对共现网络中信息的深度挖掘发掘出技术分布情况,能够识别专利技术的这4种特征,可以掌握专利技术是否是在特定领域的创新。贾佳等[99]通过专利的IPC聚类了所有引证核心专利的专利,此方法能够发现间接相关的技术。Yan等[100]提出需要正确衡量专利分类系统中不同类别的专利之间的距离,并使用不同距离测度来度量专利距离,从而量化了领域间知识库的邻近性。

在专利共现网络中使用较多的是专利关键词网络,其核心是提取出专利文本中有关专利技术的关键词,可视化后形成网络,关键词能够代表专利文献中的核心内容,因此关键词共现能够呈现专利技术或知识之间的某种关联。对关键词进行聚类、中心度等操作,有助于探寻技术空白点。专利关键词网络在揭示技术发展路径和预测趋势方面更具科学性,但也存在局限,例如,关键词的抽取受挖掘技术限制,尤其从全文中识别和主题相关的关键词难度较大,而关键词抽取结果的优劣将会影响专利共现网络的构建。

(3)专利引文网络

Seibel[101]最早提出了专利引文分析的概念,认为"专利引文"是后继专利基于相似的科学观点而对先前专利的引证,同时他还提出了高频被引专利的技术相对重要性。专利之间的引用关系体现了同一领域技术的继承与发展、不同领域之间的交叉和结合。专利引文网络能够直观地反映在专利产生过程的知识传递及能够指导新的专利技术发现。唐晖岚等[102]将专利引文网络应用在了申请人之间的专利保护中,提出探究专利技术发展路径,并为企业提供专利技术相关信息,如技术研发思路、技术挖掘保护策略等。引文网络除了反映专利文献之间的引用关系,也可以反映专利权人之间的引用关系,识别核心专利权人、发现专利权人潜在的合作与竞争关系。

专利引文关系有同被引、引文耦合等。赵阳等[95]通过文献发现国内外

2 专利信息语义表示与深度挖掘的理论和方法基础

对专利引文网络的研究主要集中在引文轨迹、同被引和引文耦合3个方面。引文轨迹将专利的前向和后向引用关系以链的形式完整展现，能够反映技术发展过程的核心节点与关键节点，并掌握包含此专利技术的完整发展轨迹。除了识别显著的核心技术，还可以识别引文是否有突发性，具有突发性的引文可能是领域中的关键技术。专利引文网络中不只是包含直接引用关系，同样还包含了同被引和耦合的关系，这两种关系有助于识别专利之间联系的强度，其展示的专利之间可能是同领域技术具有一定的相似性或是不同领域的技术具有可融合性。

专利引文分析用到较多数学及统计学的方法和比较、归纳、抽象、概括等逻辑方法，对专利文献中的引用与被引用现象进行分析，挖掘出有关专利引用的深度信息，以便揭示其数量特征和内在规律。

专利地图是专利引文网络常用工具之一，其能够更加直观地展示具有直接或间接引用关系的专利之间的复杂关系，一般分为专利管理地图、专利技术地图和专利权利地图3类，唐晖岚等[102]总结了专利地图上可以应用的指标，如自引率、被引率、影响因子、引证率等，结合专利文献的引证关系进行聚类分析，能够挖掘出技术创新方向、应用领域。

（4）专利技术转移网络

专利实施许可转让，许可方和被许可方都将获得专利技术实施的权力，专利技术转移实现了专利技术成果的转化、应用和推广，有利于科学技术进步和发展生产。传统技术转移的研究通常是基于调查统计分析的结果做定性分析，多依赖于专家知识。随着专利数据的增长，从网络视角分析技术转移的研究逐渐增多，针对专利技术转移网络可以挖掘的信息包括影响专利技术转移的因素、网络结构及其演化、专利转移预测等[94]。有研究者通过专利技术转移网络中的信息，揭示了专利技术转移与其他因素的联系，从而找到其他有发展潜力的专利。

2.2.2 专利文本挖掘的视角

文本挖掘（Text Mining）是抽取有效、新颖、有用、可理解的、散布在文本文件中的有价值知识，并且利用这些知识更好地组织信息的过程。文本挖掘一直是十分重要的信息处理领域，因为不论是推荐系统、检索系统还是别的广泛性应用中，我们都需要文本挖掘的力量。当前每天所产生的信息量正在迅猛增加，且这些信息大多是非结构化的海量文本，其无法直接由计算机处理与感知。因此，我们需要一些高效的技术和算法来发现这些文本中的有效信息。

文本挖掘是一个多学科混杂的领域，涵盖了多种技术，包括数据挖掘技术、信息抽取、信息检索、机器学习、自然语言处理、线性几何、图论等。文本挖掘的流程大致是：利用智能算法，如神经网络、基于案例的推理、可能性推理等，结合文字处理技术，分析大量的非结构化文本源（如文档、摘要、网页等），抽取或标记关键字概念、文字间的关系，并按照内容对文档进行分类，获取有用的知识和信息。例如，Magerman 等[103]利用基于潜在语义分析的文本挖掘技术来检测专利文献和科技论文的相似度，以此来分析专利知识。Wang 等[104]基于 SAO 语义分析对专利文本进行挖掘，分析专利之间的相似度。Choi 等[105]利用机器学习的方法对专利文本进行挖掘，将半监督学习和主动学习相结合，识别出了有潜力的新兴技术。由此可见，文本挖掘目前在专利信息的深度挖掘方面有着广泛的应用，本章将阐述这些方法的理论基础和在专利信息挖掘领域的应用实例。

（1）信息抽取（Information Extraction）

信息抽取是指从自然语言文本中抽取出特定的事件或事实信息，帮助我们将海量内容自动分类、提取和重构。这些信息通常包括实体（Entity）、关系（Relation）和事件（Event）。信息抽取主要有 3 个子任务：实体抽取、关系抽取和事件抽取。

①实体抽取是指检测文本中的实体，并为其标注类型。一个命名实体，简单来说，是任何可以用一个专有名称引用的东西，如一个人、一个位置、一个组织。传统的机器学习方法主要是编码方式、特征选择和序列模型。随着机器学习的发展，逐步开发出了包含 LSTM + CRF、BERT 等的深度学习方法。鄂海红等[106]围绕有监督和远程监督两个领域，系统地总结了中外学者基于深度学习的实体关系抽取研究进展，并对未来可能的研究方向进行了探讨和展望。余传明等[107]借助迁移学习和深度学习的思想，提出的无监督跨语言实体抽取方法也是结合了 LSTM + CRF。

②关系抽取是指发现和分类文本实体之间的语义关系。这些关系通常是二元关系，如子女关系、就业关系、部分和整体的关系等。关系抽取的方法主要分为基于规则和监督学习两种。基于规则一般是指寻找类似"is-a"这样的关系实体对。谢明鸿等[108]通过选取"嫁""娶"等关系触发词，结合同义词词林完成人物关系抽取。监督学习是指定义好关系类型、实体类型，

2 专利信息语义表示与深度挖掘的理论和方法基础

准备好训练数据来进行特征提取和模型训练。王鼎乾等[109]在系统地揭示深度学习主流模型原理的基础上，探究了其在有监督实体关系抽取任务中的效果差异，最终发现不同模型关系抽取准确率在关系种类上的分布有较大差异，BERT 模型整体优于基于 CNN 和基于 PCNN 的模型。

③事件抽取是指从非结构化数据中抽取出用户感兴趣的事件，可以分解为 4 个部分：触发词识别、事件类型分类、论元识别和角色分类任务。事件抽取主要分为限定域事件和开放域事件。限定域事件抽取方法分为两类：基于模式匹配、基于机器学习。开放域事件抽取方法不同于限定域事件，主要分为基于内容特征和基于异常检测。事件抽取在专利分析领域不常用，主要是应用于医疗事件抽取、生物医学事件抽取、舆情监测等。

信息抽取技术是目前基于文本的专利分析的常用手段，但是这项技术也存在着一些不足，如自动化程度低、提取精度不理想等。Chen 等[110]针对这些问题，通过预先定义了一个包含实体类型和语义关系的信息模式后，对专利摘要数据集进行了注释，在此基础上，提出了一种新的专利信息抽取框架，分别采用 BiLSTM-CRF 和 BiGRU-HAN 两种深度学习模型进行实体识别和语义关系提取。这为解决现有的研究不足提供了思路。综上所述，现有的信息抽取技术往往离不开机器学习和深度学习，尤其是深度学习能够弥补现有研究方法的不足，提高信息抽取的效率和精度。

（2）聚类（Clustering）

聚类分析是根据在数据中发现的描述对象及其关系的信息，将数据对象分组。目的是使得组内的对象相互之间是相似的（相关的），而不同组中的对象是不同的（不相关的）。组内相似性越大，组间差距越大，说明聚类效果越好。

1）聚类的分类

聚类主要分为 5 类：基于划分的聚类、基于层次的聚类、基于密度的聚类、基于网格的聚类和基于模型的聚类。

①基于划分的聚类是比较常用、简单的一种聚类方法，通过将对象划分为互斥的簇来进行聚类，常用算法有 K 均值、K medoids、K prototype 等。陈玲等[111]结合 IPC 分类号和 K 均值聚类算法，构建并验证 VR 专利产业链，最终结合 TF-IDF 算法和 LDA 主题模型识别出该领域的技术主题及其强度和未来发展趋势。但此类方法也存在一些缺陷，例如，K 均值的方法容易导致局部收敛，且对离群点、噪声点异常敏感，很依赖初始中心点的选择。因

此，研究人员在使用此类方法时常常结合其他方法进行改进。

②基于层次的聚类的核心思想是通过对数据集按照层次，把数据划分到不同层的簇，从而形成一个树形的聚类结构，是一种应用广泛程度仅次于基于划分的聚类。层次聚类算法可以揭示数据的分层结构，在树形结构上不同层次进行划分，可以得到不同粒度的聚类结果。常见的算法有 AGNES、BIRCH 等。层次聚类目前在专利分析领域的应用相对较少，多用于技术检测、城市交通、污水粒子研究等方面。

③基于密度的聚类算法利用密度思想，将样本中的高密度区域（样本点分布稠密的区域）划分为簇，将簇看作是样本空间中被稀疏区域（噪声）分隔开的稠密区域。这一算法的主要目的是过滤样本空间中的稀疏区域，获取稠密区域作为簇。基于密度的聚类算法是根据密度而不是距离来计算样本相似度的，所以基于密度的聚类算法能够用于挖掘任意形状的簇，并且能够有效过滤掉噪声样本对于聚类结果的影响。常见的基于密度的聚类算法有 DBSCAN、OPTICS 和 DENCLUE 等。Altuntas 等[112]采用了基于密度的聚类方法，并结合其他聚类算法，提出了一种基于专利信息聚类来评估候选新兴技术的方法。

④基于网格的聚类通常将数据空间划分成有限个单元的网格结构，所有的处理都是以单个的单元为对象。这种方法的处理速度很快，因为这与数据点的个数无关，而只与单元个数有关。常见的算法有 STING、CLIQUE。该方法在专利分析方面应用也相对较少，常见于农田规划等领域。

⑤基于模型的聚类主要是指基于概率模型的方法和基于神经网络模型的方法，尤其以基于概率模型的方法居多。马建红等[113]提出了一种面向功能信息的相似专利动态聚类混合模型，通过筛选功能信息句，运用双向长短期记忆网络联合注意力机制、卷积神经网络、改进的权值主题模型抽取专利文本的序列特征、文本嵌入特征、主题特征，同时加入功能词语关注部分，采用并行融合的方式提取特征。Kim 等[114]也基于模型，利用深度嵌入聚类技术，增加了不同类型文档之间的距离，减小了相似文档之间的距离，提高了聚类精度。

2）常见步骤和距离、相似度公式

专利信息的聚类分析常用步骤是：首先，明确研究领域，根据检索目的制定检索表达式，获取专利数据并进行预处理，清洗整合去除无用的数据；其次，定义一个距离函数，用来比较对象数据之间的相似程度；最后，对数

2 专利信息语义表示与深度挖掘的理论和方法基础

据进行聚类或分组,确定关键信息,并将结果输出提交用户。这 4 个步骤中,定义距离函数最为重要,因为根据选择距离函数的不同,最终分类的结果也不相同。针对这一点,很多学者提出了不同的距离指标,其中最为常用的距离指标为欧氏距离,其公式(2-1)如下:

$$D(X,Y) = \sqrt{\sum_i (X_i - Y_i)^2}, i = 1,2,\cdots,s。 \quad (2\text{-}1)$$

常用的相似度系数指标有余弦相似度和皮尔森系数。余弦相似度不同于欧氏距离。欧氏距离衡量的是空间上各个点的绝对距离,跟各点所在的位置坐标直接相关;余弦相似度衡量的是空间向量的夹角,更体现在方向上的差异,而不是位置。欧氏距离更多应用于需要从维度的数值大小中体现差异的分析;余弦相似度更多使用用户对内容评分来区分兴趣的相似度和差异,同时修订了度量标准不统一的问题。而皮尔森相关系数从几何上来讲,是余弦相似度在维度值缺失情况下的一种改进。

余弦相似度的公式(2-2)如下:

$$S(X,Y) = \frac{(\sum_i X_i Y_i)}{\sqrt{(\sum X_i^2)(\sum Y_i^2)}}, i = 1,2,\cdots,s。 \quad (2\text{-}2)$$

皮尔森相关系数公式(2-3)如下:

$$S(X,Y) = \sum_i \frac{Z_{xi} Z_{yi}}{s-1}, i = 1,2,\cdots,s。 \quad (2\text{-}3)$$

其中 Z_{xi} 和 Z_{yi} 表示 x 和 y 的标准正态分布。

综上所述,目前聚类在专利信息挖掘中的应用往往与分类、预测等相结合,用于对专利技术主题进行提取,评估新兴技术主题,识别分析专利主题的演化等,在方法的选择上多是基于划分、密度和模型,并结合其他方法对其进行改进来提高聚类的准确度。

(3)决策树(Decision Tree)

决策树是一种基本的分类和回归方法。决策树分类算法是一种基于实例的归纳学习方法,其能从给定的无序的训练样本中,提炼出树型的分类模型。树中的每个非叶子节点记录了使用哪个特征来进行类别的判断,每个叶子节点则代表了最后判断的类别。根节点到每个叶子节点均形成一条分类的路径规则。而对新的样本进行测试时,只需要从根节点开始,在每个分支节点进行测试,沿着相应的分支递归地进入子树再测试,一直到达叶子节点,该叶子节点所代表的类别即是当前测试样本的预测类别。刘朝章等[115]利用模糊决策树算法来刻画科技创新和专利技术的特征和规律，对每个专利打上多维度标签，建立专利画像，同时对每个企业进行技术需求画像，进而增强专利的转化能力。

与其他的机器学习分类算法相比较，决策树分类算法相对简单，只要训练样本集合能够用特征向量和类别表示，就可以考虑构造决策树分类算法。但是决策树仅有单一的输出，若想要有复数输出，可以建立独立的决策树以处理不同输出。

（4）随机森林（Random Forest）

随机森林是集成学习中 bagging 集成策略中最实用的一种算法。随机森林的"森林"表现在有多棵决策树。"随机"则有两重含义，第一重是每棵树的训练数据随机，例如，第一棵树是随机抽取80%的数据，然后再放回，随机抽取80%数据作为第二棵树的输入；第二重是指每棵树的特征值随机，例如，对第一棵树随机选择60%的特征来建模，第二棵树再随机60%的特征来建模。通过数据和特征的随机，能够使得决策树结果的差异更大，最终求他们的平均，使得结果更稳定有效。

李玉等[116]对专利的价值评估指标体系进行了分析，使用了随机森林算法选择最有效的指标集，同时基于 DBSCAN（Density-Based Spatial Clustering of Applications with Aoise）聚类选择高精度且一致性低的决策树子森林改进传统随机森林算法，改善了传统模型的精度，总体上有效地反映了专利的价值度。与此同时，王思培等[117]通过梳理现有研究，选择用于潜在高价值专利预测的指标，构建了基于随机森林算法的潜在高价值专利预测模型。

（5）神经网络（Neural Networks）

神经网络全称为人工神经网络（Artificial Neural Networks），是一种模仿动物神经网络行为特征，进行分布式并行信息处理的算法数学模型。这种网络依靠系统的复杂程度，通过调整内部大量节点之间相互连接的关系，从而达到处理信息的目的。神经网络发展至今已经衍生出了许多种不同的神经网络。

①卷积神经网络（Convolutional Neural Networks）是一种专门用来处理具有类似网格结构的数据的神经网络。主要分为输入层、卷积层、激励层、池化层和全连接层。黄彩云等[118]使用卷积神经网络作为分类器，探究非均衡专利文本数据的自动分类问题。

②循环神经网络（Recurrent Neural Network）是用来处理序列数据的一种神经网络。当需要预测下一个单词是什么时，往往需要上一个单词，普通的神经网络没有办法解决这种问题。而循环神经网络的隐藏层能够捕捉序列的信息。目前的循环神经网络常常被应用在词向量表达、词句合法性检查及词性标注等工作中。刘子辰等[119]提出了一种基于循环神经网络的专利价格自动评估方法，以市场法为基础，对其他各种因素进行综合考虑，并利用门控循环单元（GRU）构建RNN的方法实现对专利价格的自动评估。

在循环神经网络中，目前使用最广泛最成功的模型是长短期记忆网络（Long-Short Term Memory）。循环神经网络通过反向传播和梯度下降算法达到了纠正错误的能力，但是没有解决梯度消失的问题。1997年，循环神经网络引入了一个基于LSTM的架构后解决了梯度消失的问题。2014年，GRU模型被引入，其基本单元设计源于LSTM，但相比LSTM更加简单易实现，在实验中可以达到与LSTM相同的效果。Lu等[120]在研究专利引文分类时，利用双向RNN对专利文档进行编码，以此来获得包含上下文信息的文档中单词的嵌入表示，并结合双向GRU将输入词嵌入到上下文中，以此来解决梯度下降的问题。

3 专利科学引文语义表示与挖掘

3.1 专利科学引文挖掘的研究背景和研究问题

专利科学引文是专利引文多种类型的其中一种，是专利引文的一个子类。专利的引文类型分为两类：一类是指在专利文件中列出的与本专利申请相关的专利文献，另一类就是专利引用的除专利文献之外的文献，称为非专利引文（Non-Patent References，NPR）。非专利引文包括期刊论文、会议论文、著作、文件等多种类型，其中的期刊论文、会议论文等科学论文又可称为专利科学引文（Scientific References in Patent，SRP），是非专利引文的重要类别之一[121]。

作为专利引文的子类，专利科学引文是科学知识（科学论文）与技术创新（专利）之间产生关联关系的媒介。当前科学技术间的关联关系主要通过非专利引文分析实现，而非专利引文类型繁多、错综复杂，很多类型并不能作为科学知识的代表。如果识别出非专利引文中的专利科学引文表示专利引用的科学知识，可以实现更准确的科学技术关联关系分析。通过对专利科学引文进行分析，可以掌握科学技术间的关联关系，进而获知科学知识与技术应用间的知识转移和流动。而专利科学引文的深层次内容挖掘和分析迫切需要识别专利科学引文的内容元数据，从而更准确、全面地从内容角度发掘科学技术在哪些学科、领域、技术间产生知识流动并产生了何种影响。如果能够实现高效率的专利科学引文元数据抽取，就可以为专利科学引文分析提供强大的数据支持。

目前，专利科学引文元数据抽取主要包括3种方法，分别为基于规则的、基于模板的和基于机器学习的专利科学引文元数据抽取。基于规则的元数据抽取使用一组由领域专家事先定义好的规则来抽取元数据。由于基于规则的方法需事先设计一系列的抽取规则，并要经常对这些规则进行维护，因此规则的适应性较为一般，每当处理新的引文风格时，就要增加新的规则，

3 专利科学引文语义表示与挖掘

耗费人力物力。此外，规则一旦被定义，就固定了下来，后续修改调整比较困难。基于模板的方法是另一种广泛使用的引文元数据抽取方法，虽然抽取方法易于实现，但其抽取结果取决于文档的风格和版式，可适应性较差。基于机器学习的方法则是利用机器学习技术进行抽取，在元数据抽取上取得了较好的效果，但在对样本进行人工标注和训练时比较费时费力，还需进一步融入更丰富的文本上下文语义信息。

研究者们采用上述3种研究方法进行了专利科学引文元数据抽取的研究，并且通过文献计量的方法进行了基于非专利引文及专利科学引文的科学——技术关联研究和知识转移研究。这些研究虽然取得了较好的成果，但尚需在以下两方面进一步改进和优化。

①当前专利方向的引文研究主要以专利引用文献中的非专利引文为研究对象，有必要在专利科学引文方向上进行深入的内容挖掘研究。

②基于机器学习的方法在专利科学引文元数据抽取方面取得了良好的效果，但在对文本语义信息的利用上有待提高。

综上，本书提出了一种基于表示学习的专利科学引文元数据抽取及内容挖掘的方法，以抽取专利科学引文中的内容元数据，并利用得到的内容元数据进行专利科学引文内容挖掘的探索性研究。其中将表示学习方法运用到专利科学引文元数据抽取中的最大优势在于，可以通过表示学习方法学习专利科学引文文本的语义特征，由此得到的向量包含的信息更为全面，因此能够更准确地表示专利科学引文及专利科学引文的每种元数据。

3.2 专利科学引文语义表示与挖掘的相关研究

3.2.1 专利科学引文元数据抽取研究

专利科学引文元数据抽取是基于内容的深层次科学技术关联分析的前提和基础，对于图书情报领域的研究具有重要意义。研究者们也提出了多种可用于解决此问题的方法，具体可分为3类，分别为基于规则的、基于模板的和基于机器学习的专利科学引文元数据抽取方法。

（1）基于模板的专利科学引文标题抽取

基于规则的元数据抽取使用事先定义好的规则来对所有数据进行匹配，以实现元数据的抽取。在基于规则的方法中，规则是关于某个字段的一般规律，如作者类元数据一般位于一条引文数据的开头，所有的规则组合在一起形成元数据抽取的规则。

基于规则的方法广泛应用于元数据抽取的相关研究中，Wei 等[122]使用逐层标注格式属性层和字典语义层的方法抽取引文元数据，通过实验证明了该方法的可用性。Azimjonov[123]提出了一种基于规则抽取学术论文元数据的方法，该方法利用文本的版面特征、字体和大小特征提取论文标题，并使用固定的规则集从 PDF 文件中提取摘要、正文、关键字、结论和引文等其他元数据。李雪驹等[124]提出可以将基于规则的方法与机器学习方法 SVM 相结合，进行 PDF 文件中论文元数据的抽取。在此方法中，基于规则的方法主要用于抽取格式固定的元数据。张金柱等[125]针对专利科学引文设计了 9 条抽取规则，基于这些规则对专利科学引文的元数据进行识别。

基于规则的方法对于格式固定的元数据抽取效果较好，但由于需要事先设计抽取规则，每当处理新的数据时，就要新增对应的规则，其抽取效果依赖于规则的可用性和全面性；此外，规则一旦被定义，后续修改调整比较困难，其可适应性还需进一步提高。

(2) 基于模板的专利科学引文标题抽取

基于模板的元数据抽取方法一般使用由各种引文类型的模板组成的模板库，通过模板匹配的方式抽取元数据。该方法的一般步骤是：首先建立由多种引文格式组成的模板数据库，然后将引文与模板进行匹配，最后完成待匹配引文中元数据的抽取。

M. Day 等[126]提出了一种基于分层模板的元数据抽取方法，这种基于模板的方法是一种层次化的知识表示框架，实验结果表明该方法可以针对不同的引文风格抽取出对应的元数据，且抽取结果具有较高的准确性。E. Cortez 等[127]提出了一种无监督的引文元数据抽取方法，与传统的人工构建模板的方式相比，他们提出的方法可以从训练集中自动生成模板。郭志鑫[128]提出了一种结合本体技术的引文元数据抽取的方法，该方法可以通过模板匹配的方式抽取作者、标题、日期等元数据，并利用本体对抽取到的数据进行格式化的储存。高良才等[129]总结了现有的引文元数据抽取方法，在此基础上针对引文在文档内部的风格一致性，提出了一种基于模板的引文元数据抽取方法，实验结果表明该方法在引文元数据抽取中取得了较好的效果。

基于模板的元数据抽取方法实现起来较为简单，但其中也存在着一些问题，问题主要在于两个方面：一是模板库的构建，人工构建的模板难以穷尽所有的引文格式和类型；二是模板匹配的过程需要遍历所有模板，这可能会使匹配的效率降低。总的来看，基于模板的元数据抽取方法比较适用于特定类型的引文，其抽取结果比较依赖于引文的类型和格式。

（3）基于机器学习的专利科学引文标题抽取

基于机器学习的方法一般是利用各种机器学习中的分类算法与模型，通过各种类型元数据的特征进行分类实现元数据的抽取。在机器学习的方法中，隐马尔可夫模型（HMM）首先应用在引文元数据的抽取中。基于 HMM 模型的元数据抽取方法的原理是将待抽取引文看作由一些隐藏状态生成的词组序列，利用 HMM 模型从中找出最可能的序列。Geng[130]建立了一个基于 HMM 模型的引文元数据抽取系统 AutoBib，通过解析网页中的引文信息实现引文元数据的抽取。K. Seymore 等[131]利用 HMM 模型来抽取引文头部的重要字段，实验结果显示该方法可以减少人工的数据标注工作，并且可以提高模型的抽取效果。HMM 模型不需要大规模的数据集用来学习，其学习能力且可适应性较好，但在非独立特征的建模上存在一定的困难。

随着机器学习算法的发展，后来的研究者又将 SVM 模型用于元数据抽取的研究中。SVM 方法将元数据抽取转化为分类问题，对每个类别元数据的特征进行标注，使其与所属类别进行对应，这样就可以用分类的方法实现元数据的抽取。Han 等[132]采用 SVM 来抽取元数据，将每种元数据看作一个类，将元数据抽取问题转化成分类问题，实现了元数据的抽取，其实验的准确率达到 92.9%，且该方法可以融合数据的结构特征及词的聚类特征，使得元数据抽取可以获得更好的效果。姜霖等[133]结合语义学知识和机器学习方法，利用 SVM 对引文元数据的自动抽取方法进行探索，其实验结果较传统方法有一定提高。与 HMM 方法相比，基于 SVM 的元数据抽取方法抽取效果更好。基于 SVM 的方法需要的训练样本较小，学习速度快，扩展性和适应性较强，但由于缺失了状态转移和观察序列，使得其较难选择正确的特征，而且在对大量训练集进行人工标注时也较为费时费力，训练过程耗时较多。

之后，有研究者将 SVM 和 HMM 算法进行结合，实现元数据的抽取，以期结合这两种算法的优势来优化抽取效果。A. Takasu 等[134,135]综合使用 SVM 算法和 HMM 算法抽取引文中的字段，实验结果表明该方法在降低训练数据准备成本方面具有一定的优势。孙师尧等[136]提出了一种可用于元数据

专利信息语义表示与深度挖掘

抽取的混合模型,该模型结合了 SVM 及 HMM 算法,其抽取效果优于单纯的基于 HMM 的方法,且对于具有一定结构化特征的文本可以实现小样本下的高精确度抽取。张铭等[137]提出了 SVM 与 BiHMM 结合的元数据抽取模型,其中 SVM 算法的作用是考虑了分割块间的联系,BiHMM 模型的作用是结合词在引文数据内部的位置信息,实验结果显示该方法的抽取效果优于其他对比方法。

条件随机场方法(CRF)具有可以融合上下文信息、特征设计灵活等优点,因此也有研究者将其运用到元数据的抽取工作中。H. Nanba 等[138]利用 CRF 模型从日文和英文专利文本的背景技术中提取学术论文引用文献,并提取了论文元数据。Peng 等[139]采用 CRF 来抽取科学论文的头部元数据和尾部的参考文献元数据,他们的实验结果表明基于 CRF 的元数据抽取方法的抽取效果优于基于 SVM 和基于 HMM 的方法。Yu 等[140]在中文的论文数据集进行了利用 CRF 方法抽取头部元数据和尾部的引文元数据的实验,同样取得了良好的效果。

基于机器学习的标题抽取方法适应性和鲁棒性较好,但一般需要对训练语料进行人工标注,较费时费力,且在对文本语义信息的利用上有待提高;此外,当前研究主要以科学论文中的参考文献为研究对象,有必要在专利引文,尤其是专利科学引文方向上深入研究。如何针对专利科学引文类型多样、格式杂乱等特点,应用和改进该方法实现更准确地专利科学引文及其特征项识别是研究中需要解决的问题。因此,本书引入表示学习方法实现专利引文文本的语义表示,将其与基于机器学习的方法相结合,希望通过对专利科学引文中语义特征的利用,将专利科学引文与其他类型的专利引文区分开来,继而从各种格式、类型的专利科学引文中实现对其标题的抽取。

3.2.2 专利科学引文内容挖掘研究

专利科学引文的内容挖掘是非专利引文分析的子内容,是专利引文研究中的重要内容。不管是专利文献引文、非专利引文还是专利科学引文,本质上都是引文的分支,其分析方法都是从引文分析法继承、发展而来[121]。但是专利的引文与科学论文的引文有着根本的区别:专利引文的载体是专利,是附在专利中的信息,可以反映出专利代表的技术应用层面的信息。专利科学引文则可以把科学研究(科学论文)和技术应用(专利)关联起来,

3 专利科学引文语义表示与挖掘

通过对专利科学引文的分析，可以分析科学研究与技术创新之间的关系。

总的来看，专利引文分析的相关研究经历了专利引文分析——非专利引文分析——专利科学引文分析的发展历程。本节将对这3个方向的过往研究分别进行评述。

(1) 专利引文分析

20世纪70年代末以后，随着计算机技术的发展、专利数据库的建设及专利计量学等一系列研究的进行，这些成果为专利引文分析方法的提出奠定了基础[141-142]。自20世纪90年代以来，专利引文分析的相关研究得到了迅速的发展。Chang等[143]采用专利文献计量分析和专利网络分析方法，揭示了CNT-FED领域的专利引文对技术创新的影响。Weng等[144]使用Blockmodel方法，将专利引文网络按照网络结构等价性（Structure Equivalence）聚类，发现同一聚类内部专利具有类似性这一特性。V. Batagelj等[145]利用网络分析工具对美国专利引文网络进行了分析，并通过实证证明专利聚类内部的专利内容具有高度一致性。Huang等[146]根据企业耦合频次计算出企业对应的Pearson相关系数，在此基础上使用聚类方法及MDS技术绘制出企业共引专利关系网络。B. Verspagen[147]在分析专利引文与科学论文引文相似性的基础上，将主路径方法（Main Path Analysis，MPA）用于技术演化分析，并将其运用到燃料电池领域的专利引文分析中。

国内的相关研究起步于20世纪90年代。孙艳玲[148]通过对美国生物工程专利引文的分析，揭示了专利引文的情报价值，为之后国内的相关研究奠定了理论基础。杨祖国等[149]通过对中国专利被专利文献引用情况的统计、分析，揭示了中国专利被引文献的主题分布情况及技术主题之间的联系，发掘中国专利影响力较大的技术主题及其演化情况。研究发现"人类生活需要"及"化学、冶金"主题的中国发明专利的影响力较其他主题的中国发明专利更大。李睿等[150]分析了同被引聚类与引用耦合聚类两种文献聚类方法在专利分析中的应用，从聚类的时效性、可操作性、聚类结果的可靠性等方面对两种方法进行对比分析。他们认为引用耦合聚类方法在专利引文的相似性度比较方面更具优势，同被引聚类方法则更适用于分析专利技术演化规律，若将两者结合能取得更好的效果。黎欢等[151]分析了专利分析中的关键技术路径方法、专利引证地图法和高被引分析方法在竞争对手识别应用中的不同及各自的局限性，并尝试探究结合3种方法来识别竞争对手。

总的来说，专利引文分析研究起源于国外，主要评估专利代表的技术创新所带来的经济及技术等方面的影响,以及对特定技术领域的分析和预测,分析方法以共被引、耦合、聚类等引文分析方法为主。相关研究结果对企业竞争者间的优劣分析,以及企业内部的决策均有一定的借鉴作用。

(2) 非专利引文分析

非专利引文作为专利引文中的重要类别,在一定程度上体现了科学研究在技术应用过程中产生的影响,是研究者分析科学——技术关联的媒介。非专利引文分析的相关研究开始于 20 世纪 80 年代,美国 CHI 研究公司的 F. Narin[152-154]是该领域的代表人物。F. Narin[141]基于文献计量学的思想,正式提出了专利计量学(Patent Bibliometrics),并在后续研究中申请专利[155],确定了科学关联度(Science Linkage)指标,作为度量科学研究与技术应用之间的指标,这为非专利引文的分析奠定了基础。在此基础上,U. Schmoch[156]进一步分析了专利引文和非专利引文之间的差异性,并通过分析专利和非专利引文之间的关联来分析科学和技术之间的互动关系、科研人员和工业研究人员及企业机构之间的互动关系;B. G. V. Vianen[157]将非专利引文的类型作了划分,并重点研究了其中的审查员引用的科学文献,运用多种指标对专利的科学基础进行了全面分析,最后对指标的合理性进行了验证。随后,以 F. Narin 为主的部分研究者[158-162]对不同国家和技术领域的专利进行分析,从专利国别、专利增长数、专利引文与非专利引文增长数及非专利引文引用时序等方面对非专利引文代表的科学研究与专利代表的技术应用之间的关系进行了更深入的研究,完善了科学与技术关联的定量分析方法。

随着非专利引文分析相关研究的深入,除了定量分析的方法外,研究者们开始采用其他方法进行非专利引文的分析。A. Verbeek 等[163]设计了一种可用来进行科学——技术关联与匹配的模型,采用专利的 IPC 分类与非专利引文所属期刊的学科分类之间的对应关系表示技术创新方向与科学研究方向之间的关联关系,并利用该模型在 USPTO 的数据集中进行了实证分析,结果表明该模型可以识别出技术发展与科学研究关联紧密及技术发展与科学研究相互独立的研究领域。H. W. Park 等[164]在 A. Verbeek 提出的模型的基础上,构建了知识流动模式的分析模型,运用多变量方差分析及典则判别分析的方法研究科学与技术之间的知识流动。S. Breschi 等[165]将引文网络分析的方法引入非专利引文的研究中,通过对论文作者合著关系网络和发明人合作关系网络之间关联关系的分析来分析科学与技术间的联系。

3 专利科学引文语义表示与挖掘

之后,国内相关的研究也逐渐开始兴起。刘立等[166-167]通过对 F. Narin 等人关于基础研究与技术创新之间关联研究的成果进行总结,证明了基础研究在技术创新活动中起着重要的作用,为政府提出科学研究政策提供理论依据。赵黎明等[168-169]系统地总结了国外关于科学研究与技术创新间知识转移机制的研究,并在此基础上,将数据挖掘的方法引入非专利引文的分析中,利用 Apriori 关联规则挖掘算法对科学技术间关联关系进行挖掘。高霞等[170]利用社会网络分析方法进行非专利引文分析,结果表明 *PNAS*、*Science*、*Nature* 这3种期刊是我国技术创新的重要科学基础。

综上所述,国内外的非专利引文分析研究集中于科学——技术关联关系分析、知识转移等方向,研究者们主要使用文献计量的方法进行非专利引文分析的相关研究,具体可分为定量分析、建模分析、网络分析等方法。

(3) 专利科学引文分析

在过往的研究中,非专利引文分析与专利科学引文分析的区分并不十分明显。在分析科学——技术关联关系时,一般以专利引用的科学论文表示专利引用的科学知识,但由于大多数专利数据库并没有专门针对科学论文的检索机制[171],导致专利科学引文获取难度较大。而由于非专利引文中不仅包含科学论文,还包含著作、会议文件等其他出版物,所以并不适合将所有非专利引文作为专利引用科学知识的表示。因此,为了对科学——技术关联关系进行更深入、更精确的分析,一些研究者在研究中明确提出应使用专利科学引文来进行科学——技术关联关系的相关研究,并取得了一定的研究成果。He 等[172]利用1976—2004年 USPTO 的新西兰授权专利数据为样本,发现了非专利引文中存在的系统噪音,他们认为应更谨慎地应用和解释基于非专利方法分析的结果。J. Callaert 等[173]将机器学习算法引入专利科学引文的分析中,以自动识别出非专利引文中的科学文献。他们的实验结果表明基于非专利引文和基于专利科学引文之间存在一定的差异,差异程度取决于专利制度、专利申请国和专利所处技术领域。Huang 等[174]通过分析燃料电池领域的科学论文与专利之间的交叉引用来分析科学与技术之间的关系,结果表明,近年来科学与技术之间的联系愈加紧密,引用专利的论文比引用论文的专利更具时间敏感性。

国内的研究者也逐渐将科学——技术关联关系的研究媒介从非专利引文转移到专利科学引文上,卞雅莉[175]采用负二项回归模型分析专利科学引文对专利的影响,结果表明专利科学引文的数量和质量与专利质量之间呈显著

专利信息语义表示与深度挖掘

正相关,科学引文的时滞对专利质量呈显著负相关。张金柱等[176]用专利科学引文的关键词和学科分类作为专利引用科学知识的表示,以进行特定技术领域内突破性创新的识别,在基因工程领域验证了该方法的有效性。裴云龙等[177]以专利引用的 SCI 检索收录论文为媒介,分析了纳米技术领域内科学研究对技术应用的影响。赵志耘等[178]将非专利引文与 SCI 数据库进行匹配,得到专利引用的科学论文,并在此基础上进行了我国生物科技领域的科学关联度分析、期刊来源分析、论文国别分析、公共科学分析等研究。

综上所述,专利科学引文分析的相关研究脱胎于非专利引文研究。在专利科学引文分析的研究中,大部分研究者采用了与非专利引文分析类似的方法,研究方法以文献计量为主。如果从内容层面出发,以专利科学引文的标题、摘要、关键词等内容元数据表示科学与技术在内容上的联系,并引入表示学习的方法对专利科学引文内容元数据中的语义信息进行表示,在此基础上对专利科学引文的内容进行挖掘,则有望实现更精确、更全面的专利科学引文分析。

3.3 基于表示学习的专利科学引文元数据自动抽取

本书提出的专利科学引文元数据抽取方法主要包含两部分研究内容:专利科学引文识别、专利科学引文标题抽取。具体研究流程为:首先,对数据预处理后,利用表示学习方法 doc2vec 对每条专利引文数据整体进行向量化表示,结合支持向量机机器学习方法识别出非专利引文中的专利科学引文;最后,利用规则方法对识别出的专利科学引文进行分割,并利用表示学习方法 doc2vec 对各分割块的不同特征进行向量化表示,结合支持向量机分类方法对切割单位进行分类,抽取出专利科学引文元数据。该方法的具体技术路线如图 3-1 所示。

3.3.1 专利科学引文识别

从专利网站下载得到的非专利引文数据中实际上会包含各种类型的专利引文文献,如专利文献、电子文献、数据库文件、专利科学引文等,表 3-1 中列出了部分非专利引文数据及其所属类别。

3 专利科学引文语义表示与挖掘

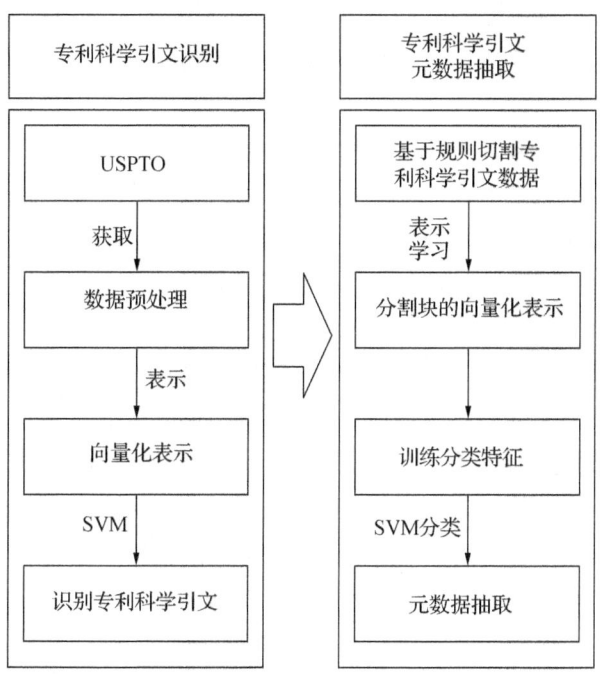

图 3-1 专利科学引文元数据抽取技术路线

表 3-1 待识别非专利引文

待识别非专利引文	所属类别
International Search Report for International Application No. PCT/US2009/031008.	专利文献
Database CAPLUS on STN, Acc. No. 2000: 13143, Chiou et al., Organic Letters (2000), 2 (3), pp. 347 – 350 (abstract).	数据库文件
Digiovanni, Jr., M. D., Cleto, Domestic Terrorism With Chemical or Biological Agents: Psychiatric Aspects, Am J Psychiatry, Oct. 1999, pp. 1500 – 1505, vol. 156: 10.	专利科学引文
Office Action dated Dec. 29, 2011 issued in related U. S. Appl. No. 12/047, 988.	专利文献
The National Nuclear Data Center website: http: //www.nndc.bnl.gov/nndc/nudat/.	电子文献

由表 3-1 可知，非专利引文数据中包括了很多不同类别的引文，如果直接使用这些数据进行后续实验会影响实验的结果，因此需要将专利科学引文从中识别出来。

本书将专利科学引文的识别问题视为分类问题，首先将所有专利引文数据通过表示学习的方法进行向量化表示，得到对应的语义向量；再通过分类算法将所有的专利引文数据分为"专利科学引文"和"非专利科学引文"两类，这样便可以获得后续实验所需的"专利科学引文"数据。

（1）基于表示学习方法的专利引文向量化表示

本书选取表示学习方法 doc2vec[179] 对引文数据进行向量化表示。作为表示学习方法 word2vec[180] 的拓展，doc2vec 不仅能将单词表示为每一维都具有一定语义信息的词向量，还能将每一条专利引文数据用一个固定维度的向量表示出来。词向量（Distributed Representation）的概念由 G. Hinton[181] 提出，Hinton 认为，在由词向量组成的空间中，相似的词汇对应的词向量会相对集中在同一片区域。根据这一思路，在完成专利引文的向量化表示后，将所有这些向量放在一起形成一个词向量空间，而同一类型的专利引文中经常出现的词会相对集中在同一片区域内。由于专利的引文数据为结构化数据，专利科学引文与专利文献、电子文献、数据库文件等非专利科学引文在内容上的差异较大，利用这样的特性，便可以对不同类型的专利引文进行区分，进而识别出其中的专利科学引文。

doc2vec 与 word2vec 模型的主要区别在于：doc2vec 在训练过程中新增了一个输入项"paragraph ID"，即训练语料中每个句子都有一个唯一的 ID。本书的专利引文向量构建流程如下。

①将专利引文文本中的所有词语转化为 word2vec 词向量。

②为每一条专利引文数据分配一个 ID，同样将其映射成一个 word2vec 向量。

③将专利 ID 向量和词的 word2vec 向量输入 DM 模型，模型中的隐藏层会将这些向量累加，得到的结果作为输出，即该专利引文的 doc2vec 向量[179]。

使用 doc2vec 模型进行专利引文文本的向量化表示主要有两个优势：①在一条专利引文数据的训练过程中，专利 ID 保持不变，最后得到的向量相当于融合了其中每个词的语义信息；②能够解决数据稀疏问题，压缩维度，方便之后将结果放入支持向量机分类器进行分类[182]。

3 专利科学引文语义表示与挖掘

通过doc2vec进行的专利引文文本向量化，可以学习到专利引文文本中的语义信息，从而将语义相似度作为特征引入专利科学引文的识别中，通过语义的不同，将专利科学引文与其他类型引文区分开来。

（2）基于机器学习方法的专利科学引文识别

本书采用的专利科学引文识别方法是机器学习算法中较广泛使用的支持向量机（SVM）算法。由于本书将专利科学引文识别视为一种文本数据向量的二值分类问题，而支持向量机对于二值分类问题具有良好的分类效果，因此选择其作为本书的分类算法。具体的分类识别步骤如下。

①根据之前得到的doc2vec向量，标注对应专利引文所属类别作为训练集。

②利用支持向量机进行分类模型训练；最后，对剩下的测试集数据进行分类，将所有数据分为"专利科学引文"及"非专利科学引文"两类，从而实现专利科学引文的识别。

③在识别出专利科学引文的基础上，方可进行后续的专利科学引文元数据抽取的实验。

3.3.2 专利科学引文标题抽取

识别出的专利科学引文引用格式是不尽相同的，一些不同的引文格式如表3-2所示。

表3-2 专利科学引文格式

待抽取引文	引文格式
Reynolds. et al. （2004）Rational siRNA design for RNA interference. Nature Biotechnology. vol. 22. No. 3. pp. 326－330.	APA
Agrawal. S. et al. Antisense oligonucleotides：towards clinical trials. Trends in Biotechnology. Oct. 1996. vol. 14. pp. 376－387.	GB/T 7714
Clapp, A. R. et al. Quantum dot-based multiplexed fluorescenceresonance energy transfer. Journal of the American ChemicalSociety 127. 51（2005）：18212－21.	MLA
Genome-wide association study of 14,000 cases of seven common diseases and 3,000 shared controls. Nature，447：661－78（2007）.	未知格式

专利信息语义表示与深度挖掘

在专利科学引文元数据的抽取问题上,本方法采用了与专利科学引文识别相似的思路:利用词向量空间中相似的词汇对应的词向量会相对集中在同一片区域的特性,用词向量间的距离来表示词之间的相似性,再通过机器学习分类算法将专利科学引文元数据中的词与专利科学引文中其他部分的词区分开来,从而识别出专利科学引文的元数据。此外,本书将专利科学引文元数据在引文中的位置作为第二个分类特征。对于固定格式的专利科学引文数据来说,元数据在其中的位置是相对固定的。表3-3列出了几种常见引用格式的元数据位置。

表3-3 专利科学引文元数据位置

引文格式	元数据位置
APA	作者—日期—标题—期刊—卷号—页码
GB/T 7714	作者—标题—期刊—日期—卷号—页码
MLA	作者—标题—期刊—卷号—日期—页码

从表3-3中可以看出,这几种常见的引文格式中,各项元数据的位置是相对固定的,几种格式之间的元数据位置有一定区别,主要是日期的位置不固定,其他类型元数据的位置大致是相同的。对元数据位置的应用,实质上是借鉴了基于模板的方法的思想,以引文格式中的元数据位置这一模板作为元数据分类的参考。因此,将位置特征作为识别专利科学引文元数据的第二个特征。

综上,完整的专利科学引文元数据抽取过程如下。

(1)基于规则的专利科学引文数据分割

训练数据可以通过对识别出的专利科学引文数据进行分割来获取。本书参考了Wei[122]的方法,选择标点符号中的点号"."作为分隔符,按照分隔符将每条专科学引文数据划分成块。本书抽取的是专利科学引文的元数据,由于需要将所有类型的元数据都分割出来,因此在分割时应尽量保证每个部分都可以被分隔符分割开来,并且由于元数据位置这一特征的存在,分割规则的设计还应使每条数据的分割块的数量大致相同。根据这些需求,结合通过对专利科学引文数据的观察总结出的特点,设计了下列规则进行专利科学引文数据的分割。

①英文的人名往往由点号前是一个大写字母且点号后是英文字母和标点

符号的形式组成，此时的"."不应作为分割符使用。

②当点号前是"vol"、"pp"等缩写词时（"et""al"等除外），该缩写词后的"."不作为分割符使用，该缩写词前的"."需作为分割符。

③成对出现的标点符号（书名号、双引号等）中包含的内容应作为一个整体，不被分隔符隔开。

④介词、连词（at、and、is等）前后的点号不作为分隔符使用。

以"Novak et al. , Macroelectronic applications of carbon nanotube networks, Solid State Elect. , 48：2004, pp. 1753 - 17556."此条专利科学引文为例，依据上述规则，可将其分割成"Novak et al.""Macroelectronic applications of carbon nanotube networks""Solid State Elect""48：2004""pp. 1753 - 17556"5个部分。

（2）基于规则的专利科学引文数据分割

将专利科学引文数据进行分割后，需要抽取各个分割块的特征，并利用机器学习分类算法对分割块进行分类以实现专利科学引文元数据的抽取。由于本书选取的分类特征包括各分割块间相似度的计算，因此需先对各分割块进行向量化表示，将所有向量放在一起形成一个词向量空间，利用同一类型的元数据中经常出现的词会相对集中在同一片区域内的特性，以分割块向量间的距离表示两者间的相似度，距离越近，相似度越高。

（3）基于机器学习方法的专利科学引文分割块分类

第一个分类特征是各个分割块与各类元数据的相似性，在向量空间中，可以通过两者间的距离作为相似度的表示。因此，首先人工标注出一部分专利科学引文元数据的类别，将这些元数据向量化后进行聚类，得到各类元数据的聚类中心，以这个聚类中心作为对应类别的元数据的代表。聚类中心的计算采用K-means算法来进行。得到元数据的聚类中心之后，需计算各分割块到聚类中心的距离，以表示各分割块与该类元数据的相似度。本书采用欧式距离作为向量间距离的度量标准。欧氏距离（Euclidean Distance）是两个点在m维空间中的真实距离，是一个较常用的距离定义，其优势在于简洁性和通用性。

需要说明的是，专利科学引文中的数据一般包括6个类别，分别为作者、标题、出版社、日期、卷号、页码，而在这些类别的元数据中，日期、卷号、页码均为数字的形式，语义差别不大，在表示学习的方法中很可能会被认为属于同一个类别。考虑到日期、卷号、页码等数字类元数据对抽取结

专利信息语义表示与深度挖掘

果可能产生的影响,而作者、标题、出版社这些包含语义信息的元数据的重要性要高于数字类元数据,因此本书以4个类别对元数据进行分类,分别为A—作者,T—标题,S—出版社,N—日期、卷号、页码等数字类元数据。

第二个分类特征是分割块在专利科学引文中的位置。格式标准的专利科学引文数据中,每种类型的元数据在专利科学引文中的位置是相对固定的。以 GB/T 7714 格式的专利科学引文数据为例,该类引文中的元数据一般按照"作者—标题—期刊—日期—卷号—页码"的顺序排列,可以认为在此类引文中,第一个分割块的内容可能是此条引文的作者,而第二或第三个分割块的内容可能分别是此条引文的标题和期刊。由于数据分割的准确性和数据的完整性等原因,元数据的位置不是完全固定的,但位置特征在分类时依然具有重要的参考价值。可以用"0.1""0.2""0.3""0.X"来表示第一、第二、第三、第X个分割块的位置,作为此分割块位置的特征值。同样以"Novak et al. Macroelectronic applications of carbon nanotube networks. Solid State Elect. 48:2004. pp. 1753 - 17556."为例,该条数据各分割块的位置特征如表3-4 所示。

表3-4 分割块位置特征

分割块	位置
Novak et al	0.1
Macroelectronic applications of carbon nanotube networks	0.2
Solid State Elect	0.3
48:2004	0.4
pp. 1753 - 17556	0.5

(4)基于机器学习的专利科学引文标题抽取

抽取专利科学引文的各类元数据仍是一个分类问题。在完成了分割块的分割和分类特征的训练后,将训练数据放入分类器中,利用分类算法便可以对所有的分割块进行分类。此处同样选择支持向量机作为元数据抽取的分类算法。在分类特征确定之后,选取一部分数据作为训练集,对其所属类别进行人工标注;再利用支持向量机对经过标注的数据进行训练;最后将剩下的测试集放入分类器,就可以得到所需的专利科学引文元数据。

3.3.3 专利科学引文元数据自动抽取实证分析

该部分实证分析分为5个步骤，分别是选取实验数据、对实验数据预处理、选取实验评价指标、进行专利科学引文识别实验、进行专利科学引文元数据抽取实验及结果分析。

（1）实验数据来源

本次实验使用的数据是纳米技术领域的专利数据。选择纳米技术这一领域作为研究对象主要有两个方面的原因，一方面，由于近几年纳米技术的高速发展，有必要对当前纳米技术的实际应用和科学研究之间的关系进行分析，探索这一领域将来可能的发展趋势；另一方面，纳米技术作为高新技术领域的代表，其技术应用与科学研究之间存在着紧密的联系。此外，纳米技术具有多学科交叉的特性，其与物理学、化学、材料学、生物学、电子学、生物学等学科都有交叉，这样的特性使得纳米技术领域的专利科学引文具有很高的研究价值。

本书的专利科学引文数据来源是USPTO网站的数据下载界面（https：//developer.uspto.gov/product/issued-patents-patent-grants-patent-grant-data）。共计下载了2008年第1周至2018年第42周的授权专利数据，格式为XML，通过程序解析将所有数据导入mysql数据库中。通过查询USPTO的专利分类标准（https：//www.uspto.gov/web/patents/classification/select-numwithtitle.htm）可知，纳米技术（nanotechnology）的分类号为977，利用mysql进行检索，可以得到纳米技术类专利的授权号。本次实验选取了专利授权时间在2012—2016的所有数据，共计3690条。

之后，利用选取的专利授权号在mysql中检索对应专利的非专利引文数据，sql语句为"select citation from 'nonpatcit_g' where GrantID in （'grantid 1'，'grantid 2'，'grantid 3'）"可以得到纳米技术类专利的授权号对应的所有非专利引文数据，共计67 362条。

（2）数据预处理

通过程序将XML文件进行解析，之后导入数据库中，可以得到专利的各种相关信息。其中非专利引文已经单独列出，但是其中仍包含部分专利申请或授权数据，表3-5列出了部分具有代表性的数据。

专利信息语义表示与深度挖掘

表 3-5 非专利引文数据展示

序号	非专利引文
①	European Search Report, European Patent Application No. 06748441.0, Nov. 11, 2008, 14 pages.
②	Baulcombe et al., Plant Biotechnology 173 – 180.
③	Aiger et al Oncogene vol. 26: 6979 – 6988, 2007.
④	Xu, J. M., Highly Ordered Carbon Nanotube Arrays and IR Detection, Infrared Physics & Technology 42 pp. 485 – 491, 2001.

在表 3-5 列出的非专利引文数据中，数据①是某专利引用的其他专利文献，而在下载的 XML 文件中被归在非专利引文一类；数据②的引用格式不规范，标题、年份等信息缺失，且期刊信息后的标点缺失；数据③的标题信息缺失，且作者、期刊信息后的标点缺失；数据④格式较规范，但其中含有"&"字样的字符，会对后续步骤产生影响，应在预处理时根据相应的模板对其进行替换。

根据英文文献的一般特点[183]，结合对实验数据的观察，对数据进行了如下的预处理：对于标点符号的不规范使用的情况，将"."（点号）以外的其他标点符号替换为"."（书名号、双引号和冒号等符号保持不变）；对于数据中存在的如"&"之类的字符，通过搜索引擎检索出含有此类字符的引文对应的原文，并根据原文中相应的内容进行替换。

（3）实验评价指标

本次实验采用信息抽取领域最常用的 P（准确率）和 R（召回率）及 F1（调和平均值）作为指标，对专利科学引文识别和元数据抽取实验结果进行评估，现对其定义如下：

$$P = \frac{\text{正确识别出的数据条数}}{\text{识别出的数据总条数}} 。 \quad (3-1)$$

$$R = \frac{\text{正确识别出的数据条数}}{\text{所有待识别的数据条款}} 。 \quad (3-2)$$

$$F1 = \frac{2 \times P \times R}{(P+R)} 。 \quad (3-3)$$

（4）专利科学引文识别实验

该部分实验选取 1000 条非专利引文数据作为实验数据，以其中 800 条

3 专利科学引文语义表示与挖掘

为训练集，200 条为测试集进行了专利科学引文识别的实验。

首先，需要进行实验数据的向量化。本次实验数据向量构建基于 Python2.7.2 版本 gensim 包中的 doc2vec 模块进行。其中重要的参数设置为："DM = 1"，即使用 doc2vec 中的 Distributed Memory（DM）模型；"size = 100"表示向量维度为 100，即每条数据都表示为 100 维空间中的一个点；"window = 5"表示取距离当前位置为 5 的词作为上下文信息。具体的参数设置为："dm = 1，size = 100，window = 5，min_count = 1，dbow_words = 1，iter = 10，alpha = 0.015，dm_concat = 1"。选取部分向量进行展示，如图 3-2 所示。第一列为该条非专利引文对应的专利授权号，其余每一行中的所有数据构成该条非专利引文的 100 维向量。

```
1   8088193  2.383087873  1.259962082  -3.249952078  1.446367383  0.112344369  -0.011996292  -0.32
2   8088485  1.745068669  0.293648571  -1.703083277  1.136002421  0.066579401   0.054418817  -0.227
3   8088614  2.280508518  0.978414059  -2.807077885  1.089568377  0.176699266   0.14573811   -0.1235
4   8088674  2.157076597  0.880737364  -2.495381594  1.181008458  0.33690396    0.188005702  -0.26498
5   8088982  2.29392314   0.865343034  -2.69018054   1.63053906   0.178768307  -0.119545117  -0.4229
6   8089061  1.970554233  0.805963099  -2.614103079  1.229169846  0.108848758  -0.016794117  -0.21
7   8092697  2.585432529  0.967122912  -3.072296381  1.247552156  0.295283437   0.138023421  -0.14
8   8092774  1.845350623  0.615995824  -1.893559337  1.205647349  0.036547292   0.204492941  -0.329
9   8093580  2.510506153  1.172618628  -3.587642431  1.419599652  0.283187717   0.127409488  -0.262
10  8093644  2.594957113  1.302960515  -3.154997826  1.566369653  0.156593844  -0.074422352  -0.71
```

图 3-2 基于表示学习的非专利引文向量化展示

之后，对数据所属的类别进行标注，利用 SVM 分类器进行专利科学引文识别，选取部分经过识别后的数据进行展示，如表 3-6 所示。与此同时，设计了对比实验以验证实验方法的效果。对比实验方法将数据以文本特征提取方法 TF-IDF 的形式进行表示，之后利用支持向量机进行识别。专利科学引文识别结果展示如图 3-3 所示。

表 3-6 专利科学引文识别结果展示

待识别引文	识别结果
William S. Hummers Jr., et. al.; Preparation of Graphitic Oxide; J. Am. Chem. Soc.; 1957; p. 1339.	专利科学引文
Milner, S. T. (1991) Polymer brushes, Science 251 (4996), 905-914.	专利科学引文
GenBank Accession No. AL731582. (2002).	非专利科学引文
U. S. Appl. No. 12/879, 209 filed Sep. 10, 2010. Title: Nanowires Formed by Employing Solder nanodots.	非专利科学引文

续表

待识别引文	识别结果
Rosi, Nathaniel L. et al. Nanostructures in biodiagnostics, Chem. Rev. 2005, 105: 1547-1562.	专利科学引文

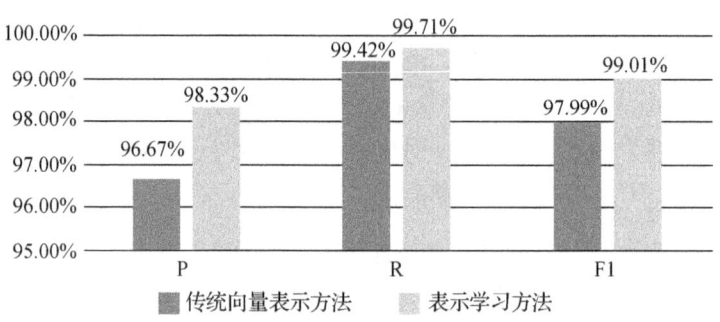

图3-3 专利科学引文识别对比实验结果

从识别结果和对比实验结果中可以看出，两种方法均能完成对专利科学引文的识别，其中本书提出的方法的识别效果在两种方法中表现较好。两种方法识别结果均较好的原因可能是，由于专利引文数据为结构化数据，专利科学引文与专利文献、电子文献、数据库文件等非专利科学引文差异较大。以专利文献为例，专利文献的典型引用格式为"Official Communication dated Apr. 5, 2010 for Application No. JP 2005-549958."，数据主体为专利申请/授权号，且其中与专利申请相关的"PCT""application""appl"等词语出现频率很高，这与专利科学引文在内容上存在显著的区别。引入表示学习方法在准确率上相对于传统的向量表示方法具有1.66%的提升，由于这两种方法的差异仅在于向量构建阶段，因此可以认为，在向量构建阶段使用的表示学习方法对文本数据中语义信息的利用，对于专利科学引文识别的结果起到了积极作用。

（5）专利科学引文元数据抽取实验结果

经过识别得到的专利科学引文数据共50 972条。由于在抽取实验中需要人工标注元数据所属类别以对抽取结果进行验证，因此此处选择1000条数据用于元数据抽取的实验。

使用的表示学习方法doc2vec进行各分割块向量的构建，具体的参数设置为:"dm = 1, size = 100, window = 5, min_count = 1, dbow_words = 1, iter = 10, alpha = 0.015, dm_concat = 1"。对实验数据进行分割后,人工标注每个分割块所属类别,T—标题,A—作者,S—期刊,N—日期、页码等数字类元数据。之后对分割块进行向量化表示,并计算分割块到各个类别的距离及位置特征作为分类特征,对专利科学引文元数据进行抽取。该部分实验以 0.8∶0.2 的比例设置训练集和测试集,实验结果见表 3-7 及图 3-4。同样地,利用 TF-IDF 方法对实验数据进行向量化表示,之后利用支持向量机进行抽取作为对比实验,实验结果如图 3-4 所示。

表 3-7 专利科学引文元数据抽取结果展示

实验数据	分类结果
Kodama. R. H., Magnetic Nanoparticles, Journal of Magnetism and Magnetic Materials, 1999, pp. 359 – 372, vol. 200.	
Kodama. R. H	A
Magnetic Nanoparticles	T
Journal of Magnetism and Magnetic Materials	S
1999	N
pp. 359 – 372	N
vol. 200	N

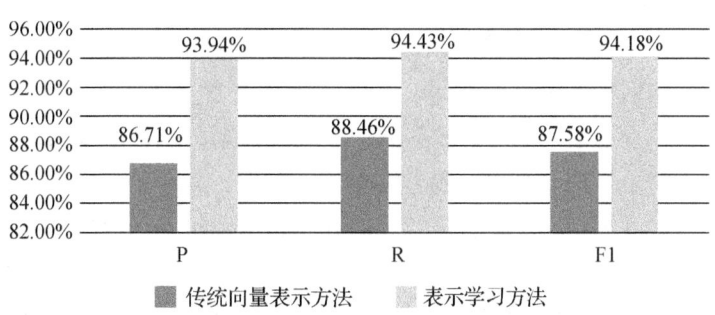

图 3-4 专利科学引文元数据抽取对比实验结果

从表 3-7 中可以看到,本次实验选取的两种实验方法均基本可以实现专利科学引文元数据的自动抽取这一目标。从图 3-4 中可知,利用表示学习的方法在召回率和准确率上都要高于作为对比实验的传统向量表示方法,特别是在准确率上较对比实验方法的结果上有 7.23% 的提升。由于这两种

专利信息语义表示与深度挖掘

方法仅在向量化表示阶段存在差异,因此可以认为,实验方法通过引入表示学习方法,将语义特征作为分类特征,应是准确率提高的原因之一。与传统的特征提取方法 TF-IDF 相比,doc2vec 表示学习方法利用了词的上下文,从而能够更好地表示语义信息。

为了探究页码、日期、卷号等数字类元数据对抽取结果的影响,本书根据位置特征对数据进行了分段,分别进行了抽取实验。在数据分割阶段,每条专利科学引文均被分割成 N 块,N∈(3,8),因此将此次实验的数据按照分割的位置分为 1-8、1-6、1-5、1-4 4 个分段,即分别对位置为 1-8、1-6、1-5、1-4 的数据进行抽取实验。这样分段的原因是,在专利科学引文数据中,分割块的位置越靠后,该分割块属于数字类元数据的可能性越大,因此对不同位置的分割块进行抽取实验,可以看出随着数字类元数据数量的下降抽取结果的变化。实验的结果如表 3-8 所示。

表 3-8 不同位置分割块抽取实验结果

分割块位置	P	R	F1
1-8	0.9393680614859095	0.9443443351583165	0.9634799552619622
1-6	0.959743824336688	0.9749157086566194	0.9634326621308462
1-5	0.9677083333333333	0.9763309729871492	0.9694891738503937
1-4	0.9647355163722796	0.9603142215874312	0.9616828668869769

通过表 3-8 展示的实验结果可以看到,当选择的数据位置分段为 1-5 时,抽取实验取得了最好的效果,且随着数据位置分段扩大至 1-6、1-8 时,抽取效果呈递减的趋势,这说明数字类元数据的与抽取效果之间呈显著的负相关。对于日期、页码、卷号之类的元数据,利用基于模板的方法可能会获得更好的效果。因此,在后续的研究中,可以将基于模板的方法与基于表示学习的方法相结合,以提高数字类元数据抽取的效率。当选择的数据位置分段为 1-4 时,抽取效果稍差于分段 1-5,原因可能是因为数据量的减少导致的训练集的减少。

除此之外,实验方法仍然存在一些待改进的地方。由于专利科学引文数据存在多种格式,其中还存在部分不完整的数据,这使得各类元数据在引文中的位置并不固定,对数据的位置特征会产生一定影响,后续可以适当降低位置特征在分类特征中的权重,并相应提高语义特征的权重。此外,数据分割的结果也直接影响着元数据抽取的结果,后续可以对数据分割的方法进行改进,如可以引进更多的数据分割规则等,提高最后的抽取效果。

3.4 基于表示学习的专利科学引文内容挖掘

专利科学引文是科学与技术(专利)间的媒介,科学—技术间的关联关系分析是专利科学引文分析中的重要内容。本书通过对专利科学引文进行挖掘,并将得到的结果与专利的内容挖掘结果进行对比,以此来分析科学与技术间的关联关系。过往研究一般可以通过文献计量、科学关联度计算等方式,进行分析科学与技术间的关联关系。而本书通过3.3节的实验中抽取专利科学引文的标题数据,如果通过专利科学引文的标题检索得到专利科学引文的摘要、关键词等内容元数据,便可以从专利科学引文的内容层面挖掘专利科学引文中包含的深层信息。将专利科学引文的内容挖掘结果与专利的内容挖掘结果进行对比,便可以实现内容层面的科学—技术间关联关系分析。该方法的具体技术路线如图3-5所示。

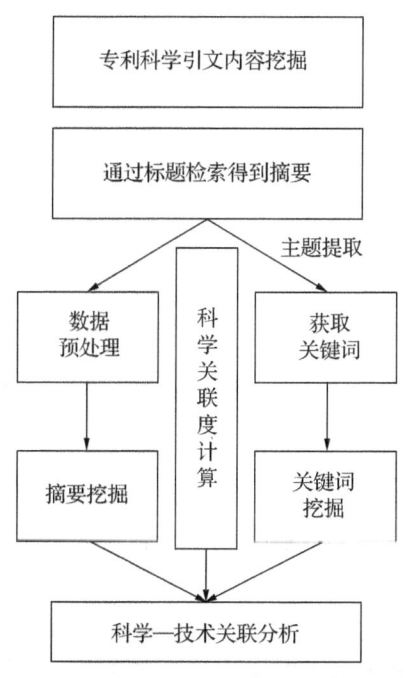

图3-5 专利科学引文内容挖掘技术路线

根据得到的专利科学引文内容元数据，结合表示学习的方法进行专利科学引文的内容挖掘。本书提出的专利科学引文的内容挖掘方法可分成3个部分，分别为：基于专利科学引文的科学关联度计算、基于专利科学引文摘要的内容挖掘及基于专利科学引文关键词的内容挖掘。

3.4.1　专利科学引文内容元数据的获取

要进行专利科学引文的内容挖掘，首先需要获取专利科学引文的内容元数据。在上一节实验中抽取出了专利科学引文的作者、标题、期刊、日期、卷号、页码等元数据，而摘要和关键词则并不能直接通过下载得到。因此，需要将上一步骤中得到专利科学引文的标题，放入 Web of Science 数据库中进行检索，为检索结果添加标记，设置固定的导出格式后，利用 Web of Science 的导出功能将所有标记的检索结果导出，可获得专利科学引文对应的摘要，再通过主题提取的方式获取专利科学引文的关键词（图3-6）。

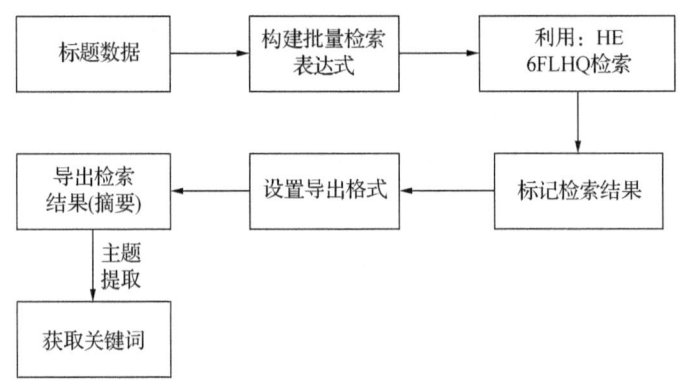

图3-6　专利科学引文摘要、关键词获取流程

由于本书的实验数据以外文的专利科学引文为主，因此需要选择一个外文的期刊数据库进行专利科学引文标题的检索。当前有很多外文数据库可供选择，既有 Google scholar、百度学术等集成各个数据库的学术搜索引擎，也有 Springer、Web of Science 等专业外文期刊数据库。其中，Web of Science 作为一个具有高度资源整合优势的综合性文摘数据库，其收录数据的权威性、准确率而具有极高的认可度，且 Web of Science 中的检索结果可以提供对应文献的摘要。因此本书选择通过 Web of Science 对抽取到的专利科学引文进行检索，再将检索结果导出，得到专利科学引文标题对应的摘要。由于

Web of Science 采用了模糊匹配的检索模式,因此应对检索的标题的长度进行限制,否则会出现一条标题检索出多篇文献的情况。本书主要使用的是 Web of Science 高级检索功能中的批量检索功能。通过构建检索式的方式,批量检索出标题对应的专利科学引文。Web of Science 提供了批量添加标记的功能,可以为检索得到的引文添加标记,再通过 Web of Science 的导出功能,进行引文元数据的批量导出。在修改导出格式之后,便可以获得所需的摘要数据,最后通过主题提取的方法可以得到所需的关键词数据。

3.4.2 基于专利科学引文的科学关联度计算

科学关联度(Science Linkage),是指专利引用科学论文或者研究报告等的数量,是专利引文分析的重要指标,能反映出技术应用对科学研究的依赖程度。通过分析不同国家、不同作者、不同领域间科学关联度的区别,可以从多个维度去分析技术应用对科学研究依赖程度的区别;也可以选定某一领域,分析同一领域在不同时期的科学关联度变化,可以反映出随着时间变化,该领域的技术应用对科学研究依赖程度的变化趋势。

$$科学关联度 = \frac{专利引用科学论文数}{专利数}。 \quad (3-4)^{[155]}$$

式(3-4)列出了科学关联度的计算方法,本书的科学关联度计算的数据来源是 3.3.3 小节中识别出的专利科学引文。

除此之外,本书还通过计算专利与专利科学引文内容间的相似度以表示两者间的相关性,作为科学—技术关联关系的另一种表示。专利和专利科学引文的摘要可以表示专利和专利科学引文的内容,因此以专利的摘要表示专利,以专利的所有科学引文摘要表示专利科学引文,利用表示学习方法将专利和专利科学引文分别进行向量化表示后,计算两者在向量空间中的相似度。

3.4.3 基于专利科学引文摘要的内容挖掘

获得专利科学引文的摘要数据后,进行基于专利科学引文摘要的内容挖掘研究。该研究分为两部分:专利科学引文摘要的聚类分析和基于专利科学引文摘要间相似度计算的相关专利推荐。专利科学引文摘要的内容挖掘流程如图 3-7 所示。

专利科学引文摘要的内容挖掘的第一步是进行数据预处理。从 Web of

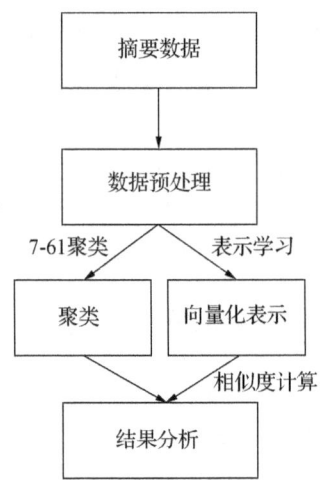

图3-7 基于专利科学引文摘要的内容挖掘流程

Science 中导出的摘要数据可能会存在一些格式问题,如某些数据的摘要栏为空,因此需要对数据进行消除空值、标点符号替换、去停用词、分词等处理。

第二步是利用 T-SNE 算法对专利科学引文摘要数据进行聚类,同时对专利摘要也进行聚类,对两者的聚类结果进行比较,可以分析专利的应用和科学研究的方向之间的关系。此处使用的 T-SNE 算法是一种应用于高维数据的降维算法,其可以将高维数据降维到 2D 或 3D 向量中并进行可视化,此时每一条摘要向量被表示为向量空间内的一个点;之后 T-SNE 会根据向量间的距离对这些点进行聚类,同一聚类内(距离较近)的点聚合的更紧密,以实现专利科学引文及专利摘要的聚类。

第三步是利用表示学习方法得到所有专利科学引文摘要的语义向量表示,由于此处的专利科学引文摘要均为句子或段落的形式,因此同样采用 3.3 节中使用的 doc2vec 表示学习方法。之后以每条专利的所有专利科学引文的摘要表示该条专利,计算该条专利与其他所有专利下的专利科学引文之间的相似度,以表示专利间的相关程度。相似度的计算基于 Python 中 gensim 包的 similarity 模块进行,同时计算专利摘要向量间的相似度,将结果进行对比。

3 专利科学引文语义表示与挖掘

第四步是根据专利与其他所有专利下的专利科学引文之间的相似度计算结果进行排序，取相似度最高的前 N 条结果作为输出，作为相关专利推荐的结果，并与基于专利摘要的推荐结果进行对比分析。由于专利数据具有新颖性、创造性的特点，此处得到的相似度也可以作为评估专利新颖性的指标。

通过专利间相似度的计算，可以分析专利的应用和科学研究的方向之间的关系、实现相关专利的推荐，还可以评估专利的新颖性，这些应用方向对于专利发明人员及科学研究人员均具有一定的参考价值。

3.4.4 基于专利科学引文关键词的内容挖掘

本书对主要从两个层面对专利科学引文关键词进行分析：关键词的聚类及共现、关键词向量。由于 Web of Science 中的关键词字段并不能直接通过检索获得，因此首先需要获取关键词。

该部分的关键词获取方法有两种，关键词的聚类及共现中使用的关键词来源于第一种方法：通过文献计量分析软件 Vosviewer 抽取专利科学引文的摘要获得的。对专利数据进行同样的操作，最后将专利和专利科学引文的聚类及共现结果进行对比分析。

第二种方法：关键词向量化步骤中使用的关键词是通过 LDA（Latent Dirichlet Allocation）主题模型[184]抽取专利科学引文摘要得到的。选择 LDA 主题模型的原因在于，该步骤中抽取关键词的目的是以关键词表示专利科学引文的研究方向，因此使用 LDA 主题模型提取对应的专利科学引文主题，再选取主题中代表研究方向的词语作为该篇专利科学引文的关键词，得到的关键词便可以作为该篇专利科学引文研究方向的表示。同样地，本书以相同的方法抽取专利摘要的关键词，通过其与专利科学引文关键词的对比，可以分析领域内的科学研究（专利科学引文）与技术应用（专利）方向的异同。最后，计算两者关键词在向量空间中的相似度，可以从语义角度进行更深层次的分析。图 3-8 列出了基于专利科学引文关键词的内容挖掘的整体流程。

基于专利科学引文关键词的内容挖掘的主要目的是以关键词表示某领域中科学研究（专利科学引文）的方向，将其与技术应用（专利）的方向进行对比，探究该领域中技术应用与科学研究的关联关系，对于该领域的未来的发展方向具有一定的借鉴意义。

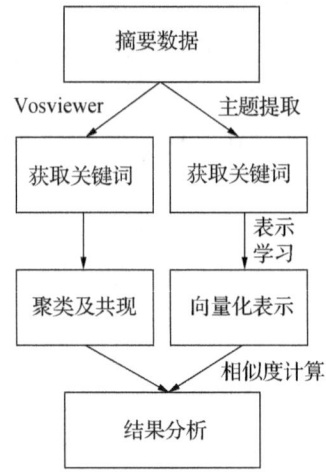

图3-8 基于专利科学引文关键词的内容挖掘流程

3.4.5 专利科学引文内容挖掘实证分析

该部分实证分析分为4个步骤,分别是选取实验数据、基于专利科学引文的科学关联度计算结果分析、基于专利科学引文摘要的内容挖掘结果分析和基于专利科学引文关键词的内容挖掘结果分析。

(1) 实证数据来源

USPTO的数据中没有专利科学引文的摘要、关键词等内容元数据,因此本次实证通过将专利科学引文抽取实验得到的专利科学引文标题放入期刊数据库 Web of Science 中检索,以获取其摘要、关键词等内容元数据。由于 Web of Science 的检索方式为模糊检索,用于检索的标题过短可能导致检索结果准确率较低,因此本书将用于检索的标题长度设置为"≥8",即标题中的单词数需不少于8个,经过筛选后得到的标题数量为16 277条。数据的检索策略是通过布尔运算符及 Web of Science 中的字段标识构建检索式,检索式设置为:"TI =(title1)'\n' OR TI =(title2)'\n' OR TI =(titleN)"。由于 Web of Science 的检索界面最多呈现50条检索结果,因此将单次批量检索的检索式中的标题数设置为50条。

检索式构建完成后,利用 python 中的 selenium 及 webdriver 等模块模拟浏览器的操作进行数据的检索,将检索界面中的所有检索结果添加至 Web of Science 的标记结果列表中,最终共检索出11 789条数据。有部分数据在

3 专利科学引文语义表示与挖掘

```
1   TI=(Fabrication and Characterization of In Plane Aligned Nanotube Composites with Magnetically Aligned Carbon Na
2   OR TI=(Process Analysis and optimization of SWNT Bucky Paper Reinforce Epoxy Composites)
3   OR TI=(Aligned Carbon Nanotube Arrays Formed by Cutting a Polymer Resin Nanotube Composite)
4   OR TI=(Electrochemical synthesis of polypyrrole carbon nanotube nanoscale composites using well aligned carbon n
5   OR TI=(Distribution and Alignment of Carbon Nanotubes and Nanofibrils in a Polymer Matrix)
6   OR TI=(Aligned Carbon Nanotube Films Production and Optical and Electronic Properties)
7   OR TI=(Self Oriented Regular Arrays of Carbon Nanotubes and Their Field Emission Properties)
8   OR TI=(Magnetic Orientation and Magnetic Properties of a Single Carbon Nanotube)
9   OR TI=(Effect of chemical functionalization on the mechanical properties of carbon nanotubes)
10  OR TI=(Experimental Design and Optimization of Dispersion Process for Single Walled Carbon Nanotube Bucky Paper)
```

图 3-9　批量检索式

Web of Science 中未被检索到，可能的原因有两个。第一，该篇专利科学引文未被 Web of Science 包含的数据库收录；第二，通过前面的实验得到的标题数据不够准确，其中可能包含了非专利科学引文的标题，或者其他类型的元数据。

得到检索结果后，从标记结果列表中将所有检索结果导出，在导出设置界面需将"摘要"进行勾选，选择保存格式为"制表符分隔，UTF-8"。随后以制表符作为分隔符，将导出的 txt 文件在 excel 中打开，便可以得到格式规范的专利科学引文检索数据。由于本书采用了批量检索的方法，因此还需将批量检索的专利科学引文数据通过标题与专利授权号进行匹配，共计匹配到对应的专利授权号 9281 条，匹配率为 78.76%。通过对检索过程和检索结果的观察发现，检索结果与专利授权号并不能完全匹配的原因是，检索过程中部分标题对应的检索结果并不唯一，这 N 条检索结果同时被导出，导致这部分数据与原有数据无法进行匹配。

表 3-9　专利科学引文检索结果

数据类型	数量
用于检索的标题	16 277
检索结果	11 789
与检索标题相匹配的检索结果	9281

（2）基于专利科学引文的科学关联度计算结果分析

本次的科学关联度计算实证分析基于 2012—2016 年 5 年间的纳米技术领域的专利及专利科学引文数据进行，首先统计了所有专利的非专利引文数，列出了其中非专利引文数最多的 10 条专利，同时列出了这些专利的专利科学引文数，在表 3-10 进行了结果展示。

表3-10 纳米技术领域内专利的非专利引文数

专利授权号	专利标题	非专利引文数	专利科学引文数
8187620	Medical devices comprising a porous metal oxide or metal material and a polymer coating for delivering therapeutic agents	622	507
8367035	Methods of making spatially aligned nanotubes and nanotube arrays	434	330
8252834	Dendrimer conjugates	328	301
8323698	Polymers for functional particles	313	298
8101976	Device selection circuitry constructed with nanotube ribbon technology	279	225
8227817	Elevated LED	267	189
8450717	Nanostructures and methods for manufacturing the same	259	186
8357954	Formation of nanowhiskers on a substrate of dissimilar material	256	185
8455857	Nanoelectronic structure and method of producing such	255	190
8399339	Nanosensors	252	112

从表中可以看到，非专利引文数最高的专利授权号为8187620，其引用的非专利引文数达到了622；其余专利的非专利引文数也处于很高的水平，非专利引文数平均值达到了293.7。而这些专利的专利科学引文数相比非专利引文数均有一定的下降，以非专利引文数最高的专利8187620为例，其专利科学引文数为507，在其非专利引文数中的占比为81.51%。经过计算可知，这些专利的专利科学引文在非专利引文总数的占比为75.90%，其中授权号为8399339的专利科学引文占比最低，只有44.44%。可见，非专利引文无法精确地表示专利引用的科学知识，如果直接使用非专利引文作为专利引用科学知识的表示，会对后续的科学—技术关联分析的结果产生影响。因

3 专利科学引文语义表示与挖掘

此，本书进行的专利科学引文识别具有其必要性。

①基于专利科学引文数的科学关联度计算。

以专利科学引文表示专利引用的科学知识后，利用科学关联度公式进行计算，得出该领域的科学关联度为12.83。本书将这一结果与过往研究者的相关研究结果进行了比较，文晓芬[185]的研究得出了化学、计算机与通信、机械领域的科学关联度分别为1.67、0.19、0.20，而纳米技术领域的平均科学关联度为12.83，远高于这3个领域，说明纳米技术领域作为高新技术的代表，该领域内的技术应用更依赖于科学研究，科学—技术之间的关系更为紧密。裴云龙[177]的研究得出的2004年纳米技术领域的平均科学关联度为11.87，与本书得出的结果12.83相差不大。两者之间有0.96的差距，其原因可能是该研究采用的科学关联度计算方法为专利引用的SCI检索收录论文平均数量除以专利数，其中剔除了一部分非SCI检索收录的引文。

②基于专利、专利科学引文内容的科学—技术关联关系分析。

本书选取了两条专利科学引文数相同的专利数据进行实证分析，两条专利分别为专利授权号：8088674（标题：Method of growing, on a dielectric material, nanowires made of semi-conductor materials connecting two electrodes）及专利授权号：9040957（标题：Field effect transistor using graphene），这两条专利的专利科学引文数均为5。

分别计算两条专利与其专利科学引文间的相似度，得到的结果为：专利8088674相似度：29.81%；专利9040957相似度：40.83%。这一数据说明，虽然这两条专利的专利科学引文数相同，但两者与科学研究之间的关联程度是不同的。专利9040957的内容与其引用的专利科学引文相似度更高，可以认为，专利9040957对专利科学引文的依赖程度比专利8088674更高，即专利9040957与科学研究间的关联更紧密。该方法可以从内容的角度挖掘科学（专利科学引文）与技术（专利）之间的关联关系，若将该指标与现有的科学关联度计算公式相结合，可以实现更加全面的科学—技术关联分析。

(3) 基于专利科学引文摘要的内容挖掘结果分析

基于专利科学引文摘要的内容挖掘实证分析基于前面检索得到的专利科学引文数据进行，通过观察发现，在导出的数据中，有一部分数据的"摘要"字段为空值，因此首先对数据进行清除空值、去停用词等预处理操作，经过处理后得到专利科学引文摘要数据共8876条。

本部分对专利科学引文摘要内容挖掘分析从两个层面展开：专利科学引

文摘要的聚类分析和基于专利科学引文摘要间相似度计算的相关专利推荐。同时基于专利摘要进行了同样的操作,将结果与基于专利科学引文摘要的实证分析结果进行对比,以分析纳米技术领域内科学与技术的关联。具体步骤如下。

①专利科学引文摘要聚类。

利用表示学习方法 doc2vec 对经过处理的专利科学引文摘要数据进行向量化表示,然后对摘要向量进行聚类,对聚类结果进行可视化展示。本书利用 tensorflow 提供的 T-SNE 算法对专利科学引文摘要向量进行聚类及可视化展示,向量在空间中的位置及其形成的聚类如图 3-10 所示。

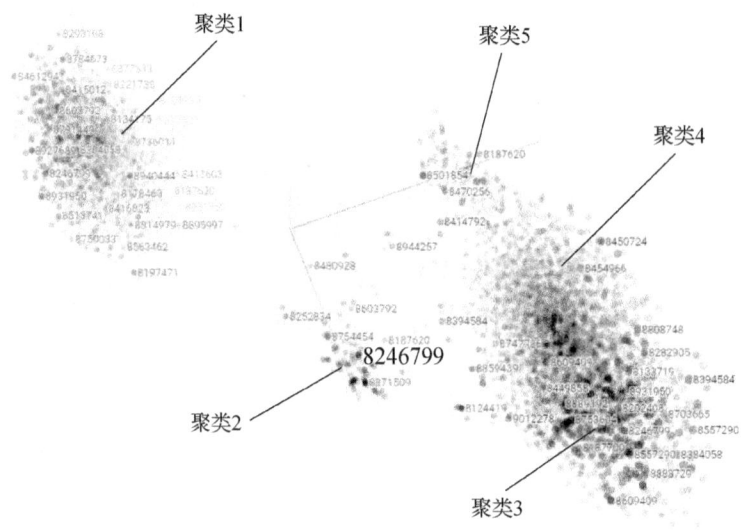

图 3-10　专利科学引文摘要向量聚类可视化展示

所有的专利科学引文摘要向量形成了 5 个较大的聚类,选取每个聚类里靠近中心的点作为各个聚类的代表,聚类及各聚类中心点附近专利科学引文的信息如表 3-11 所示。本书通过这 5 个中心点附近专利科学引文的标题和摘要,确定对应专利科学引文的研究方向,从而确定各聚类内的专利科学引文对应的研究方向。结果显示,纳米技术领域内的专利科学引文研究方向主要分布在材料领域、生物领域,在医学领域、化学领域也有一定的分布。其中节点数较多的 3 个聚类:聚类 1、聚类 3 和聚类 4 的研究方向比较具有代表性,可以认为,这 3 个聚类代表的生物、材料是纳米技术领域内的科学研究侧重较多的领域。

3 专利科学引文语义表示与挖掘

表 3-11 专利科学引文摘要各聚类中心点

聚类	聚类中心点（专利科学引文标题）	研究方向
1	Study of fire retardant behavior of carbon nanotube membranes and carbon nanofiber paper in carbon fiber reinforced epoxy composites	化学/材料领域
2	Gold nanoparticle probes for the detection of nucleic acid targets	生物领域
3	Binding properties of replication protein A from human and yeast cells	生物/医学领域
4	Selective retention of bone marrow-derived cells to enhance spinal fusion	生物/材料领域
5	An investigation of plasma chemistry for dc plasma enhanced chemical vapour deposition of carbon nanotubes and nanofibres	材料领域

②专利摘要聚类。

在进行了专利科学引文摘要的聚类及可视化后，对专利科学引文对应的专利的摘要进行了向量化表示，同样进行了聚类及可视化展示，并对两者聚类结果的异同进行分析，图 3-11 展示了专利摘要向量在向量空间中的分布

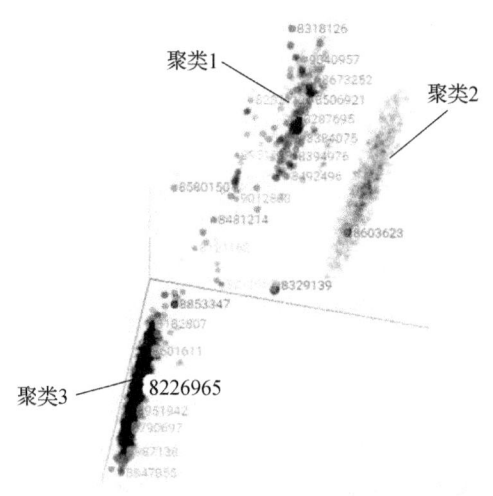

图 3-11 专利摘要向量聚类可视化展示

专利信息语义表示与深度挖掘

及其形成的聚类,这些专利摘要向量形成了3个较大的聚类。专利摘要的聚类数量与专利科学引文摘要的聚类数量(5个)相比较少,说明纳米技术领域内的技术应用的领域较少,更集中于几个重点应用方向。

本书选取了每个聚类里靠近中心的专利代表每个聚类,各个聚类及聚类中心点附近的专利信息如表3-12所示。通过这3个中心点附近专利的标题及摘要,分析该聚类内的专利的应用方向。结果显示,纳米技术领域内的专利应用方向主要分布在材料领域、生物领域、化学领域,其中聚类2、聚类3是节点数量较多的两个聚类,因此可以认为,纳米技术在专利中的应用方向更集中于这两个聚类代表的材料领域。

表3-12 专利摘要各聚类中心点

聚类	聚类中心点 (专利号)	聚类中心点 (专利标题)	应用方向
1	8895067	Immune response stimulating composition comprising nanoparticles based on a methyl vinyl ether-maleic acid copolymer	生物/材料领域
2	8288759	Vertical stacking of carbon nanotube arrays for current enhancement and control	材料领域
3	8124518	Semiconductor heterostructure nanowire devices	材料领域

经过比较可知,纳米技术领域内,基础科学(专利科学引文)的研究方向与技术(专利)的应用方向之间具有一定的相关性,材料领域是科学和技术共同关注的焦点。而与技术应用相比,纳米技术的科学研究对生物、医学领域也有所侧重,尤其在生物领域开展的研究所占比重与材料领域相当,这是纳米技术领域内科学研究和技术应用的一大区别。

③基于专利摘要的专利推荐。

除向量聚类及向量空间的可视化展示外,tensorflow还提供了向量距离计算工具,可以计算向量空间中的某个点与其他点之间的距离,两点之间距离越近,代表这两条专利的摘要之间相似度越高。而专利摘要间的相似度越高,很可能代表着这两条摘要对应的专利内容间的相关性越高。为验证这一假设,本书选取两条专利数据进行向量间距离计算的实证分析,选择的专利依然是用来进行结果展示的专利8088674(标题:Method of growing, on a dielectric material, nanowires made of semi-conductor materials connecting two electrodes）及专利 9040957（标题：Field effect transistor using graphene），计算结果如表 3-13 及表 3-14 所示。tensorflow 最多可以显示与选取的点距离最近的前 1000 个点及点之间的距离，此处选取前 10 个点及其余弦距离进行结果展示。

表 3-13 基于专利摘要向量距离的计算结果（专利授权号：8088674）

专利授权号	专利标题	余弦距离
9018616	Rectifying antenna device with nanostructure diode	0.337
8519505	Electrically conductive polymer composite and thermoelectric device using electrically conductive polymer material	0.360
8853540	Carbon nanotube enhanced conductors for communications cables and related communications cables and methods	0.368
8475760	Device and method for producing nanotubes	0.375
9028873	Nanoparticles for drug delivery to the central nervous system	0.398
8547617	Quantum logic component and a method of controlling a qubit	0.405
8124785	Method for producing nanoparticles	0.413
8586072	Medical devices having coatings for controlled therapeutic agent delivery	0.416
8883124	Use of fullerenes in photoacoustic imaging	0.429
8413603	Scanned source oriented nanofiber formation	0.430

表 3-14 基于专利摘要向量距离的计算结果（专利授权号：9040957）

专利授权号	专利标题	余弦距离
8753540	Method for preparing graphene sheets from turbostratic graphitic structure and graphene sheets prepared thereby	0.183
8901620	Biosensor comprising reduced graphene oxide layer	0.188
8940444	Hybrid radical energy storage device and method of making	0.193
8213221	Magnetic shielding in magnetic multilayer structures	0.199
9006712	Organic memory element	0.202

续表

专利授权号	专利标题	余弦距离
8699206	Nano vacuum tube arrays for energy storage	0.204
8440229	Hollow silica nanospheres and methods of making same	0.206
8263133	Multivalent clustering targeting strategy for drug carriers	0.219
8889657	Nanoparticle PEG modification with H-phosphonates	0.234
8853286	Polymerized ionic liquid block copolymers as battery membranes	0.236

表3-13和表3-14分别列出了与专利8088674和专利9018616在向量空间中距离最近的前10条专利信息。从专利内容来看,专利8088674与其距离最近的前3条专利介绍的均是利用纳米技术提高材料导电性的方法,专利9040957和与其距离最近的前2条专利内容都和石墨烯材料的应用相关,而距离较远的专利,其在内容上的相似部分也相应地变少。可见在向量空间内距离较近的两条专利,在内容上的确有一定的相关性,结果验证了"专利摘要向量间的距离越近,其相似度越高,两条摘要对应的专利内容间的相关性越高"这一假设,因此可以将向量距离计算作为一种相关专利推荐的方法。

通过计算可得,与专利8088674最相关的前10条专利的平均距离为0.393,而专利9040957这一数字为0.206,显著低于专利8088674。在向量空间中,某专利摘要向量与其他专利摘要向量的距离越近,说明两条专利的相关性越低,进而可以推导出该专利在领域内的新颖性可能更高。因此,9040957与领域内的其他专利的距离更近,相关度更高,可以认为与8088674相比,9040957的新颖性和创造性可能更低。由此可见,可将计算专利摘要与其他专利摘要在向量空间中的距离作为一种评价专利新颖性和创造性的方法,计算得到的结果可以作为评价该专利新颖性的指标。

④基于专利科学引文摘要的专利推荐。

除了利用专利的摘要向量间的距离表示专利间的相关性这一方法外,本书以每条专利引用的所有专利科学引文的摘要表示该条专利,通过计算每条专利间的余弦距离作为专利间相关程度的表示,基于专利科学引文的摘要进行了相关专利推荐和专利新颖性评价的实证分析。同样选择专利8088674和

3 专利科学引文语义表示与挖掘

专利9040957进行基于专利科学引文摘要的相关专利推荐的结果展示,列出了与这两条专利相似度最高的前10条专利的相关信息及其相似度,结果如表3-15和表3-16所示。

表3-15 基于专利科学引文摘要向量距离的计算结果(专利授权号:8088674)

专利授权号	专利标题	余弦距离
8168964	Semiconductor device using graphene and method of manufacturing the same	0.077
8956637	Medical device applications of nanostructured surfaces	0.083
8138874	Nanomagnetic register	0.084
8518526	Structures with three dimensional nanofences comprising single crystal segments	0.085
8530000	Methods of forming charge-trapping regions	0.085
8183665	Nonvolatile nanotube diodes and nonvolatile nanotube blocks and systems using same and methods of making same	0.088
8142754	Method for synthesis of high quality graphene	0.088
9035644	Stimulus responsive nanoparticles	0.088
8685844	Sub-10 nm graphene nanoribbon lattices	0.089
8409450	Graphene-based structure, method of suspending graphene membrane, and method of depositing material onto graphene membrane	0.090

表3-16 基于专利科学引文摘要向量距离的计算结果(专利授权号:9040957)

专利授权号	专利标题	余弦距离
8168964	Semiconductor device using graphene and method of manufacturing the same	0.104
8409450	Graphene-based structure, method of suspending graphene membrane, and method of depositing material onto graphene membrane	0.107
8685844	Sub-10 nm graphene nanoribbon lattices	0.108

续表

专利授权号	专利标题	余弦距离
9012830	Systems and methods for particle detection	0.112
8183665	Nonvolatile nanotube diodes and nonvolatile nanotube blocks and systems using same and methods of making same	0.116
8852444	Sorting two-dimensional nanomaterials by thickness	0.117
8142754	Method for synthesis of high quality graphene	0.119
8729381	Nanostructures having high performance thermoelectric properties	0.120
8858676	Nanoparticle production in liquid with multiple-pulse ultrafast laser ablation	0.122
8518526	Structures with three dimensional nanofences comprising single crystal segments	0.124

观察结果可知，基于专利科学引文摘要的推荐结果与基于专利摘要的推荐结果重合度较低，两者的前10条推荐结果之间没有重合。通过计算可知，基于专利科学引文摘要的推荐结果中，与8088674距离最近的前10条专利的平均距离为0.086，而9040957这一数字为0.115，远低于基于专利摘要的推荐结果（0.393和0.206），这说明利用专利科学引文摘要表示专利的方法使得专利在向量空间中的距离更接近，可能更有助于挖掘专利之间的潜在联系。与8088674相比，9040957在纳米技术领域内与其他专利的距离更远，相关度更低，9040957可能具有更高的新颖性和创造性。这与基于专利摘要的实证分析得出的结论相反。

通过查询专利原文内容可知，专利8088674的前10条相关专利中，第1、第3、第4、第5、第6条专利均是纳米材料在导电性能、电池、电极等方向的相关应用，这与专利8088674的内容具有较强的相关性；专利9040957的前10条相关专利中，前3条专利都是石墨烯材料的相关应用，和9040957的内容同样具有相关性。结果证明，以专利引用的专利科学引文摘要来表示该条专利，再计算每条专利间的距离的专利推荐方法是可行的，且该方法得到的推荐结果相关性高于计算专利摘要间距离的方法。

上述实证结果表明，利用专利的科学引文摘要表示专利的方法，效果好于利用专利摘要表示专利的方法。导致这一点的原因可能是专利自身的特性：新颖性和独特性。专利发明人在专利文献的写作中，为保证内容的新颖性和独特性，会有意识地避免出现与其他已有专利相似度过高的情况。而专利的科学引文则不同，如果两篇专利引用的科学论文相同或相似，则这两篇专利在应用方向上很可能具有相似性。本书认为，这两种方法都具有一定的合理性，在实际的专利推荐、专利新颖性评价的应用中，将两种方法进行结合应是更全面、更合理的方法。对这两种方法计算得出的指标进行加权计算，以加权计算的结果作为最终结果。

（4）基于专利科学引文关键词的内容挖掘结果分析

本部分对专利科学引文关键词的内容挖掘结果分析从两个方面展开：专利科学引文关键词的聚类及共现分析、专利科学引文关键词的向量化表示。并且基于专利关键词进行了同样的操作，并将结果与基于专利科学引文关键词的分析结果进行对比。

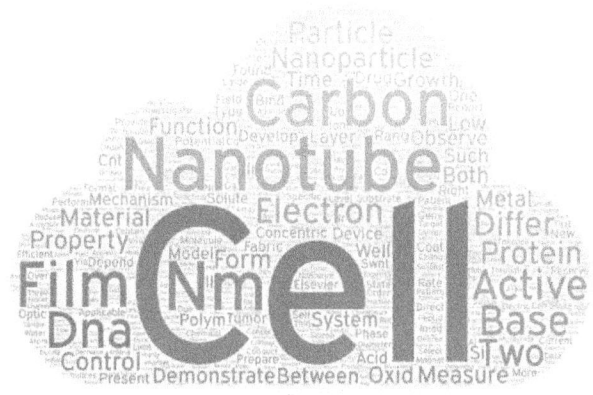

图 3-12　纳米技术领域专利科学引文研究点分布

图 3-12 和图 3-13 分别展示了纳米技术在科学研究和技术应用中的词频分布，每个词的字体的大小代表着其出现频次，直观地展示了纳米技术领域内科学研究与技术应用之间的异同。根据其中的高频词分布来看，纳米技术专利应用方向中的词在专利科学引文研究中同样有分布，但两者的研究热点有所不同。总的来说，纳米技术领域的技术应用可能更集中于材料领域，而除了材料领域外，生物、医学方向也是科学研究的重要方向。

①专利、专利科学引文的关键词聚类及共现分析。

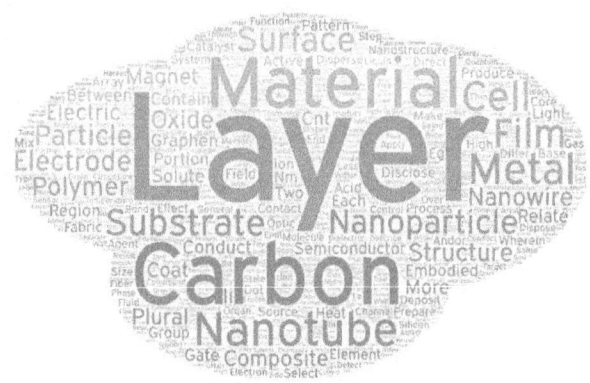

图 3-13　纳米技术领域专利应用方向分布

为进一步探究纳米技术领域内科学研究与技术应用之间的关系，本书使用知识图谱软件 Vosviewer 分别对专利及专利科学引文的内容进行了词的聚类和共现分析，并对结果进行了可视化的展示，结果如图 3-14、图 3-15 所示。

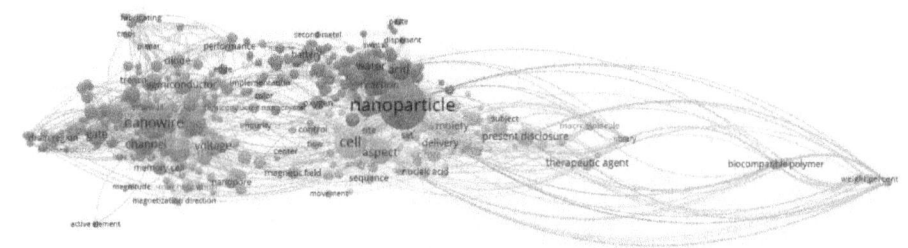

图 3-14　纳米技术领域专利词语聚类及共现

在图 3-14 及图 3-15 中，不同的颜色表示词语形成的不同聚类，节点的大小代表词的出现频次，节点之间的连边表示两个节点的共现关系。本书以各个聚类中频次最高或者与其他节点产生连边最多的节点作为中心点，以中心点和其他点的共现关系表示各个聚类代表的研究方向。在专利的关键词聚类中，以"nanoparticle"为中心点的红色聚类和以"nanowire"为中心点的蓝色聚类是最大的两个类，"cell"代表的黄色聚类和"biocompatible polymer"代表的青色聚类是唯二代表生物方向的类。总的来看，纳米技术领域内的专利以在材料领域的应用为主，应用方向主要有"voltage""semicon-

3 专利科学引文语义表示与挖掘

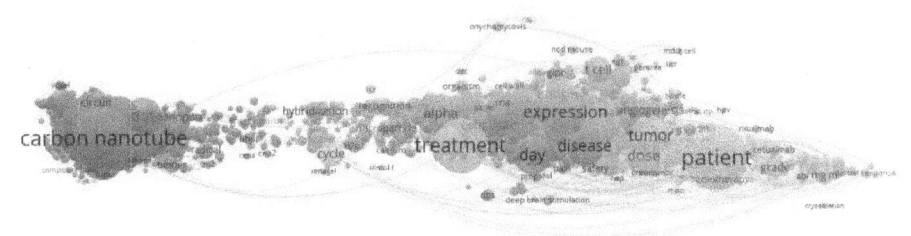

图 3-15　纳米技术领域专利科学引文词语聚类及共现图

ductor""transistor"等。同时，在生物领域的应用也占据一定的比重，生物领域的中心节点"cell""biocompatible polymer""nanoparticle"产生了最多的连边，说明纳米技术在生物领域的应用主要通过纳米粒子实现。

在专利科学引文的关键词聚类中，以"carbon nanotube"为代表的红色聚类和以"patient"为代表的黄色聚类是节点数量最多的两个聚类，分别代表了纳米技术在材料领域和医学领域的研究。"carbon nanotube"类的中心点与其他节点的连边集中在聚类内部，而"patient"类的中心点"patient"贡献了整个网络中最多的连边数，且与青色聚类（中心点为"mouse"）有着紧密的联系。可见，在纳米技术领域的科学研究中，材料领域并不是唯一的焦点，医学、生物领域的研究获得了更多了关注。

②基于表示学习的专利、专利科学引文关键词分析。

除了对关键词的聚类和共现外，还利用表示学习的方法将关键词向量化，从内容层面分析专利和专利科学引文关键词间的异同。该部分中的关键词通过 LDA 模型获得，首先利用 LDA 主题模型抽取专利科学引文摘要的主题，然后将主题中代表研究方向的词语作为对应的专利科学引文的关键词，最后选取权重前 10 的关键词进行结果展示。同样地，再利用 LDA 抽取专利摘要的主题，选择代表应用方向的词语作为对应的专利的关键词。表 3-17 分别列出了专利和专利科学引文的权重值最高 10 个的关键词。

表 3-17　专利及专利科学引文关键词（Top 10）

排序	专利关键词	排序	专利科学引文关键词
1	graphene	1	cell
2	nanopartlcles	2	nanopartlcles

续表

排序	专利关键词	排序	专利科学引文关键词
3	quantum	3	dna
4	molecular	4	patients
5	substrate	5	surface
6	semiconductor	6	membrane
7	carbon	7	tumor
8	nanotubes	8	hypoxia
9	magnetic	9	materials
10	nanowire	10	nanotubes

从表 3-19 可以看出，除了共同的关键词"nanoparticles"外，专利科学引文的关键词更多集中于生物、医学领域，如"cell""dna""patients""tumor"等；而专利的关键词中，材料领域的关键词占据了更重要的位置，如"graphene""nanoparticles""quantum""semiconductor"等，这与之前的词频分布和聚类结果相吻合，进一步说明纳米技术领域内，专利的应用方向与专利科学引文的研究方向重合度可能不高。为了更深入地分析专利的应用方向与专利科学引文的研究方向间的联系，本书将专利科学引文摘要与专利摘要进行向量化表示，在向量空间中计算这些关键词所代表的研究热点间的相似度，计算结果如表 3-18 所示。本书选取了专利科学引文与专利中权重最高的 5 个关键词，除两边均有出现的"nanoparticles"外，选取的关键词分别为（"cell""dna""patients""surface""membrane"），（"graphene""quantum""molecular""substrate""semiconductor"）。

表 3-18 关键词相似度计算结果

关键词：cell	相似度	关键词：dna	相似度	关键词：patients	相似度
graphene	0.132352	graphene	0.300034	graphene	0.113014
quanmm	0.245108	quantum	0.147008	quantum	0.003866
molecular	0.217644	molecular	0.160576	molecular	0.057919
substmte	0.314112	substrate	0.106681	substrate	-0.02874
semiconductor	0.177933	semiconductor	0.220436	semiconductor	-0.01617

续表

关键词：surface	相似度	关键词：membrane	相似度
graphene	0.163717	graphene	0.25389
quantum	0.164707	quantum	0.17078
molecular	0.19299	molecular	0.202147
substrate	0.632933	substrate	0.484191
semiconductor	0.258763	semiconductor	0.213334

从表3-18中可以看到，除了在专利科学引文关键词和专利关键词中均出现的"nanoparticles"外，专利科学引文关键词和专利关键词整体的相似度并不高。其中相似度最高的关键词为"surface"和"substrate"及"membrane"和"substrate"，相似度分别为0.632933及0.484191，其余的关键词之间的相似度最高值在0.3左右，大部分分布在（0，0.2）的区间内。"surface"和"substrate"的含义分别是"表层"和"底层"，一般用于表示纳米技术作用于涂层的位置，因此在语义上具有相似性。"substrate"同时也有"基质"的意思，这可能是其与"membrane"（含义：膜）有一定的相似性的原因。由于"substrate"与"surface"的相似高于其与"membrane"的相似度，且与"cell"的相似度仅为0.314112，可以认为"substrate"在专利摘要出现的场合中，其含义更多地偏向于"底层"。

除了"surface""substrate""membrane"外，其余的关键词，尤其是权重值排在前三的关键词之间的相似度均较低。这一结果再次验证了纳米技术领域内，专利的应用方向与专利科学引文的研究方向重合度不高。造成这种情况的原因可能有以下4点：第一点，纳米材料的产业化已经比较成熟，相对来说生物、医学领域的纳米技术研究可能更多地停留在理论阶段，科学知识尚未完全转化为技术；第二点，由于纳米技术在材料领域的研究已经比较成熟，而在生物、医学领域的研究可能还有待完善，将纳米技术运用到这两个领域可能是当前较热门的研究方向；第三点，生物、医学领域研究的平均引用文献数量较高，而医学、生物领域的专利可能也具有这一特性；第四点，由于专利从申请到授权的周期较长，这导致了专利文献具有一定的滞后性，而相对来说，科学论文由于其发表周期较短，则并不存在这样的问题。

因此，两者的方向存在一定的差异属于正常情况。

综上所述，纳米技术领域的应用方向和纳米技术领域的科学研究方向有所交集，也有一定的差异。材料领域是技术和科学共同关注的焦点，而两者的差异性在于对生物领域的关注度，纳米技术在生物领域也有涉及，但和该领域的科学研究相比，纳米技术应用的深度和广度还有待提高；生物医学领域是当前纳米技术科学研究的重点。未来纳米技术在医学、生物领域的应用会越来越多，可能出现更多用于临床治疗的应用。

4 基于专利文本语义表示的跨语言相关专利推荐

4.1 跨语言专利推荐的研究背景和研究问题

专利数据是世界上最大的技术信息集,几乎囊括了一切应用领域内的技术成果和发展动态,在技术、商业、法律等领域具有举足轻重的地位。随着经济全球化和科技的飞速发展及知识产权保护国际化意识的逐渐增强,专利冲突与专利壁垒深深困扰着广大国内企业与研发机构,跟踪和研究国外专利技术发展的需求与日俱增。因此,及时准确地获取世界其他国家和地区的专利信息变得十分必要,快速有效地获取其他语言相关专利的跨语言专利推荐研究得到广泛关注。跨语言专利推荐可以帮助企业和个人遴选相关重要专利,发现相关技术发展趋势,跟踪最新技术进展,进而提供个性化信息推送和决策支持服务。

当前,专利推荐主要基于单语言专利数据,从专利文献题目、摘要或权利要求中提取技术关键词和主题等内容特征,研究单语言环境下的相似专利推荐,而专门针对双语或者多语种专利文献数据的跨语言专利推荐还较少。跨语言专利推荐一般是将跨语言检索中涉及的词翻译和机器翻译等技术直接应用于专利推荐中,主要包括3种方法:第一种是基于词典的方法[186],其基本思想是从双语或者多语词典中选择合适的词来替换查询词,如基于HowNet,WordNet等进行的查询词翻译和扩展。该方法的特点是简单直观、易于实现,但由于词的多重含义及词典的涵盖范围有限导致推荐结果准确度不高,不易于扩展应用到其他领域,且词典构造工作量大且费时费力。尤其对于术语较多的专利数据来说,难以实现有效的查询词翻译。第二种方法借鉴双语或多语种平行语料库对齐技术[187],识别专利双语平行语料库中句子间或词语间的对齐关系,并利用统计概率模型确定源语言中查询专利文本在目标语言中对应的词语或句子并过滤歧义项,进而基于单语推荐中常用的文本相似度计算方法实现跨语言专利推荐。与第一种方法一样，该方法也需要较大规模的专业语料库来训练模型来提升推荐效果。第三种方法是基于机器翻译的方法[188,189]，其基本思路是充分利用机器翻译的研究成果，将机器翻译模型应用于多语言专利推荐和检索中。总的来说，以上跨语言专利推荐的方法多从查询词和文本精确翻译的角度出发，往往需要大规模特定领域的双语词典、双语语料库及高效准确的机器翻译方法来实现有监督的跨语言查询扩展，导致这些方法应用扩展到其他领域进行跨语言专利推荐的难度较大，成本较高；与此同时，由此推荐的专利大多是相似专利，推荐的多样性和相关性尚需进一步扩展，亟须从专利文本语义角度出发进行专利推荐，提供更好的决策支持服务。

因此，本章设计无监督的跨语言词向量映射方法，使用中英专利单语语料库独立训练得到单语专利词向量，然后通过线性变换将其映射到统一向量空间。即不需要任何外部双语词典，也不需要大型双语语料库，就可以得到较好的中英专利相关词映射关系。接着利用平滑倒词频的词向量加权方法，形成基于跨语言专利词向量的专利文本语义表示方法，实现中英专利文本在同一向量空间中的语义表示，进而计算不同语言专利文本间的语义相似度，实现文本语义角度下的无监督跨语言专利推荐。

4.2 跨语言专利推荐的相关研究

4.2.1 专利推荐

当前专利推荐主要集中于单语言相似专利推荐。通过从专利文献题目、摘要或权利要求中提取的技术关键词、主题等内容特征进行表示，形成了基于知识的[190]、基于协同过滤的[191]和基于内容的[192]相似专利推荐方法。而专门针对跨语言专利推荐的研究相对较少，其一般思路是将跨语言检索中涉及的词翻译和机器翻译等技术直接应用于专利推荐中，类似于跨语言专利信息检索。常用的方法主要有3种，这些方法大部分针对单语言的专利数据进行推荐研究。

（1）基于知识的专利推荐

该方法从特定领域的专利数据中提取或更新双语或者多语专利词典，并从中选择合适的词来替换查询词，进而实现跨语言查询扩展，运用已有单语

4 基于专利文本语义表示的跨语言相关专利推荐

专利推荐技术，实现相似专利推荐。

Taduri S. 等[193]构建专利系统并提出了一个基于知识的软件框架，以便在专利系统中跨多个不同的、不协调的信息源检索专利和相关信息。吴鸿韬等[194]利用自然语言处理方法，从设计原型专利中提取与设计目标、实现方法有关的多方面概念并推荐给设计人员，辅助设计人员获取更丰富的专利查询结果。梁田[195]基于 TRIZ 原理简化专利标注方法，针对光学元件特定领域，利用 Matlab 人工神经网络工具箱，面向产品创新设计开发研究阶段，对学科型机构知识库中专利挖掘模型构建的关键技术和方法进行研究。Lee 等[190]使用模糊标记语言（FML）收集专利数据与专利拥有者特征相结合构建本体知识库，提出了一个基于 GFML 的新型专利需求推荐系统。

基于知识的专利推荐方法高度重视知识源，由于推荐的需求都是被直接提出的，不会存在冷启动的问题。但通常推荐所需的知识比较难获取，需要知识整理工程师将领域专家的知识整理成为规范的、可用的表达形式。

（2）基于协同过滤的专利推荐

该方法抽取平行语料中双语句子或词语间的对齐关系，通过统计概率模型确定查询文本在目标语言中对应的词语或句子并过滤歧义项，最后结合单语推荐中的文本相似度计算方法，实现跨语言专利推荐。

Trappey 等[196]研究开发了一种动态搜索全球专利数据库相关专利的算法。该系统对具有相似专利搜索行为的用户进行聚类，并根据簇内群体成员行为和特征进行新的专利推荐。仲伟炜[197]持续追踪和记录用户的访问操作行为，通过分析专利查询人员频繁访问的专利文献，利用关联规则来分析专利文献之间的相关性，从而实现专利文献的个性化推荐服务。Ji 等[191]基于专利模型树的概念计算专利之间的相似性，然后通过专利相似度预测专利分数，填充用户评级矩阵，最后计算用户的相似度来完成专利推荐。在文献推荐和文献引文推荐中，基于协同过滤的推荐算法也有很好的运用，这些方法在以后专利推荐研究中也可以借鉴。Wang 等[198]提出一个协同过滤主题回归模型进行学术文献推荐，该模型将传统协同过滤和概率主题模型相结合。Sugiyama 等[199,200]利用学术文献的已有参考文献列表及其内容片段（摘要、引言、结论等）来为其推荐潜在引文，实验结果表明该方法可以提高文献推荐效果，特别是对于一些交叉学科中的文章进行引文推荐。

基于协同过滤的专利推荐可以共用其他人的经验，避免了专利内容特征分析的不完全或不精确，并且可以对一些比较复杂且难以表达的概念进行过滤,同时可以发现用户潜在的但未被发现的兴趣偏好,推荐自动化、个性化程度高,能够有效地利用其他相似用户的返回信息,加快个性化学习的速度。但协同过滤仍然有许多的问题需要解决,由于用户的专利使用行为数据较难获取,各个专利系统的用户行为数据难以整合,可利用的用户数据远少于待推荐的数据,并且随着计算时间上升导致系统性能下降。

(3) 基于内容的专利推荐

该方法利用双语专利摘要等数据构建平行语料库,训练机器翻译模型,将源语言的查询词或句子翻译为目标语言,将跨语言专利推荐问题转化为两个或多个对应的单语专利推荐。

Trappey 等[201]通过抽取专利文本中的技术关键词并合并相关关键词,运用反向传播网络模型实现相似专利推荐。Krestel 等[202]利用 LDA 和狄利克雷多元回归来表示专利文档并计算相似度,提出基于主题建模和文档排序技术的专利推荐系统。赵飞龙[203]通过制定分析规则对专利的功能原理信息进行标注,并推荐具有类似功能原理的相似专利。Rui 等[192]通过提取专利特征词和引文数据等必要信息,提出一种基于层次索引和专利语义在大数据处理平台上建立的新型专利推荐系统——HIM-PRS。Xin 等[191]将专利信息建模为时序异构网络,形成了一种基于特征信息的专利推荐模型,提供保留或放弃专利的建议。Mahdab 等[204]提出了一种基于时间感知随机游走的方法实现专利推荐,该方法是基于网络上的两个节点之间的上下文相似关系来实现的。随机游走的目标是在查询专利的引文网络中找到有影响力的文档,它可以作为查询词和特征项,用于查询优化。Sooyoung 等[205]提出了一种将专利引文和文献信息结合起来的异质专利文献目录网络。从这个网络中,提取了各种特征,如发明人、分类等,然后通过候选专利的特定上下文的价值度量方法来获得查询专利。

虽然基于内容的推荐系统在专利推荐及其他领域得到很好的应用,但在长期的研究中,研究者也发现了基于内容的专利推荐方法存在一定的局限性。第一,该方法根据用户过去选择的专利内容建构用户偏好模型,使得被推荐的专利受限于那些与该用户过去选择的专利相似的专利集合。第二,对新用户而言,由于其没有任何已选择的专利信息可以利用来建构其偏好模型,故基于内容的推荐无法对新用户提供推荐服务。

跨语言专利推荐多从词语和文本篇章的精确翻译角度出发,往往需要大规模特定领域的双语词典、双语语料库及高效准确的机器翻译方法来实现跨

4 基于专利文本语义表示的跨语言相关专利推荐

语言查询扩展，导致这些方法应用扩展到其他领域进行跨语言专利推荐的难度较大；与此同时，由此推荐的专利大多是相似专利，尚需从文本语义角度出发进行相关专利推荐，从而提供更好的决策支持服务。

4.2.2 跨语言专利检索

目前针对跨语言的专利推荐研究还相对较少，主要从跨语言专利信息检索的角度出发。常用的方法主要有3种：基于词典的跨语言专利检索、基于机器翻译的跨语言专利检索、基于语义空间的跨语言专利检索。

(1) 基于双语专利词典的跨语言专利检索

基于双语专利词典的跨语言专利检索主要从双语或者多语专利词典中选择合适的词来替代用户提交的查询词，从而进行跨语言专利检索。但是这种方法所需的对应双语词典并不容易获取，同时还面临词义消歧和一些特殊技术领域学术术语的翻译问题。针对歧义问题，最简单的解决方法是选择指定数目的靠前的词义进行检索，但准确率不高，还可结合其他翻译方法如语料库等进行更准确、专业的歧义消解。而词典覆盖度问题主要依靠人工翻译添加所需专业领域词或者引入专业词典对词典进行更新，效率比较低并且更新时间长。Jochim 等[186]使用专利集合中提取的特定领域的专利词典和一般的无领域字典来扩展单语专利查询及其翻译。Shen 等[189]提出了一个可以同时检索中英文专利的跨语言检索系统，该系统由查询翻译模块、文档检索模块和用户交互模块组成。查询翻译模块利用基于双语词典的翻译查询，文档检索模块采用标准向量空间模型，由单语检索系统组成。沈鑫[206]使用基于双语词典对查询语句进行翻译，再把译文交给单语言专利检索系统检索相关专利文档，同时提出基于隐含主题模型消歧方法，解决查询语句翻译中的歧义问题。

基于双语专利词典的跨语言专利检索由于词的多重含义及词典的涵盖范围有限且词典构造工作量很大，费时费力，尤其对于术语较多的专利数据来说，难以实现有效的查询词翻译。其次，经过双语词典进行翻译后可以得到多个目标语言的翻译候选词，如何从这些候选词中选择合适的单词作为原词的翻译，是基于双语词典的跨语言专利检索中需要解决的另一个主要问题。

(2) 基于机器翻译的跨语言专利检索

基于机器翻译的跨语言专利检索的方法就是直接利用机器翻译的方法将查询翻译为所需语言，将问题简化为可以采用各种方法的单语种信息检索任务。常见流行的机器翻译系统，如 Google Translate、Bing Translator 和 Cross Language，已被广泛用于解决跨语言专利检索的问题。NTCIR 研讨会专门设立一个机器翻译频道来鼓励研究人员练习跨语言的专利检索任务[207]。Magdy 等[188]专门为跨语言信息检索和跨语言专利检索设计了一种新的机器翻译方法，该方法在机器翻译系统的训练阶段之前，对机器翻译训练语料库进行停词和词干提取的文本预处理，从而显著减少训练和翻译阶段的机器翻译计算和资源需求。Makita 等[208]提出了多语言环境下的专利检索系统（PRIME），用户可以仅通过母语检索和浏览外语专利。PRIME 将用户语言中的查询翻译成目标语言，检索与查询相关的专利，并将检索到的专利翻译成用户语言。为了更新翻译词典，PRIME 会自动从平行的专利语料库中提取新的翻译。

基于机器翻译的跨语言专利检索在解决查询翻译的问题时，还存在一些不足。这主要是因为机器翻译在对查询语句翻译时需要全面分析其句子的语法结构，而查询语句一般是由少量关键字组成的，通常不具有完整的语法结构，所以机器翻译系统在翻译查询语句时往往得不到较好的效果。

综上所述，以上跨语言专利检索的方法多从查询词和文本精确翻译的角度出发，往往需要大规模特定领域的双语词典、双语语料库及高效准确的机器翻译方法来实现跨语言查询扩展，导致这些方法应用扩展到其他领域进行跨语言专利推荐的难度较大；与此同时，由此推荐的专利大多是相似专利，尚需从文本语义角度出发进行相关专利推荐，从而提供更好的决策支持服务。

(3) 基于平行语料库的跨语言专利检索

平行语料库是由源语言的专利文本及其平行对应的译语专利文本，由人工或者计算机建立所组成的语料库，根据对齐程度可以分为词级、句级、段级和篇章级。

基于语料库的跨语言专利检索主要思想是借助专利平行数据语料库中对同一信息的不同语言的互译词进行比较，从而提取翻译结果或者过滤查询翻译后产生的歧义翻译项。其主要原理是查询语言专利语料库中的单词或词组出现的概率与对应的检索语料库中的出现概率大小有关，通过比较它们出现的概率来帮助排除歧义项,并确定最佳翻译。Li 等[209]在日英双语平行专利语料库数据中使用核典型相关分析与空间向量模型相结合实现日英跨语言专利检索。Lee[210]采用基于潜在语义索引模型的多语言向量空间,对中英专利平行语料库进行训练,利用文本聚类技术将这些多语言专利文档映射到语义向量空间中,形成多语言专利文献检索系统。Magdy 等[187]使用英法德 3 种语言专利数据语料库来构建特定领域的翻译词典,随后将其用于查询词的扩展。陶志恒[211]将双语词典和双语平行语料库相结合为提问式检索提供准确翻译,对专利文献标题与摘要利用向量空间模型进行文本表示,从而构建跨语言专利检索系统。

基于平行语料库的跨语言专利检索的难点在于获取大量合适的语料库进行训练。平行语料库的获取,特别是特定技术领域的专利平行语料库获取是非常耗时耗力的。虽然目前可以通过互联网可以获取大量的平行语料,但是对于一些使用频率很低的小语种及术语较多的专利数据,获取平行语料还是非常困难的。同时,基于平行语料库的跨语言专利检索系统的检索结果对语料库的依赖非常大,语料库的好坏将直接决定检索结果的准确率,当检索的专利文献集发生变化时,检索结果也会出现较大波动。

4.2.3 跨语言词向量映射

跨语言专利推荐希望在同一语义空间中表示两种语言中词语和文本的语义向量,因此主要涉及词向量映射方法。

词向量映射作为表示学习的重要研究内容之一,可以有效地学习双语词向量表示[212]。现有跨语言词向量映射方法主要是利用双语平行语料库或双语词典来学习词向量映射关系,主要包括 4 种方法:回归法使用最小二乘法将源语言词向量映射到目标语言空间中[212-213];典型相关法则使用典型关联分析法将两种语言向量映射到同一共享空间[214-215];正交法是在正交变换的约束下,映射一种或两种语言词向量[216-218];距离法,映射一种语言的词向量,以最大化正确翻译和源语言词向量之间的距离[219]。与此同时,基于词向量的分布信息来学习跨语言词向量映射的完全无监督方法也逐渐兴起。如 Barone[220]首先提出依赖于对抗性训练的自学习方法,使用编解码器将源语言词向量映射到目标语言中,并使用鉴别器来区分映射后的源语言向量和目标语言向量,尽管这种方法理论上可行,但模型的效果不如其他跨语言词向量映射的方法。随后,Zhang 等[221]使用相似的架构,结合了噪音注入等技术来帮助提高双语词典学习结果，在西英词翻译中准确率高达71.67%。Artetxe等[222]根据不同语言中的等价词具有相似分布的特点，提出一种新的无监督方法构建初始双语种子词典，并与鲁棒性强的自学习方法相结合迭代改善映射效果，在英意、英德、英法词翻译上都取得了不错的效果。随后，Smith[217]等人对其方法进行了改进，使得映射之后词向量维度可以减少。

之后的一些半监督和弱监督的方法被逐步提出，这些方法减少了种子词典的规模。Peirsman等[223]和Vulic等[224]利用传统的基于数字的向量空间模型进行词向量映射。Artetxe等[225]将这种方法引入到预先训练的低维词向量中，提出了一种自学习方法，只利用了1~25这25个阿拉伯数字的作为初始的种子词典，训练跨语言词向量映射，随后利用映射后的词向量通过最近邻算法提取新的种子词典，并再次训练跨语言词向量映射，如此反复迭代地进行映射和词典归纳这个自学习过程，最终得到了较高质量的跨语言词向量映射关系。设计启发式算法来构建种子词典也可以减少双语监督需求。Vulic等[226]深入分析了种子词典在学习跨语言词向量映射中的作用，提出使用文档对齐语料库来提取种子词典。还有一些常见的方法[217,223]是依赖共享的单词和同源词。然而，虽然这些方法旨在消除实际中双语数据的需要，但其也限制语言的种类，例如，字母表相近的语言，比较适用于欧美地区的语言。

最近一些完全无监督试图仅基于不同语言间词向量分布信息来学习跨语言词向量映射。Barone[220]提出依赖于对抗性训练的自学习方法，首先使用一个编码器将源语言词向量映射到目标语言向量空间中，再使用一个解码器从映射词向量中重构源语言词向量空间，同时使用一个鉴别器来区分源语言映射后的词向量和真正目标语言词向量，尽管这种方法理论上可行，但模型的效果不如其他跨语言词向量映射的方法。随后，Zhang等[221]使用非常相似的架构，但结合了噪音注入等技术来帮助提高学习双语词典提取的结果。Conneau[227]删除重构源语言向量空间的解码器，将映射规则化为正交，并结合类似于自学习的迭代细化过程，在大型双语词典数据集上得到了很好的结果。Artetxe等[222]根据不同语言中等价词应该具有相似分布，提出一种新的无监督的方法构建初始解而不需要种子词典，并与鲁棒性强的自学习方法相结合迭代改善映射效果，在英意、英德、英法词翻译上都取得了不错的效果。

4 基于专利文本语义表示的跨语言相关专利推荐

目前,词向量映射方法多应用于机器翻译[228]、跨实体链接[229]、文档分类[230]、语法分析[231]和词性标注[232]等方面。针对具体研究领域应用词向量映射进行深入解读和分析的研究还较少,特别是针对专利推荐这一特定研究问题,本书将无监督词向量映射方法[222]引入跨语言专利推荐研究中,应用于中英专利相关词语义映射中,既不需要任何外部双语词典,也不需要大型双语平行语料库,就可以形成较好的中英词语间的语义映射关系。以此为基础,利用文档表示学习方法,自动学习中英专利文本的语义信息,并在统一语义向量空间中进行表示。最后通过向量相似度计算方法,计算不同语言下专利文本间的语义相似度,构建基于表示学习的多语言专利推荐方法,实现多语言相关专利推荐。

4.3 基于表示学习的跨语言相关专利推荐

基于表示学习的无监督跨语言专利推荐方法主要包括 3 个步骤:首先设计无监督跨语言词向量映射方法,通过线性变换将独立的中英专利词向量映射到统一语义向量空间,构建中英词语间的语义映射关系;接着利用平滑倒词频的词向量加权方法,形成基于跨语言专利词向量的专利文本语义表示方法,实现中英专利文本在同一向量空间中的语义表示;最后应用向量相似度计算指标,计算不同语言专利文本间的语义相似度,构建基于表示学习的无监督跨语言专利推荐方法,实现跨语言专利推荐,如图 4-1 所示。

4.3.1 词向量映射理论基础

作为自然语言处理领域的表示学习的分支,跨语言词向量映射可以有效地学习可以有效地学习双语词向量表示。利用不同语言中互为翻译的两个词在各自向量空间中具有相似分布的特点,初始化中英文专利词间的相似关系,并不断迭代优化,构建跨语言词向量映射方法,在不需要双语词典的情况下,也不需要大型双语语料库等情况下,就可以得到很好的中英专利相关词映射关系,实现中英文专利词向量在同一向量空间中的语义表示。

现有的词向量分布式表示学习方法,大都基于一个分布假说(Distributional Hypothesis)理论:具有相似上下文内容的单词,应该具有相似的语义信息。如图 4-2 所示,语料中可能会出现的多个目标词(狮子、老虎、豹子)拥有相同语境的上下文(非斜体)的情况,即任意一个目标词放在当

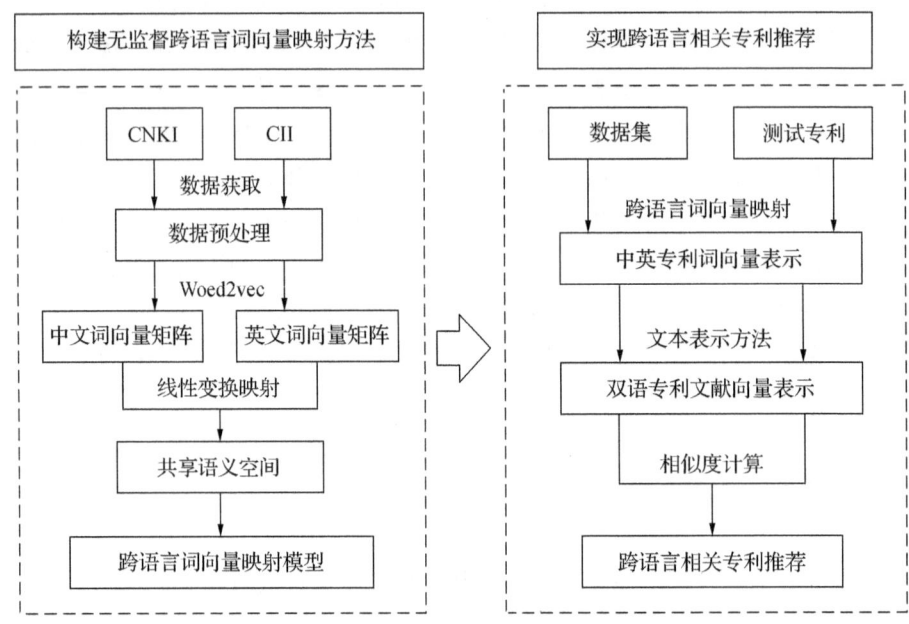

图 4-1 基于表示学习的跨语言先关专利推荐技术路线

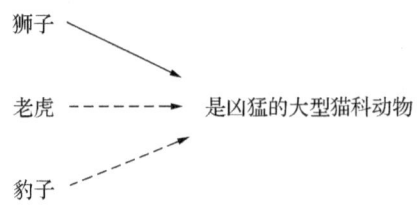

图 4-2 分布假说示意

前上下文中都是一个完整的内容信息表达，所以这些目标语在向量空间中的位置距离靠近。其实在不同的语言中，意思相同的目标词在各自的语义向量空间位置也具有很强的相似性。如图 4-3 所示，Mikolov 等[212]可视化展示了英语和西班牙语数字和动物的分布式单词向量表示，并使用 PCA 将每种语言中的五个词向量降维到两个维度，然后手动旋转突出其相似性。可以看出，这些概念在两个空间中具有相似的几何排列。原因在于，由于所有常见语言共享基于现实世界的概念，如猫是比狗小的动物，因此向量空间之间通常存在很强的相似性。这表明可以从一个空间到另一个空间学习精确的线性

4 基于专利文本语义表示的跨语言相关专利推荐

映射。所以，不同语言向量空间中几何分布的相似性是跨语言词向量映射运作良好的关键原因。

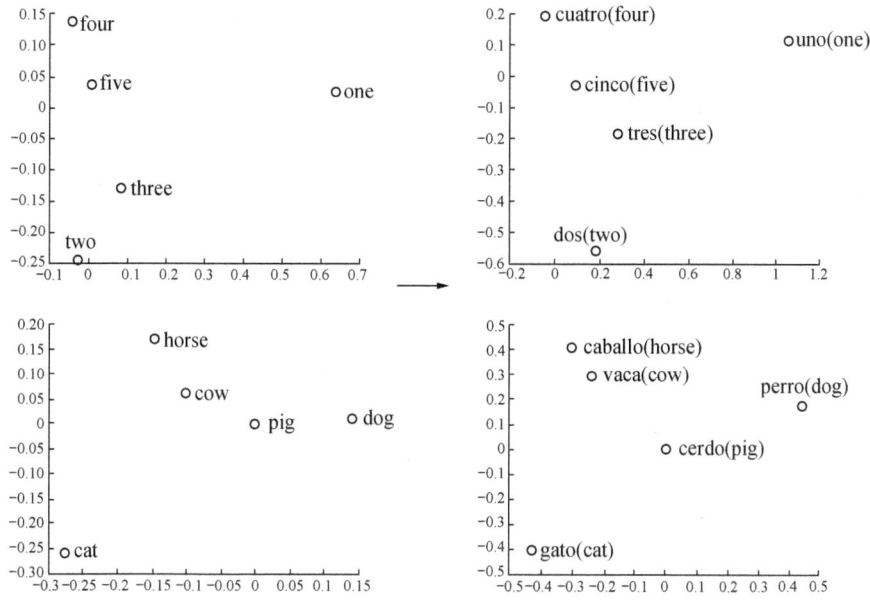

图 4-3 英语（左）和西班牙语（右）中数字和动物的分布式单词向量表示

4.3.2 构建无监督跨语言词向量映射方法

首先对中英专利文献进分词、去停用词等预处理，随后利用词表示学习方法 word2vec 中的 Skip-gram 模型对预处理后的中英专利文献分别进行词向量训练，得到中文专利词向量和英文专利词向量。在此基础上，设计无监督词向量映射方法，利用不同语言中互为翻译的两个词在各自向量空间中具有相似分布的特点，初始化中英文专利词间的相似关系，并不断迭代优化，实现中英文专利词向量在同一向量空间中的语义表示。主要包括以下 3 个步骤。

（1）中英专利词向量标准化

该步骤是后续步骤的基础和前提。标准化处理主要包括长度归一化和维度去均值中心化，包含 3 个步骤：首先对独立训练的中英专利词向量的长度进行归一化，即将词向量的每个维度都除以该词向量的模；然后对向量的每个维度的值进行去均值中心化，即把每个维度对应的值减去该维度所在列的均值形成新值；最后再进行一次向量长度归一化处理。通过标准化预处理

· 105 ·

后，任何两个词向量的点积可以作为其相似性的度量，即给定这两个长度标准化后的向量 u 和 v，两向量间的点积通过式（4-1）计算得到。

$$u \cdot v = \cos(u, v) = 1 - \|u - v\|^2 / 2 。 \qquad (4-1)$$

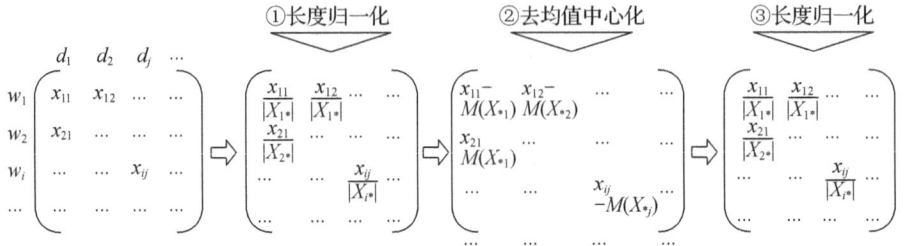

图 4-4 中英专利词向量标准化处理过程

（$|X_{i*}|$ = the length of embedding dimension，$M(X_{*j})$ = mean(X_{*j})，均为对应模型的固定化表达）

(2) 中英专利词向量间的语义相似关系初始化

虽然中英词向量是相互独立的，但其在各自向量空间中的几何分布形态却是类似的。计算每个中文词向量 x 与其他中文词向量间的相似度，并对其相似度进行排序，形成这个单词的相似度向量 x_{sim}，对英文词向量 z 做同样的计算得到英文单词相似度向量 z_{sim}。随后，计算中英文单词相似度向量间的相似度，形成中英文专利词间相似关系 D（x_{sim}，z_{sim}）。由于不同语言中互为翻译的两个词在各自向量空间中具有相似分布，所以相似关系 D 值更高的两个单词，互为翻译的概率越高，从而实现中英文单词间相似关系的初始化。

举例说明，如图 4-5 所示，选取 8 个独立训练后的两两互为翻译中英文专利词向量。具体中英专利词向量间的语义相似关系处理过程如图 4-6 所示，首先对各自语言中的专利词向量两两计算相似度形成相似度矩阵，随后对每行的相似度进行排序形成相似度排序矩阵，最后计算中英专利词向量排序相似度矩阵间的相似度，形成中英文专利词间的语义相似关系矩阵（类似一个可以打分的双语词典）。由于不同语言中的互为翻译的两个词在各自向量空间中具有相似分布，所以语义相似关系值更高的两个单词，互为翻译的概率越高。从具体计算结果可以看出，大部分互为翻译的单词间的相似度关系都是最高。除了"信息"和"information"，但信息和数据其实在某些时候是相同意思。

4 基于专利文本语义表示的跨语言相关专利推荐

```
1 数据 -0.056769747 -0.1343933 -0.06832488 0.095591776 0.05431295 0.013378908 0.09
2 信息 0.08030692 -0.025034795 0.023653604 -0.050203416 -0.010778808 0.118968576 0
3 蓝牙 0.139259 0.09939654 -0.17511162 -0.12670113 0.18602066 0.04621072 0.0773529
4 网络 0.011520155 -0.060249634 -0.057436805 0.026788704 0.008561535 -0.060182102
5 data 0.12921134 -0.09952083 0.03878083 -0.032860063 0.13267957 0.11162804 -0.086
6 information 0.073288776 -0.10749714 0.024951879 0.024510708 0.08348178 0.1018753
7 bluetooth 0.08684619 0.031798515 0.23746918 0.18275768 0.13712817 -0.14459111 0.
8 network 0.14386079 -0.0096467445 -0.040379357 -0.0437463 0.17847659 0.14815596 -
```

图 4-5 选取 8 个互为翻译的词向量

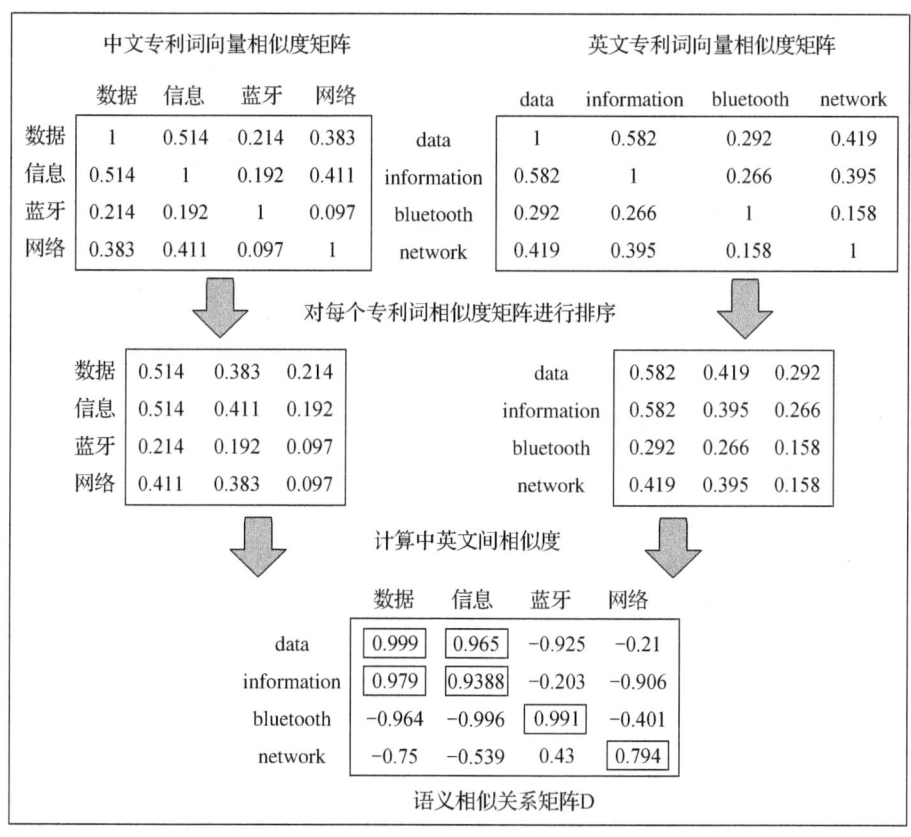

图 4-6 举例说明中英专利词向量间语义相似关系

Artctxc[222]等在其研究中也证明了上面的例子，如图 4-7 所示，展示了英语"two"、意大利语"due（two）"，"cane（dog）"3 个单词的相似度分布，相似度分布为这个单词的相似度矩阵平方根的平滑密度估计（Smoothed Density Estimates）。其中，互为翻译的两个词（"two"和"due"）比非相关的词（"two"和"cane"）有更多相似的分布。

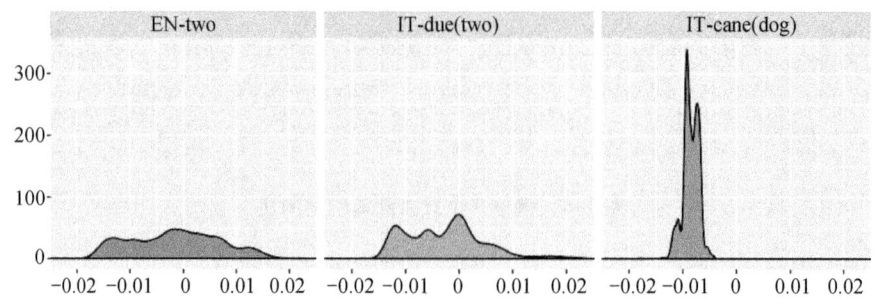

图 4-7 英语"two"、意大利语"due","cane" 3 个单词的相似度分布

基于上面的例子,利用中英专利词向量矩阵 X 和矩阵 Z 初始化中英文单词间的语义相似关系。计算中英专利词向量矩阵 X 和 Z 的各自相似度矩阵 $M_X = XX^T$ 和 $M_Z = ZZ^T$,其中 $M_X(i, j)$ 代表中文专利词向量矩阵中第 i 个词和第 j 个词的相似度,$M_Z(i, j)$ 代表英文专利词向量矩阵中第 i 个词和第 j 个词的相似度。随后,分别对 M_X 和 M_Z 的每一行进行排序,从而得到矩阵 $sort(M_X)$ 和 $sort(M_Z)$。最后,计算 $sort(M_X)$ 和 $sort(M_Z)$ 之间每个单词的相似度,形成语义相似关系矩阵 D。从严格意义上说,在中英专利文献中互为翻译的两个单词会得到相同的排序向量。即给定一个中文单词 i 的 $sort(M_{X_i})$,可以在 $sort(M_Z)$ 中使用最近邻检索方法找到英文单词 j 跟其相似度最高,说明其是同一个语义,互为对方翻译词,从而能初始化中英双语语义相似关系矩阵 D。

对单语专利词向量矩阵进行奇异值分解,$X = USV^T$,则相似度矩阵为 $M_X = XX^T = USV^T * (USV^T)^T = US^2U^T$。而 $\sqrt{M_X} = USU^T$ 本质上更接近原始矩阵 X,因此,计算 $\sqrt{sort(M_X)}$ 和 $\sqrt{sort(M_Z)}$ 代替 $sort(M_X)$ 和 $sort(M_Z)$。并按照 4.2.1 节中的词向量标准化方法对 $\sqrt{sort(M_X)}$ 和 $\sqrt{sort(M_Z)}$ 进行标准化处理,用于构建后续迭代优化过程中的初始中英双语语义相似关系矩阵 D。

(3) 基于语义相似关系的跨语言词向量映射迭代优化

在初始化中英专利双语语义相似关系矩阵 D 后,使用自学习的方法[225]可以学习高质量的中英专利词向量映射结果,设置目标函数,循环迭代优化以下两个步骤即目标函数与语义相似关系矩阵 D 直到收敛,得到最终的跨语言专利词向量在同一空间的语义表示。

4 基于专利文本语义表示的跨语言相关专利推荐

①目标函数:最大化映射后中英文专利词向量间点积为:

$$\underset{W_X, W_Z}{\arg\max} \sum_i \sum_j ((X_{i*} W_X) \cdot (Z_{j*} W_Z))_\circ \tag{4-2}$$

得出最优解 $W_X = U$ 和 $W_Z = V$,其中 $X^T DZ = USV^T$,由 $X^T DZ$ 奇异值分解得出。

②计算映射后词向量矩阵 $XW_X W_Z^T Z^T$ 的相似度矩阵上最优双语语义相似关系矩阵 D,相似度计算方法通常使用从映射后的中文词向量到英文词向量的最近邻检索。迭代优化目标函数与相似关系 D 直至收敛,从而实现中文专利词向量和英文专利词向量在同一向量空间中的语义表示。

由于在中英专利双语语义相似关系矩阵在迭代过程中,容易造成局部最优。基于此,在双语相似关系矩阵归纳步骤中,提出了一些关键改进,以使自学习更加健壮,可以学习更高质量的映射关系。

一是基于频率的词汇删减。随着词的增加,相似度矩阵会以平方的速度增加,不仅增加了计算成本,而且使得可能解的数量以指数为 3 的速度上升,从而使得优化难度增加。考虑到较不频繁的单词可能会是噪音,建议将双语相似关系归纳过程限制在每种语言中频次最高的前 k 个词中,通常 $k = 4000$。

二是使用 CSLS 检索。Georgiana 等[233]表明最近邻算法容易受到枢纽点问题的干扰。这其实是高维空间中固有的问题:在高维空间中,某些点会成为大多数点的最近邻点[234-235]。为了解枢纽点问题的干扰,可以使用 CSLS(Cross-domain Similarity Local Scaling)检索方式[227],给定两个映射后的向量 x 和 y,分别计算 $r_T(x)$ 和 $r_S(y)$,即 x 和 y 在另一种语言中的 k 个最近邻的平均余弦相似度,如式(4-3)所示。

$$r_T(x) = \frac{1}{k} \sum_{y \in N(x)} \cos(x, y)_\circ \tag{4-3}$$

其中 $k = 10$,由此得到最终的 CSLS 的计算公式(4-4):

$$\mathrm{CSLS}(x, y) = 2\cos(x, y) - r_T(x) - r_S(y)_\circ \tag{4-4}$$

4.3.3 基于无监督词向量映射的双语专利文本表示方法

4.3.2 节介绍了无监督跨语言词向量映射方法,通过该方法可以得到不同语言词在共享语义空间中的向量表示。本节将利用通过无监督跨语言词向量映射模型得到的中英双语专利词向量,结合文本表示的方法,学习中英专利文本的语义信息,并将中英文专利文本在统一语义向量空间中进行表示。

由于中英双语专利文献是未经过标注的文本数据，所以本章选择无监督文本表示的方法——融合 SIF 信息的文本表示方法训练的双语专利文本表示，并与两种传统的利用词向量生成文本向量的方法（TF-IDF 加权平均法和平均词向量法）进行比较。

（1）融合 SIF 加权信息的双语专利文本表示方法

简要回顾文本的潜变量生成模型（Latent Variable Generative Model）[236]，该模型把语料生成过程当作一个动态过程，即第 t 个单词是在第 t 步生成的。而这个动态过程是由话语向量（discourse vector）$c_t \in R^d$ 的随机游走驱动的。单词表中的每个单词 w 也都拥有一个 R^d 维的向量，这些向量是模型的潜变量。话语向量表示这个句子讨论的是什么（"what is being talked about"），表示句子一个状态，因为是动态的，其状态会随时间变化，所以记为 c_t。话语向量 c_t 与词向量 v_w 的内积，表示单词 w 与整个句子之间的相关性。在 t 时刻观测到单词 w 的概率是这个内积的对数线性（log linear）关系：

$$\Pr(w \text{ emitted at time } t \mid c_t) \propto \exp(\langle c_t, v_m \rangle)。 \qquad (4-5)$$

由于 c_t 是通过缓慢的随机游走得到的，即 c_{t+1} 是通过 c_t 增加一个较小的随机位移向量而获得的，所以相邻的单词是由相似的话语向量生成的。在一些合理的假设下，通过这种模型生成行为（以单词和单词共现概率表示）与 word2vec（CBOW 模型）和 Glove 是类似的。此外，该模型的随机游走允许 c_t 偶尔出现较大的跳变，计算表明这对共现概率的影响可以忽略不计。

借助上述潜变量生成模型，定义如下句子向量：在给定一个句子 s 的情况下，对控制句子的话语向量做最大似然估计。为了简化，注意到 c_t 在整个句子生成单词的过程中，变化很小，因此将所有话语向量替换为单个固定的向量 c_s。Arora 等[236]证明，对 c_s 的最大似然估计值就是句子中所有单词向量的平均值。

随后，Arora 等[237]对上述潜变量生成模型进行改进。由于一些单词在上下文之外出现，以及某些高频的单词的出现（如常见停用词"the"，"and"等），都与话语向量没有关系。由于这两点原因，引入了两种平滑项。首先是在对数线性模型中加入一个累加项 $\alpha p(w)$，其中 $p(w)$ 是指单词 w 在整个语料中出现的概率（词频），α 是一个超参数。这样即使单词向量和 c_s 的内积非常小，这个单词也能够出现。其次，引入一个公共话语向量 $c_0 \in R^d$，其作为与句法相关的最常见文本内容的校正项。即对于每个单词，其沿着 c_0 方向的成分较大（向量投影更长），这个校正项就会提升这个单词共现的概率。

校正后,对于给定的话语向量 c_s,单词 w 在句子 s 中出现的概率为:

$$\Pr(w \text{ emiitted in sentence } s \mid c_s) \propto \alpha p(w) + (1-\alpha) \frac{\exp(\langle \tilde{c}_s, v_w \rangle)}{Z_{\tilde{c}_s}}。$$
(4-6)

其中,$\tilde{c}_s = \beta c_0 + (1-\beta) c_s, c_0 \perp c_s, \alpha$ 和 β 都是超参数,$Z_{\tilde{c}_s} = \sum_{w \in V} \exp(\langle \tilde{c}_s, v_w \rangle)$ 是归一化常数。从公式中可以看出,一个与 c_s 没有关系的单词 w,也可以在句子中出现,原因有:①来自 $\alpha p(w)$ 项的数值;②w 与公共话语向量 c_0 相关。

随后,计算句子向量。句子向量也就是上述模型中的 c_s,利用最大似然法对句子向量 c_s 进行估计。首先假设所有单词的向量 v_s 是大体均匀分布在整个向量空间中的,因此归一化项 Z_c 对于不同的句子值都是基本相同的,即对于任意的 $\tilde{c}_s$,Z 值都是一致的。在此前提下,得到似然函数:

$$p[s \mid c_s] = \prod_{w \in s} p(w \mid c_s) = \prod_{w \in s} \left[\alpha p(w) + (1-\alpha) \frac{\exp(\langle \tilde{c}_s, v_w \rangle)}{Z} \right]。$$
(4-7)

表示句子 s 的对数似然取对数:

$$f_w(\tilde{c}_s) = \log \left[\alpha p(w) + (1-\alpha) \frac{\exp(\langle \tilde{c}_s, v_w \rangle)}{Z} \right]。 \quad (4-8)$$

然后,通过简单的计算,得到:

$$\nabla f_w(\tilde{c}_s) = \frac{1}{\alpha p(w) + (1-\alpha) \exp(\langle \tilde{c}_s, v_w \rangle)/Z} \frac{1-\alpha}{Z} \exp(\langle \tilde{c}_s, v_w \rangle) v_w。$$
(4-9)

$$f_w(\tilde{c}_s) \approx f_w(0) + \nabla f_w(0)^{\mathrm{T}} \tilde{c}_s = \text{constant} + \frac{(1-\alpha)/(\alpha Z)}{p(w) + (1-\alpha)/(\alpha Z)} \langle \tilde{c}_s, v_w \rangle。$$
(4-10)

最大化向量 $\tilde{c}_s$ 的似然估计,最终目标函数为:

$$\arg\max \sum_{w \in s} f_{w(\tilde{c}_s)} \propto \sum_{w \in s} \frac{\alpha}{p(w) + \alpha} v_w, \text{其中 } \alpha = \frac{1-\alpha}{\alpha Z}。 \quad (4-11)$$

可以得到,目标函数的最优解为句子 s 中所有单词向量的平滑倒词频(Smooth Inverse Frequency, SIF)加权平均。所以,中英专利文本 s 的文本向量 v_s 通过公式(4-10)计算得到。

$$v_s = \frac{1}{n}\sum_{w\in s}\frac{\alpha}{p(w)+\alpha}v_w \text{。} \qquad (4-12)$$

其中，参数 α 常被设置为 0.01。对于词频更高的单词 w，SIF 权值 $\alpha/(p(w)+\alpha)$ 更小，因此这种方法等同于下采样频繁单词。

最后为了得到最终的句子向量 c_s，需要通过计算向量 $\tilde{c}_s$ 的第一主成分来估计 c_0。换句话说，最终的句子向量即为 $\tilde{c}_s$ 减去主成分向量 c_0，随后进行奇异值分解。

在算法 1 中总结了整个融合 SIF 信息的双语专利文本向量表示方法的具体步骤：

算法1 融合SIF信息的双语专利文本向量表示算法

输入：基于词向量映射的中英双语专利词向量 $\{v_w : w \in V\}$，中英文专利文本 S，可调参数 α，每个单词出现概率 $\{p(w) : w \in V\}$

输出：中英双语专利句向量 $\{v_s : s \in S\}$

1：对中英专利文本 S 进行分词去停用词预处理

2：**for** 预处理后中英专利文本 S 中的句子 s 计算初步句向量

3：$v_s = \dfrac{1}{|s|}\sum\limits_{w\in s}\dfrac{\alpha}{\alpha+p(w)}v_w$

4：**end for**

5：计算初步句子向量 $\{v_s : s \in S\}$ 的第一主成分 u

6：**for** 中英专利文本 S 中的句子 s 计算

7：$v_s = v_s - uu^T v_s$

8：**end for**

图 4-8 融合 SIF 信息的双语专利文本向量表示算法

（2）融合 TF-IDF 加权信息的双语专利文本表示方法

TF-IDF（Term Frequency—Inverse Document Frequency）信息需要利用到 TF-IDF 技术，TF-IDF 技术是一种常用的文本处理技术。TF-IDF 模型常用评估一个词语对于一个文本的重要性，经常在搜索引擎和信息检索等领域应用。一个单词 TF-IDF 值与其在文本中出现频率成正比，与其在整个语料库中出现的频率成反比。TF-IDF 由词频（TF，Term Frequency）和逆向文件频率（IDF，Inverse Document Frequency）相乘而得。

对于给定中英专利双语词语 w，TF-IDF 的计算公式为：

4 基于专利文本语义表示的跨语言相关专利推荐

$$TF\text{-}IDF(w) = TF_{w,k} * IDF_{w,k} = \frac{n_{w,k}}{\sum_t n_{t,k}} \times \log\left(\frac{|D|}{|k:w \in d_k|+1}\right)。$$

(4-13)

其中 $n_{w,k}$ 是词语 w 在中英专利文档 d_k 中出现的次数，$\sum_t n_{t,k}$ 是 d_k 中所有出现的词频次数之和，$|D|$ 是语料库规模大小，$|k:w \in d_k|$ 是包含词语 w 的文档数目，分母部分使用 +1 操作是使了拉普拉斯平滑，避免分母为 0。对于每个中英专利文本 d 的 TF-IDF 加权的文本向量 v_d 为：

$$v_d = \sum_{w \in d} \frac{n_{w,k}}{\sum_t n_{t,k}} \times \log\left(\frac{|D|}{|k:w \in d_k|+1}\right) v_w。 \quad (4\text{-}14)$$

其中，v_w 为中英双语专利双语词语 w 的词向量。

（3）基于平均词向量的双语专利文本表示方法

除了上述两种需要加权的专利文本表示方法，还有将一种最简单的方法就是平均词向量，即将每个中英专利文本 d 中所有词的词向量 v_w 相加取平均，得到的向量就是最终的专利文本向量 v_d：

$$v_d = \frac{1}{n} \sum_{w \in d} v_w。 \quad (4\text{-}15)$$

其中，n 为专利文本 d 中的单词总数。

4.3.4 基于双语专利文本表示的跨语言相关专利推荐方法

将跨语言词向量映射模型引入专利推荐研究中，首先，以跨语言词向量映射方法为基础，学习双语专利词向量表示，实现跨语言需求相关词推荐；其次，利用文本表示学习方法，自动学习中英专利文本的语义信息，并在统一语义向量空间中进行表示；最后，通过向量相似度计算方法，计算不同语言下专利文本间的语义相似度，构建基于表示学习的跨语言专利推荐方法，进而实现跨语言相关专利推荐。

本章选择用向量夹角的余弦值来计算相似度，以 $\vec{x} = (x_1, x_2, x_3, \cdots, x_i, \cdots, x_n)^\mathrm{T}$ 和 $\vec{y} = (y_1, y_2, y_3, \cdots, y_i, \cdots, y_n)^\mathrm{T}$ 分别表示两个专利词或两篇专利的向量，具体计算方式如下：

$$\mathrm{sim}(\vec{x},\vec{y}) = \cos(\vec{x},\vec{y}) = \frac{\vec{x} \cdot \vec{y}}{\|\vec{x}\| \|\vec{y}\|} = \frac{\sum_{i=1}^n x_i \times y_i}{\sqrt{\sum_{i=1}^n (x_i)^2} \times \sqrt{\sum_{i=1}^n (y_i)^2}}。$$

(4-16)

4.4 实证研究

近年来无线通信技术发展迅猛,已经成为全球通信业发展最受关注的产业领域之一,给人们的生活带来了巨大的便利和影响。截至 2018 年年底,全球共有 51 亿人使用无线移动服务,占全球人口的 67%。未来一段时间内,无线移动通信技术演进、智能终端和业务应用将形成广阔的市场空间,是全球通信业发展的重要推动力。因此,本书采用无线通信网络的中英文专利文献作为实验对象,进行无监督跨语言专利推荐的实证分析。

4.4.1 数据来源

英文专利语料数据来自德温特专利索引数据库(Derwent Innovations Index,DII),检索 2016 年到 2018 年 IPC 分类号小类 H04W 无线通信网络相关专利文献数据,共 71 202 篇。检索表达式:"IP =(H04W ∗)时间跨度:2016—2018"。导出著录数据,如图 4-9 所示,为德温特专利数据库部分英文专利数据。

图 4-9 特温特专利数据库部分英文专利数据

中文专利语料数据来自中国专利全文数据库(知网版),其文献来源为国家知识产权局知识产权出版社。同样检索 2016—2018 年 IPC 分类号小类 H04W 无线通信网络相关中文专利文献数据,共 46 333 篇。检索表达式:

"分类号 = H04W，公开日 = 2016 年 1 月 1 日至 2018 年 12 月 31 日"。导出著录数据，如图 4-10 所示，为中国专利全文数据库（知网版）部分中文专利数据。

	A	B	C	D	E	F	G
1	Author-作者	Applicant-申请人	Title-题名	国省名称	公开号	summary	Claims-主权项
2	光・X・卢;黛	康维达无线有限责任	轻量级IOT信息模型	美国	CN105612768A	公开了用于机器对	一种方法,包括：在
3	A・P・斯蒂芬	英特尔公司	AD-HOC多播网络中的	美国	CN105612769A	公开了一种用于用	一种可操作用于在
4	高野裕昭	索尼公司	通信控制装置、通信	日本	CN105612770A	[问题]为了使得可	一种通信控制装置,
5	高野裕昭	索尼公司	通信控制装置、通信	日本	CN105612771A	一种通信控制装置	一种通信控制装置,
6	希万克・纳亚	高通股份有限公司	在多SIM装置上使用	美国	CN105612772A	本发明揭示用于实	一种在多SIM无线装
7	若热・阿尔图	慧与发展有限责任合	为启用快速漫游而进	美国	CN105612773A	示例的实施例涉及	一种用于为启用快
8	马景旺	华为技术有限公司	近距离业务的控制方	广东	CN105612774A	本发明实施例公开	PCT国内申请,权利
9	A・M・艾德尔	Nextek电力系统公司	验证用户以操作电气	美国	CN105612775A	通过利用用于识别	一种用于验证用户
10	J・尹;E・戈姆	诺基亚通信公司	用于代理基站的方法	芬兰	CN105612776A	一种用于代理基站	一种用于在通信网
11	温容慧;周明宇	华为技术有限公司	测量信道质量的方法	广东	CN105612777A	本发明公开了一种	PCT国内申请,权利
12	维韦克・阿格	七网络有限责任公司	基于移动设备应用层	美国	CN105612778A	本文所公开的实施	一种自多个可用网
13	杨诚;李清铭	深圳悦喜智慧首饰有	一种基于蓝牙主模式	广东	CN205265918U	本实用新型公开了	一种基于蓝牙主模
14	T・J・肯尼;E	英特尔公司	利用移动导频发射波	美国	CN105612779A	本发明涉及一种发	一种通过具有多个
15	李晓镇;金润善	三星电子株式会社	基于二维大规模多输	韩国	CN105612780A	提供了一种用于在	一种由移动通信系

图 4-10　中国专利全文数据库（知网版）部分中文专利数据

为了让后续的跨语言专利推荐定量评价能够开展，需要把英文专利和中文专利进行匹配。得益于德温特专利数据著录项中的专利号（Patent Number，PN）包含该专利在不同国家和地区申请的专利号，中国专利作为世界知识产权的重要部分，其专利号同样包含在内。因此，通过完全匹配方式可以实现中文专利与英文专利的对应关系，最终得到 43 600 篇同时拥有中文与英文的专利数据（图 4-11），并用于跨语言专利推荐定量评价中。

	A	B	C	D	E	F	G
1		公开号	PN	Title 题名	summary	TITLE	ABSTRACT
2	1	CN108966171A	CN108966171A	区域空气污染物浓度超标预警系	本发明提供了区域空气污染物浓度超	Zone air pollutant	NOVELTY　The system has a sensing modu
3	2	CN208112981U	CN208112981U	一种Zigbee-WiFi双模网关	本实用新型公开了一种Zigbee和WiFi双	Zigbee wireless	NOVELTY - The utility model claims a
4	3	CN208016010U	CN208016010U	一种ZigBee-RFID无线网络传感	本实用新型提供一种ZigBee和RFID无线	ZigBee-RFID wireless	NOVELTY - The utility model claims a
5	4	CN206851037U	CN206851037U	基于zigbee的饭店呼叫系统	本实用新型揭示了一种基于zigbee的	Zigbee-based	NOVELTY - The utility model claims a
6	5	CN108012327A	CN108012327A	基于Zigbee的物联网室内定位装	本发明提供一种基于Zigbee的物联网	Zigbee-based internet	NOVELTY　The IoT indoor positioning
7	6	CN206402454U	CN206402454U	一种基于ZigBee技术的室内定位	一种基于ZigBee技术的室内定位系	Zigbee based indoor	NOVELTY　A indoor positioning system
8	7	CN207184828U	CN207184828U	基于ZIGBEE结构基站	本实用新型公开了一种基于ZIGBEE结	ZIGBEE based base	NOVELTY　The utility model claims a
9	8	CN105704844A	CN105704844A	一种基于ZigBee无线传输技术的	本发明涉及传感器技术领域，尤其是一	ZigBee wireless	NOVELTY - The sensor has a shell connec
10	9	CN105704844A	CN105704844A	一种基于ZigBee无线传输技术的	本发明涉及传感器技术领域，尤其是一	ZigBee wireless	NOVELTY - The sensor has a shell connec
11	10	CN207166784U	CN207166784U	一种用ZigBee无线传输的温度传	本实用新型公开了一种用ZigBee无线	ZigBee wireless	NOVELTY - The utility model claims a
12	11	CN107222938A	CN107222938A	一种基于ZIGBEE无线传输的智能	本发明公开了一种基于ZIGBEE无线传	ZigBee wireless	NOVELTY　The system has a display unit
13	12	CN106304014A	CN106304014A	用于减少ZigBee无线传感器网络	本发明涉及一种用于减少ZigBee无线	ZigBee wireless sensor	NOVELTY　The method involves sending a
14	13	CN205142531U	CN205142531U	基于ZigBee无线传感器网络的供	本实用新型公开了基于ZigBee无线传	ZigBee wireless sensor	NOVELTY　This utility model claims a
15	14	CN205754885U	CN205754885U	一种基于ZigBee无线传感器网络	本实用新型公开了一种基于ZigBee无	ZigBee wireless sensor	NOVELTY - The utility model claims a

图 4-11　中英文匹配专利数据

表 4-1 为中英文匹配专利题名和摘要实例，可以看出虽然两篇专利是同一专利的不同语言版本，由于英文专利有固定的格式，中英专利的名称和摘要并不是完全按单词或句子互相翻译，但专利内容描述基本一致。

专利信息语义表示与深度挖掘

表4-1 中英文匹配专利题名和摘要实例

中文专利题名	一种面向未来5G网络的虚拟UE自主发现和连接建立过程
中文专利摘要	本发明提出一种面向未来5G网络的虚拟UE自主发现和连接建立过程。虚拟UE由一个主用户和多个从用户组成,从用户为主用户进行协助传输。主用户利用基站配置的公共传输资源对周围用户进行自主发现并建立连接。虚拟UE的信息由主用户发送给控制节点(主用户所连小站),并由控制节点对虚拟UE进行管理。主用户可以从从用户处获取其所需的数据,确认数据完整无误后向控制节点发送确认消息。本发明根据虚拟UE的Context信息,由控制节点对虚拟UE进行调整;虚拟UE的控制节点也会根据用户位置及Context信息的改变进行切换。本发明可以减少用户与小站间信令的交互,并使得潜在的用户侧传输资源可以用于提升数据业务速率
英文专利题名	Virtual user equipment oriented fifth generation network self-discovery and connection establishment method, involves forwarding user group from user station transmission data to master user, and performing resource allocation process
英文专利摘要	NOVELTY-The method involves providing management function by a way station in a control node. A user group is obtained from a user station for unloading data from a user. The user group is forwarded from user station transmission data to a master user for providing assistance. Resource allocation and user self-discovery processes are performed. Transmission mode selection and data transmission processes are performed. Data is transmitted based on main user poor transmission condition. A transmission resource of an adjacent terminal is utilized to satisfy service speed requirement. USE-Virtual user equipment (UE) oriented Fifth generation (5G) network self-discovery and connection establishment method. ADVANTAGE-The method enables providing management function by a control node, establishing transmission mode selection and data transmission processes and reducing signaling of interaction between the user and the way station, so that potential of user side transmission resource can be used for increasing data traffic rate. DESCRIPTION OF DRAWING (S) – The drawing shows a flow diagram illustrating a virtual user equipment oriented fifth generation network self-discovery and connection establishment method. '(Drawing includes non-English language text)'

4.4.2 数据预处理

数据预处理主要是抽取中文和英文数据中的专利标题和摘要，并进行文本预处理。由于专利数据含有大量的专业术语词组，英文数据如果简单用空格分词，效果不是很好，所以使用 NLTK（Natural Language Toolkit）对英文专利文本进行短语抽取，并添加《最新实用英汉电信词典》为英文短语分词词典。中文专利数据使用 jieba 进行分词，同样添加《最新实用英汉电信词典》为自定义分词词典，从而提高预处理效果。接着，利用 gensim 提供的 word2vec 模块对预处理后的中英文专利文本数据分别进行单语专利词向量的构建，用于后续实验。其中重要的参数设置遵循推荐系统的一般通用设置："sg＝1"表示使用 word2vec 中的 skip-gram 模型，skip-gram 模型相较 CBOW 虽然训练时间长，但对于出现频率不高的单词，效果更好；"size＝300"表示向量维度为 300，即每条数据都表示为 300 维空间中的一个点；"window＝5"表示取距离当前中心词位置为 5 的词作为上下文信息；"hs＝1"表示使用 hierarchical softmax 优化策略。为了保证每次输出的词向量不变，设置"worker＝1，seed＝0"。应用 tensorflow（http：//projector. tensorflow. org）提供的向量可视化工具对单语词向量进行可视化，如图 4-12 所示。可以看出

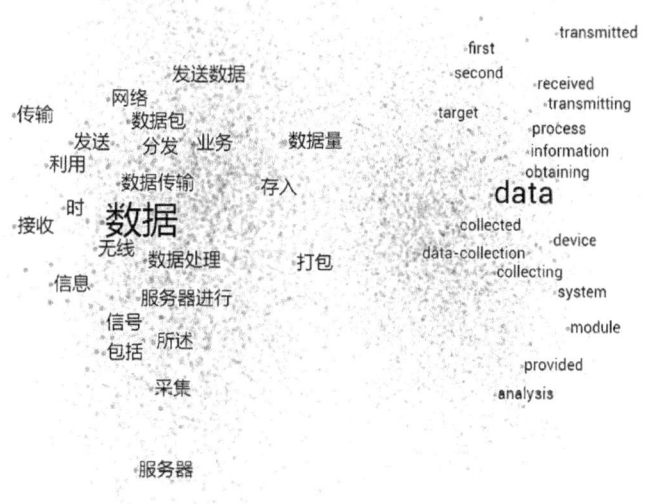

图 4-12 映射前的中英单语专利词向量可视化

通过降维到二维空间后,中英单语词向量明显分别处于两个不同集群中,印证了在原始维度下,两者分属不同的语义空间。

4.4.3 评价方法

在跨语言词向量映射实验中,常采用双语词汇提取(Bilingual Lexicon Extraction)的方法进行评价,该方法在给定一个中文专利词向量 x,使用相似度检索的方式在共享语义空间中找到与其最相近的英文专利词 y 作为其跨语言映射结果,随后将其映射结果与对应英文匹配单词进行比较,从而衡量跨语言词向量映射的准确性。

衡量映射结果准确性的主要指标是准确率(Accuracy)。本书采用 Top-1 Accuracy、Top-5 Accuracy 对中英相关专利词映射结果准确率进行评估。其中,Top-1 Accuracy 是指源语言单词的词映射结果中排名第一的单词是其对应的目标语言单词的概率。Top-5 Accuracy 是指源语言单词的映射结果中排名前五的单词包含其对应的目标语言单词的概率。

同样的,本书也将评测指标 Top-1 Accuracy、Top-5 Accuracy 应用于跨语言专利推荐结果准确率的衡量中。Top-1 Accuracy 是指跨语言专利推荐排名第一的专利是对应的专利翻译版本的概率。Top-5 Accuracy 是指跨语言专利推荐排名前五的专利中包含对应的专利翻译版本的概率。

4.4.4 结果分析

(1)基于词向量映射的中英专利词向量表示与需求相关词推荐结果分析

利用无监督跨语言词向量映射方法对中英文专利词向量进行映射,实现中英文专利词向量在同一向量空间中的语义表示。应用 tensorflow(http://projector.tensorflow.org)提供的向量可视化工具,对映射后的中英专利词向量结果进行可视化展示,如图4-13所示。其中,图4-13(a)表示映射后的中英专利词向量,图4-13(b)为中文示例词"无线网络"对应的语义相关词在统一向量空间中的位置关系。与图1所示映射前的中英专利单语词向量不同,映射后的中英专利词向量明显处于同一交叉语义空间。

本章在双语词汇提取(Bilingual Lexicon Extraction)评价中选择了不同的相似度检索方式,分别为 Cross-domain Similarity Local Scaling 检索(CSLS)[209]和传统的最近邻检索(KNN),并与弱监督[210](使用25个单词

4 基于专利文本语义表示的跨语言相关专利推荐

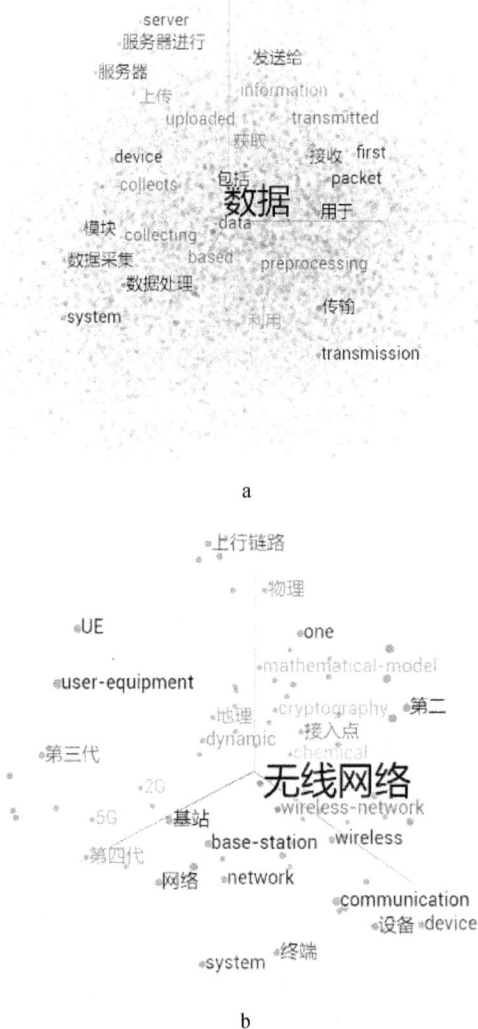

图 4-13 基于无监督跨语言词映射的中英专利词向量表示

的双语词典作为初始双语相似关系）方法进行对比，比较结果如表 4-2 所示。可以看出，在中英专利词映射准确度上，本书使用的无监督跨语言词向量映射的方法明显要高于弱监督的方法。而选择 CSLS 检索方式的准确率不管是在无监督还是弱监督中都比最近邻检索（KNN）有小幅度的提高。

表 4-2　中英跨语言词向量映射准确率

检索方法	CSLS	KNN	Coverage
弱监督	46.72%	43.68%	89.22%
无监督	49.08%	46.87%	89.22%

考虑到出现频率较低的单词可能会对无监督跨语言专利词映射效果产生影响，在图 4-14 中展示了基于频率排序的中英专利单词数量对无监督词向量映射准确度的影响。可以看出随着单词的数量增多，低频率的单词越来越多，中英跨语言专利词映射的准确性有所下降。但对于前 30k 的单词来说，Top-5 Accuracy 仍然比较高，约为 55%。同时也可以看出最常见的 5000 单词映射效果最好。

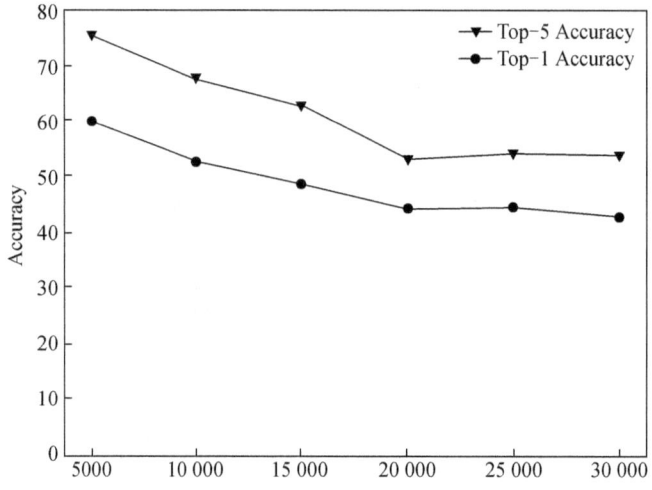

图 4-14　基于频率排序的不同单词数量对跨语言词向量映射准确度的影响

表 4-3　中英跨语言专利词向量映射实例

中文单词	英文映射单词	常见英文匹配单词
移动终端	mobile-terminal terminal mobile-phone	mobile-terminal
接入点	access-point AP access-points	access-point

4 基于专利文本语义表示的跨语言相关专利推荐

续表

中文单词	英文映射单词	常见英文匹配单词
选择	selecting selection selected	select
检测	reducing reduced reduce	reduce
快速的	quickly rapid rapidly	fast
准确的	accurately accuracy accurate	accurate

为了更好地展示无监督中英跨语言相关专利词映射效果,在表4-3中展示了中英跨语言专利相关词映射的部分实例。可以看出名词映射效果较动词和形容词更好,"接入点"相似度最高的3个映射词除了包含常见匹配单词外,还提供了英文缩写"AP";由于英文动词拥有不同的时态,导致相似度最高的英文映射单词大多都不是动词的原形;而对于形容词来说,英文形容词拥有许多不同的表达,如"快速的"在英文中有多个翻译"fast"、"quick"、"rapid"等,而且形容词和副词在很多时候都是相通的,所以"quickly"、"rapidly"也是相关词。

由于中英跨语言专利词向量映射结果对于中英文名词的效果最好,所以可以为用户提供需求相关词推荐。例如,当用户想了解与"无线传感器"有关的概念或词语时,可以利用无监督跨语言词映射方法进行中英跨语言相关词推荐,结果排名前五的英文词语如表4-4所示。"Wireless-sensor""Sensor""Sensing"是无线传感器、传感器及传感常用翻译。其他两个词"WSN""Sink"的突然出现虽然看起来无关,但对无线通信领域简单了解后发现,"WSN"是Wireless Sensor Network(无线传感器网络)的缩写形式,而"Sink"是指无线传感器网络的汇聚结点,主要负责传感器网与外网的连接，是无线传感器中必不可少的网络结构。同样的，对"电磁波"做中英跨语言相关词推荐，"Electromagnetic"和"Electromagnetic-wave"与电磁波高度相关，是电磁波常见英文翻译。而"Coupler（耦合器）"是在电磁波系统中常用的功率分配元器件，"Radiation（辐射）"是电磁波所具有的特性，电磁波的别称又为电磁辐射，"Antenna（天线）"是在无线电设备中用来发射或接收电磁波的部件。可以看出，这些英文相关词语推荐结果除去需求关键词的翻译外，也都与需求关键词非常相关，可以为用户更好理解需求关键词提供帮助。

表4-4 中英跨语言相关词推荐结果

需求关键词	相关词推荐 Top 5
无线传感器	①Wireless-sensor ②Sensor ③WSN ④Sensing ⑤Sink
电磁波	①Electromagnetic ②Electromagnetic-wave ③Coupler ④Radiation ⑤Antenna

（2）基于中英专利词向量的双语专利文本表示结果分析

利用无监督跨语言专利词向量对中英专利名称和摘要进行文本向量表示，进而实现跨语言专利推荐。同样应用 tensorflow（http：//projector.tensorflow.org）提供的向量可视化工具，对中英专利文本向量进行可视化展示，如图 4-15 所示。其中 cn 代表中文专利，en 代表英文专利，同一篇专利使用相同的编号。例如，cn1849 和 en1849 表示公开号为 CN106376069A 专利的中文版本与英文版本。从该示例可以看出中英专利文本不仅处于同一语义空间，而且在距离上是最近的，两者的相似性最高。

（3）基于双语专利文本表示的跨语言相关专利推荐结果分析

对不同的双语文本表示方法对无监督跨语言专利推荐准确度的影响进行

4 基于专利文本语义表示的跨语言相关专利推荐

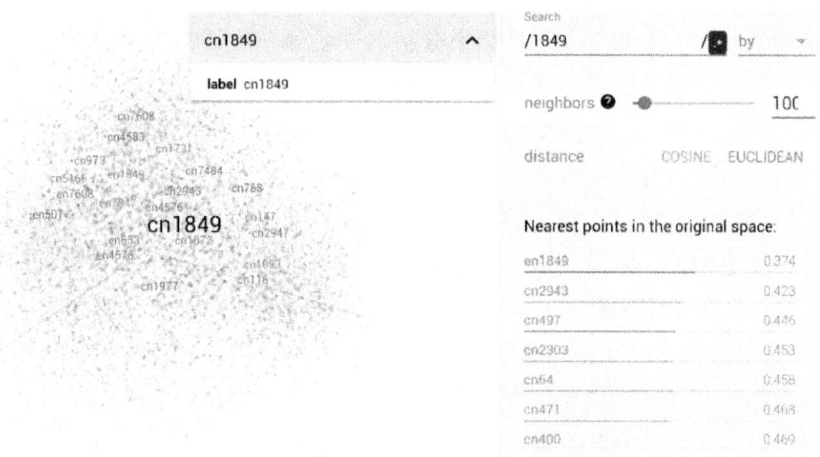

图 4-15 基于中英专利词表示的双语专利文本表示

了比较，结果如表 4-5 所示。基于平均词向量专利文本表示的无监督跨语言专利推荐由于没有添加任何单词重要性的信息，准确率相对较低，Top - 1 Accuracy 准确率只有 33.75%。SIF 加权与 TFIDF 加权相比，基于 SIF 加权专利文本表示的无监督跨语言专利推荐准确率效果更好，Top - 5 Accuracy 准确率达到了 77.82%，比基于 SIF 加权专利文本表示的弱监督跨语言专利推荐方法的准确率提高了 1.45%。

表 4-5 跨语言专利推荐准确率

跨语言专利推荐方法	Top - 1 Accuracy	Top - 5 Accuracy
平均词向量 + 无监督	33.75%	56.50%
TF-IDF + 无监督	52.32%	74.45%
SIF + 无监督	55.63%	77.82%
SIF + 弱监督	54.97%	76.37%

为了更好地展示跨语言专利推荐的效果，本章选择了近期热门的无线通信领域有关 5G 网络的一篇中文专利"用于提供 5G 上行链路请求的设备和方法"作为测试专利，进行中英跨语言专利推荐，结果如表 4-6 所示。这

篇专利主要是用于5G系统中上行链路数据调度方法的研究，选取了推荐结果排名前三的英文专利进行结果分析。排名第一的英文专利，是测试专利的英文版，可以看出虽然两篇专利是同一专利的不同语言版本，但由于英文专利有固定的格式，中英专利的题名和摘要不是完全按句子互为翻译，这可能会影响到跨语言专利推荐的效果，导致准确率降低。

推荐排名第二、第三的英文专利，虽然都与5G网络无关，但都与下行链路传输相关，涉及一些上行链路的信息，而上下行链路都信号传输的物理通道，一条是出去的，一条是进来的。其中对上下行链路的表达都选取了英文"uplink"和"downlink"的缩写"UL"和"DL"。这表明本章跨语言专利推荐的方法，可以减少查询的输入，只需要输入整篇专利就可以得到语义上的跨语言相关专利推荐，对不同的表达也非常有效。

表4-6 中英跨语言专利推荐结果

中文测试专利号	CN108476513A
中文测试专利题名	用于提供5G上行链路请求的设备和方法
中文测试专利摘要	一般地描述了在5G系统中调度上行链路数据请求的设备和方法。UE在预留用于5G调度请求的或未预留的5G或LTE链路资源上向eNB发送调度请求（SR）或5G物理随机接入信道（xPRACH）。消息取决于使用哪个链路进行发送。取决于是否使用预留的资源和预留的逻辑信道ID，在发送SR之后并且响应于接收到针对该SR的上行链路许可，UE向eNB发送BSR和可能的波束测量报告。然后，响应于在最优波束上接收到包括针对数据的5G上行链路许可的5G物理下行链路控制信道，UE发送5G物理上行链路共享信道。在发送xPRACH时，使用减少的随机接入响应。
英文推荐排名第一专利号	CN108476513A
英文推荐排名第一专利题名	User equipment apparatus

4 基于专利文本语义表示的跨语言相关专利推荐

续表

英文推荐排名 第一专利摘要	NOVELTY-The apparatus has a processing circuitry for decoding fifth generation (5G) physical downlink control channel (PDCCH) containing 5G uplink grant received from a 5G evolved NodeB (eNB) (506) on selected beam, where the 5G uplink grant comprises resources allocated for transmission of uplink data to the 5G eNB. The processing circuitry generates 5G physical uplink shared channel (xPUSCH) comprising the data for transmission to the 5G eNB using the resources. USE-User equipment (UE) apparatus i. e. eNB apparatus. ADVANTAGE-The apparatus reduces number of messages between the UE and the 5G eNB so as to reduce uplink access latency. DETAILED DESCRIPTION-An INDEPENDENT CLAIM is also included for a computer-readable storage medium comprising a set of instructions for using UE apparatus.
英文推荐排名 第二专利号	CN108605364A
英文推荐排名 第二专利题名	Wireless communication method for uplink (UL) data transmission
英文推荐排名 第二专利摘要	NOVELTY-The wireless communication method involves sending contention-based UL message based on the selected resource block by the user equipment (UE) to the base station, with the UL message indicating to reserve the corresponding UL resources associated with the selected resource block. A response signal is received from the base station in response to the UL message, with the positive response signal indicating success reservation of the corresponding UL resources. UL data is transmitted on the corresponding UL resources upon receiving the positive response signal. USE-Wireless communication method for UL data transmission e. g. contention-based UL resource reservation. ADVANTAGE-Allows UE to select resource block from resource pool, sends UL message based on selected resource block requesting resource reservation with or without reservation resource request (RRR) and receives response signal indicating success of resource reservation. Reduces signaling overhead by the implementation of contention-based UL resource reservation. Defines one-to-one mapping to avoid blind detection in UE to save power consumption. The utilization of UL resource is improved since the resource reserved for RRR is much smaller than the one for contention-based UL message with large payload.

续表

英文推荐排名 第三专利号	CN107113911A
英文推荐排名 第三专利题名	Scheduling method used in a Base Station (BS) for scheduling a User Equipment (UE) involves determining upLink (UL) control channel position for UE, based on allocated downlink (DL) resource blocks (RB)
英文推荐排名 第三专利摘要	NOVELTY-The scheduling method (900) involves allocating (910) one or more DL RB for transmitting DL data to the UE, then determining (920) an UL control channel position for the UE transmitting a Hybrid Automatic Repeat Request (HARQ) feedback of the DL data, based on the allocated DL RB. The DL data is transmitted (930) to the UE using the allocated DL RB. USE-Scheduling method used in BS for scheduling UE. ADVANTAGE-Eliminates HARQ index confliction between dynamic scheduling and Semi-Persistent Scheduling (SPS), while improving physical uplink control channel (PUCCH) resource usage efficiency, by indicating UL control channel position for the UE transmitting a HARQ feedback of the DL data using the allocated DL RB.

同样地，本章对英中跨语言专利推荐也做一个展示。选取一篇实际应用较强的英文专利作为测试专利，专利号为"CN109005522A"，专利名称为"Wireless sensor network based intelligent forest fire monitoring system, has single sink node for converging environment monitoring data and transmitting received environment monitoring data to monitoring terminal"，这篇专利设计了一个基于无线传感器网络的森林防火智能监控系统。选取推荐结果排名前三的中文专利进行结果分析，如表4-7所示，发现在前3篇专利中并没有测试专利的中文版本，进一步查看发现第5篇中文推荐专利为测试专利的中文版本，而且此中文版本摘要介绍非常简单，这是导致排名靠后的主要原因，也会导致跨语言相关专利推荐准确率降低。推荐结果排名第一的中文专利与测试专利高度

4 基于专利文本语义表示的跨语言相关专利推荐

相关,同样将无线传感器网络用于森林环境监测,而推荐排名第二、第三的中文专利是无线传感器网络在其他一些场景的应用,都涉及使用无线传感器进行数据采集及后续数据传输和数据接收等。

表4-7 英中跨语言专利推荐结果

英文测试专利号	CN109005522A
英文测试专利题名	Wireless sensor network based intelligent forest fire monitoring system, has single sink node for converging environment monitoring data and transmitting received environment monitoring data to monitoring terminal
英文测试专利摘要	NOVELTY-The system has a data collecting sub-system for collecting environment monitoring data in a forest fire monitoring area data collecting sub-system that is provided with a single sink node. A central position of four relay nodes is connected with multiple sensor nodes. A convergent node is connected to a forest fire monitoring region. Each sensor node collects environment monitoring data and transmits the environment monitoring data to the relay node. The relay node transmits the received environment monitoring data to the single sink node. The single sink node converges the received environment monitoring data and transmits the received environment monitoring data to a monitoring terminal. USE-Wireless sensor network based intelligent forest fire monitoring system. DESCRIPTION OF DRAWING (S) - The drawing shows a block diagram of a wireless sensor network based intelligent forest fire monitoring system. '(Drawing includes non-English language text)'
中文推荐排名第一专利号	CN108174426A
中文推荐排名第一专利题名	一种森林生态环境无线传感器网络监测系统

续表

中文推荐排名 第一专利摘要	本发明提供了一种森林生态环境无线传感器网络监测系统，包括：由汇聚节点和多个传感器节点组成的无线传感器网络，所述的无线传感器网络用于采集被监测森林区域内的环境传感数据，并用于将环境传感数据汇聚后通过卫星设备发送至监管终端；卫星设备，用于通信连接汇聚节点和监管终端；监管终端，用于接收卫星设备传输的环境传感数据，并将环境传感数据与设定的阈值门限进行比较处理，在环境传感数据超出设定的阈值门限时输出报警信号。本发明实现了对被监测森林区域环境的实时监控
中文推荐排名 第二专利号	CN108882196A
中文推荐排名 第二专利题名	基于无线传感器网络的海洋环境监测系统
中文推荐排名 第二专利摘要	本发明提供了基于无线传感器网络的海洋环境监测系统，该系统包括无线传感器网络、监测中心、通信模块、控制中心和电源模块；无线传感器网络用于采集影响海洋环境的各个参数的数据，无线传感器网络包括汇聚节点和多个部署于该监测区域内的传感器节点，传感器节点采集数据，并将数据多跳传输至汇聚节点；监测中心与汇聚节点相连接，用于对采集得到的数据进行处理从而根据处理后的数据对海洋环境情况进行评估，并通过通信模块将评估结果传输给控制中心，控制中心用于存储接收到的数据并根据评估结果向监测中心下发各种控制信号，从而改变水下机器人的活动状态，电源模块用于保证整个系统的稳定供电
中文推荐排名 第三专利号	CN106559731A
中文推荐排名 第三专利题名	一种污水监测用无线传感器网络

4 基于专利文本语义表示的跨语言相关专利推荐

续表

中文推荐排名 第三专利摘要	本发明公开了一种污水监测用无线传感器网络,包括多个污水参数监测系统、多个污水处理过程监测系统和远程服务器,污水参数监测系统是由若干个采集传感器节点和一个采集汇集节点所组成的一个无线传感器网络,每个污水处理过程监测系统包括一个现场服务器,以及若干个与现场服务器进行通信的上行传感器网络,和若干个与现场服务器进行通信的下行传感器网络;上行传感器网络是由若干个监测传感器节点和一个监测汇聚节点组成的一个无线传感器网络,下行传感器网络是由若干个执行传感器节点和一个执行汇聚节点组成的一个无线传感器网络;每个污水处理过程监测系统的现场服务器都与远程服务器,以及至少一个污水参数监测系统的采集汇聚节点进行通信
中文推荐排名 第五专利号	CN109005522A
中文推荐排名 第五专利题名	基于无线传感器网络的森林防火智能监控系统
中文推荐排名 第五专利摘要	本发明提供了基于无线传感器网络的森林防火智能监控系统,该系统包括数据采集子系统、监控终端;数据采集子系统用于采集森林防火监测区域内的环境监测数据并发送至监控终端

除了可以推荐跨语言专利外,本章所示方法同样也可以推荐同语言的相关专利,从而实现多语言的专利推荐结果。同样以中文专利号为CN108476513A,"用于提供5G上行链路请求的设备和方法"为测试专利。如表4-8所示,选取了推荐排名结果前三的中文专利进行结果分析。可以看出,中文推荐排名第二的专利与英文推荐排名第三的专利为是同一专利号"CN107113911A"的不同语言版本,从侧面表明本章提出的跨语言推荐方法的有效性。其他两篇中文推荐专利,如英文推荐结果一样,虽然与5G网络没有直接关系,但都为不同通信链路传输过程,中文推荐排名第一的专利为设备到设备的直接链路传输方法,中文推荐排名第二的专利同测试专利一样用于无线通信系统的上行链路传输,但不同的是此专利主要用于传输过程

· 129 ·

的功率控制。

综上来看，本章所示的跨语言专利推荐的方法，可以有效地减少查询的输入，既不需要任何外部双语词典，也不需要大型双语语料库，只需要输入整篇专利就可以得到跨语言或同语言的相关专利推荐，不仅语义相关性高，推荐结果也非常多样。

表 4-8　中文同语专利推荐结果

中文推荐排名 第一专利号	CN106068670A
中文推荐排名 第一专利名称	D2D 通信的调度请求过程
中文推荐排名 第一专利摘要	本发明涉及一种通过直接链路数据信道向接收用户设备传输数据的、能够进行 D2D 通信的通信方法及一种传输用户设备，传输用户设备使用 eNodeJHJB 的服务，以便拥有为传输所述数据所分配的资源。为此，UE 通过 eNodeB 使用专门针对标准上行链路通信的子帧的资源，而不是使用专门针对 D2D 数据传输的子帧上的资源，向 eNB 发送调度信息。为了允许 eNB 区分所接收的调度请求是要求通过直接链路信道传输数据还是通过 eNB 传输数据而分配资源，UE 还可以随调度信息一起发送与调度信息相关联的标识信息
中文推荐排名 第二专利号	CN107113911A
中文推荐排名 第二专利名称	调度 UE 的方法和 BS 及发送 HARQ 的方法和 UE
中文推荐排名 第二专利摘要	本公开涉及一种在 BS 中用于调度 UE 的方法及相关联的 BS。该方法包括：分配用于向 UE 发送下行链路（DL）数据的一个或多个 DL 资源块（RB）；基于所分配的一个或多个 DLJHJRB，确定用于 UE 发送对 DL 数据的混合自动重传请求（HARQ）反馈的上行链路（UL）控制信道位置；以及通过使用所分配的一个或多个 DLJHJRB 将 DL 数据发送到 UE。本公开还涉及一种在 UE 中用于发送 HARQ 反馈的方法及相关联的 UE

4 基于专利文本语义表示的跨语言相关专利推荐

续表

中文推荐排名 第三专利号	CN108605364A
中文推荐排名 第三专利名称	在无线通信系统中控制上行链路功率的方法和设备
中文推荐排名 第三专利摘要	提供一种用于在无线通信系统中控制上行链路功率的方法和设备。用户设备（UE）对用于第一 e 节点 B（eNB）的上行链路子帧的第一集合设置第一最大功率，在上行链路子帧的第一集合中 UE 能够向要被发送到第一 eNB 的上行链路信号分配直至第一最大功率，并且对用于第一 eNB 的上行链路子帧的第二集合设置第二最大功率，在上行链路子帧的第二集合中 UE 能够向要被发送到第一 eNB 的上行链路信号分配直至第二最大功率。在上行链路子帧的第一集合中仅向第一 eNB 发送上行链路信号。此外，在上行链路子帧的第二集合中向第一 eNB 和第二 eNB 两者发送上行链路信号

由于到目前为止还没有发现同类型的跨语言相关专利推荐方法，因此没有就本章提出的专利推荐方法与其他专利推荐方法进行比较实验。为了进一步验证本章跨语言专利推荐方法可以推荐语义相关性高的跨语言专利，对中英跨语言专利推荐结果进行分类统计分析。

将实验数据的双语专利数据按照 IPC 分类号 H04W 小类下的大组进行分类，除了一个专利由于信息不明未被分在已知 IPC 大组下，其他都使用其主分类号作为其分类依据，并如表 4-9 所示进行统计分析。由于 IPC 分类系统是按照技术主题设立类目，所以同一 IPC 大组下的专利拥有更高的技术语义相关性。如果在跨语言相关专利推荐结果中可以推荐更多的同组别不同语言的专利，则可以说明本章提出的基于表示学习的跨语言相关专利推荐方法是有效的。

表 4-9 专利分类基本信息

IPC 大组	IPC 大组含义及技术主题	专利数量
H04W4	专门适用于无线通信网络的业务或设施	8917
H04W8	网络数据管理	1204

专利信息语义表示与深度挖掘

续表

IPC 大组	IPC 大组含义及技术主题	专利数量
H04W12	安全装置，如接入安全或欺诈检测；鉴权，如检验用户身份或权限；保密或匿名	3976
H04W16	网络规划，如覆盖或业务量规划工具；网络配置，如资源划分或小区结构	2773
H04W24	监督，监控或测试装置	5448
H04W28	网络业务量或资源管理	2819
H04W36	切换或重选装置	2730
H04W40	通信路由或通信路径查找	1128
H04W48	接入限制；网络选择；接入点选择	2249
H04W52	功率管理，如 TPC（传输功率控制）、功率节省或功率分级	2513
H04W56	同步装置	673
H04W60	注册，例如，加入网络；撤销注册，如终止加入	134
H04W64	为了网络管理的目的，如移动性管理，定位用户或终端	881
H04W68	通知用户，如提醒通信到来或业务改变	312
H04W72	本地资源管理，如无线资源的选择或分配或无线业务量调度	4211
H04W74	无线信道接入，如调度接入或随机接入	804
H04W76	连接管理，如连接建立、操作或释放	1265
H04W80	无线网络协议或对于无线操作的协议适应，如 WAP（无线应用协议）	29
H04W84	网络拓扑	433
H04W88	专门适用于无线通信网络的设备，如终端、基站或接入点设备	1089
H04W92	专门适用于无线通信网络的接口	11
总计		43 599

对中文专利的跨语言相关专利推荐结果所在类别进行统计，并与该中文

4 基于专利文本语义表示的跨语言相关专利推荐

专利所在类别进行比对。结果如表 4-10 所示,展示了不同 IPC 大组下中英跨语言相关专利推荐结果排名第一(Top 1)的英文专利是否与测试中文专利同类情况进行统计。总体来看,在 43 599 篇中文专利中,每篇中文专利跨语言专利推荐结果排名第一的英文专利与该中文专利属于同一组别的数量达到了 30 745 篇,占比 70.52%。专利数量最多的 H04W4 大组,排名第一的英文专利与该中文专利处于同一组别的数量也最多,共 7178 篇,占比高达 80.5%。而对于专利数量只有 11 篇的 H04W92 大组,Top 1 同类数量也有 4 篇,占比 36.36%。

由于 IPC 分类系统是按照技术主题设立类目,在中英跨语言相关专利推荐中可以推荐更多的同组别不同语言的专利,说明本章提出的基于表示学习的跨语言相关专利推荐方法,在即不需要任何外部双语词典,也不需要大型双语语料库的情况下,就可以推荐更多技术主题语义相关性高的跨语言专利。

表 4-10　不用组别下中英专利推荐结果 Top 1 同类情况

IPC 大组	专利数量	Top 1 同类数量	比例
H04W4	8917	7178	80.50%
H04W8	1204	734	60.96%
H04W12	3976	3078	77.41%
H04W16	2773	1883	67.90%
H04W24	5448	3834	70.37%
H04W28	2819	1806	64.07%
H04W36	2730	1829	67.00%
H04W40	1128	798	70.74%
H04W48	2249	1295	57.58%
H04W52	2513	1813	72.14%
H04W56	673	493	73.25%
H04W60	134	66	49.25%
H04W64	881	566	64.25%
H04W68	312	200	64.10%
H04W72	4211	2919	69.32%

续表

IPC 大组	专利数量	Top 1 同类数量	比例
H04W74	804	489	60.82%
H04W76	1265	662	52.33%
H04W80	29	16	55.17%
H04W84	433	247	57.04%
H04W88	1089	835	76.68%
H04W92	11	4	36.36%
总计	43 599	30 745	70.52%

随后，选取专利数量比较多的 5 个大组：H04W4、H04W12、H04W40、H04W52、H04W72。对这几类的中英跨语言专利推荐结果排名第一至第十的英文专利是否与测试中文专利同类情况进行进一步统计分析。结果如图 4-16 所示，H04W4 这个大组由于专利数量最多，中英跨语言专利推荐结果排名前十的英文专利与中文专利属于同一类的比例也最高，保持在 60% 左右。H04W40 大组专利数量虽然相对其他几个大组较少，有 1128 篇，但在中英跨语言专利推荐结果排名前十的英文专利与中文专利同类占比中能一直保持在 40% 以上。总的来看，除了中英跨语言专利推荐结果排名第一至第三的同类专占比有所下降，后续可以一直保持一个平稳的同类占比。

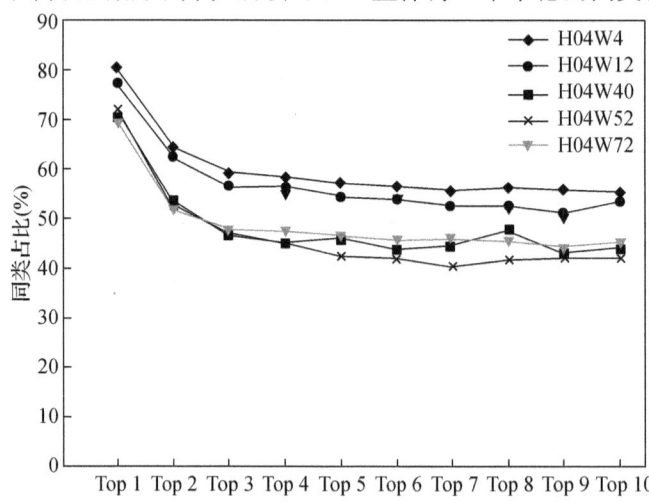

图 4-16 中英跨语言专利推荐结果排名 Top 1 ~ Top 10 同类占比情况

4 基于专利文本语义表示的跨语言相关专利推荐

本章仅选择每篇专利的主分类号作为分类依据,可能会导致同类占比数量下降,这是因为许多专利有多个分类号,拥有多个技术主题,属于多个类别,而本章只统计了其属于一个主要类别,所以同类占比会有所下降,实际情况可能会更高,这也说明了本章所用基于表示学习的跨语言相关专利推荐方法可以推荐更多语义相关的不同语言的专利。

综上,无监督跨语言专利推荐的方法可以有效地实现相关专利推荐,并减少了用户构建跨语言查询的工作量。在不需要任何外部双语词典和大型双语语料库的情况下,只需要输入整篇专利就可以得到目标语言的相关专利推荐。推荐结果具有的高语义相关性和多样性,为更全面有效地发现相关领域的前沿技术、新兴技术和发展态势提供了数据基础,也为专利审查员,专利申请人等研究详细准确的参考引用、方法创新和产品革新信息提供了便利。

5 基于短语语义表示的技术机会预测

5.1 技术机会预测的研究背景和研究问题

在信息化、数字化、网络化技术快速发展的今天，科学技术变革速度及市场需求变化日益加快，行业间的竞争已逐渐由资金、规模、劳动力数量间的竞争转变为技术间的竞争。技术机会作为技术创新及市场创新活动的基础，是进行任何一项技术创新活动都要考虑的重要因素，可以为创新机构提供诸多的契机和可能性，是决定企业能否顺利开展技术创新活动的关键环节。此外，伴随着技术竞争的日益激烈，技术创新活动的复杂性和高风险性也要求企业必须增加对技术机会的重视程度。

然而技术机会并不是以成品的形式存在，而是隐藏于论文、专利及研究报告等大量数据的背后[6]。仅仅依靠专家的背景知识和智慧来发现潜在的技术机会不仅耗时耗力，也存在一定的片面性和局限性。当前针对某个领域的技术机会预测研究主要借助一定的数据挖掘技术、科技监测方法及文献计量分析方法从不同类型信息资源中识别出价值含量较高的技术机会。然而这类方法大多着眼于该领域的自身数据，很难发现数据中还未提及的潜在技术机会，而实际上潜在技术机会在萌芽阶段几乎不会出现在这些数据中，就算出现也很难判别，等到具有足量数据进行识别时已经具有很强的时滞性；此外，对于一些相关数据较少的研究领域，特别是刚出现的新兴研究领域来说，找到的潜在技术机会非常有限，降低了参考价值。因此，需要设计一种方法不仅能够有效使用最新研究领域的数据集，还要扩充数据范围，能够充分有效利用较成熟的某些领域的已有数据，通过协同利用不同数据来发现潜在技术机会。

类比设计可以用来解决此类潜在技术机会的发现，通过现有的相似区域扩展数据范围，从而发现当前数据集中仍然没有出现的相关技术机会。类比设计是将类比的思想应用于设计过程的过程。本章将类比设计中已有的数据

5 基于短语语义表示的技术机会预测

集称为目标数据集,将相似区域的数据集称为源数据集。相应地,将现有技术称为目标技术,将类似领域的技术称为源技术。因此,可以通过源数据集和目标数据集之间建立的类比关系来扩展现有数据集,并及早发现技术机会。

目前,类比设计常用于寻找技术创新过程中问题的解决方案,其中TRIZ[238-239](创造性问题解决理论)是最具代表性的方法之一,可以通过类比找到研究问题的一般答案。而且,类比设计也可以用来发现相似或相关技术之间的研究问题,因为这些具有相关属性或功能的技术在开发过程中往往很可能有相同的研究问题需求。因此,目标领域仍未发生的研究问题,可以通过与已经发生的源领域进行类比来发现。如果这些研究问题中有一些具有很高的研究空间或研究价值,其就可以作为技术机会被早期发现。

综上所述,与以往的技术机会预测研究相比,本书主要解决了以下4个问题。

①当前对技术机会预测的研究通常集中在特定领域中,并且使用一些常规的数据挖掘和分析方法来验证已经发生的技术机会[6,240,241]。由于数据积累需要时间,这些方法通常有相当大的时滞,所以很难在早期发现技术机会。这也导致了在最新研究领域难以发现技术机会,因为这些机会很少反映在当前匮乏的数据中。因此,本章拟采用类比设计的方法,结合相关成熟领域和最新研究领域的数据,及早发现最新研究领域的高价值技术机会。

②目前的类比设计方法主要是针对现有的研究问题寻找可能的解决方案[238-239,242-243]。然而,类比设计在发现研究问题和发现早期技术机会方面的应用和改进很少,需要进一步研究。因此,本章希望形成一种基于类比设计的早期技术机会预测方法。

③类比设计的关键是在目标数据集和源数据集之间建立关系,常用的方法有社区检测和聚类方法[244-245]。在这些研究过程中,前人更多地关注词语之间的语义和关系,而较少关注语义和意义更丰富的短语,从而使结果更具可读性和可解释性。因此,本章旨在形成一种基于表示学习的短语语义表示方法,以更好地发现和解释技术机会。

④目前技术机会的研究主要在于识别出潜在技术机会,一定程度上解决了"做什么"的问题,却较少提及技术机会后续的实现路径,而在现实生活中,"怎么做"的问题同样重要。因此,如果能够在发现潜在技术机会的基础上,进一步提供技术机会的实现路径,就可以帮助企业更快地实现技

创新，赢得竞争优势。由于潜在技术机会通过潜在的研究问题来体现，因此，如果能够构建出研究问题关键技术到潜在研究问题的语义关联路径，就能够完成潜在技术机会实现路径的构建。

为此，本章提出了一种基于类比设计和短语语义表示的早期技术机会预测方法。首先，精心选择目标领域和对应的源领域进行类比设计，从而通过来自源领域的数据间接扩大目标领域的数据覆盖范围。其次，利用 BiLSTM-CRF 自动提取源领域和目标领域中的功效短语，用表示学习表示语义，然后通过对整体数据进行主题聚类建立类比关系。然后基于 ODI（结果驱动创新）计算主题的得分，得分高的主题被认为是早期发现的技术机会。在发现技术机会的基础上，提出一种基于技术功效关联的技术实现路径构建方法。首先通过信息抽取方法实现专利技术词、功效词及两者间关系词的自动抽取，进而构建"技术词—关系词—功效词"形式的三元组技术实现路径，从而减少人力成本，提高领域适用性。其次，通过关系词这个中间桥梁完善和细化技术实现路径中技术与功效间的语义联系，便于确定不同路径间的区别与联系。最后，将所有技术实现路径导入图数据库进行存储并实现可视化，既可以清楚展示技术功效间的关联关系，也可以支持技术功效信息的动态即时更新。

5.2 技术机会预测的相关研究

5.2.1 类比设计

类比是相似的一种形式，是知识从一个领域（类比源领域）向另一个领域（类比目标领域）的映射，包括从熟悉的类别中获取和转移元素，以便将其用于构建一个新的想法，例如，试图解决一个问题或解释一个概念。类比设计（Analogy-Based Design，ABD）最初是一种将类比应用于设计过程的活动，旨在激发设计师或工程师产生想法，克服设计固定性并解决设计问题[246]。在科学和工程学中，类比设计现在已被广泛用于获取和提炼知识，找到问题及问题的解决途径等。当前，类比设计已针对多个领域的不同创新需求形成了各具特色的类比系统，比如基于案例的类比系统[247]用于案例设计的改进重用、基于理论的类比系统[238]用于得到技术难点的解决方案、基于专利的类比系统[246]用于专利知识库构建、基于术语的类比系统[248]用于创新想法的支持等。由此可见，当前类比设计在发现潜在研究问题方面的研究还没有形成成熟的系统，因此，可以借鉴这些系统背后的实现原理，将类比设计的思想和方法引入潜在研究问题发现的研究中，而其中最核心的部分就是类比源的选择和类比关系的建立方法。

（1）类比源的选择

类比源是被用来进行类比的事物或现象，相应的，类比目标则是需要研究的事物或对象，与类比源构成类比关系。在类比设计中，选择合适的类比源是最开始的步骤，也是决定最终类比效果的关键步骤。Christensen[249]等指出识别问题的类比主要在域内进行，解释性类比主要在域间进行，解决问题的类比则是介于域内和域间进行，并且指出类比的距离越远涉及两个知识体系越截然不同，因此需要根据不同的研究目的选择类比目标领域内或域间的类比源。Goel[250]等认为在设计问题解决和创意创建领域，对于某个具体的产品来说，可以根据产品的某些共享属性，产品各个部分之间的共享关系或共享功能选择类比源。Goldstone[251]等认为类比是特定类型的相似性，分为属性相似性，关系相似性和字面相似性，因而可以依据属性、关系和字面联系选择类比源。Jia[252]等基于3种启发式来锁定类比源，分别为：启发式1——由功能信息驱动的搜索路线图；启发式2——行为信息的搜索路线图；启发式3——由结构信息驱动的搜索路线图。因而可以根据功能、行为或结构信息选择类比源。汤建民[253]认为，一般选择同领域中那些信息含量大、富有新意的事物作为类比源。

总的来看，类比源可以根据类比目标的功能、行为或属性等特征在域内或域间进行选择。考虑到域间的远距离类比对类比源的选择要求更高，类比的最终效果也更难以把控，同时相对于属性和行为特征，功能特征也更容易判断，因此本章根据类比目标的功能特征选择近距离的域内的对象作为类比源。

（2）类比关系的建立方法

根据类比源和类比目标的数据特征和应用场景，类比关系的建立方法分为3种：基于结构相似性的类比关系建立、基于表面相似性的类比关系建立和基于弱结构（weak structural）相似性的类比关系建立。

基于结构相似性建立类比关系：基于结构相似性建立类比关系是指把类比源中各个因素之间的关系（结构关系）提取出来去与类比目标的结构相匹配，其中的结构关系包括初级关系和高级关系，比如动宾结构关系和抽象规则等[254]。这种经典的类比关系建立方法，通常需要具有清晰句子结构的丰富数据集来提取结构规则，并且通常集中于非常狭窄的经典类比任务上，如4项类比问题（教师：学生：：医生：?），尤其是短字符串（ABC：ABD：：KJI：?）上，或者运用于教学任务或一些简单的逻辑推理任务中[255]。

基于表面相似性建立类比关系：基于表面相似性建立类比关系是指利用数据挖掘和信息检索等自然语言技术，基于单词、词性或其他语言特征的向量表示来计算相似性度量，认为较高相似度的两类对象间存在类比关系。然而这种方法擅长于检测事物的表面相似度，如颜色、形状、大小等表面特征。尤其当类比目标领域和类比源领域的为域间类比，且域间距离较远时，该问题尤为严重。例如，在声波和水波之间建立类比关系就需要忽略两者之间许多不同的表面特征[256]。

基于弱结构（weak structural）相似性建立类比关系：基于弱结构相似性建立类比关系是一种介于结构相似性和内容相似性之间的类比关系建立方法，通过计算类比目标与类比源之间检测到的共同语义成分的相似性来建立类比关系，例如，抽取一种关系或一个物体中存在相似关系的知识单元，而忽略其他的差异性较大的特征来建立类比关系。例如，Hope[257]等提取产品的目的（用途信息）作为类比知识单元，对具有相似目的、机制（实现方法）不同的产品间建立基于弱结构相似性的类比，并认为这种类比关系建立方法更容易激发设计师的灵感，更利于产品创新。

综上可知，类比设计可以通过不同内容的相似性来建立类比关系进而实现不同的应用场景。尤其在创新有关的应用效果方面，基于弱结构相似性的类比关系建立方法更占有优势。因此，本章通过抽取类比源领域和类比目标领域的技术机会有关信息作为类比知识单元，来建立基于弱结构相似性的类比关系，以此发现类比目标领域的研究空缺或研究不足之处，进而发现潜在的技术机会，促进类比目标领域的技术创新。

5.2.2 潜在技术机会预测研究

随着信息技术，数字化和网络技术的飞速发展，科学技术变革的速度在加快，市场需求的变化也随之瞬息万变。行业间的竞争已经逐渐从资金、规模和劳动力之间的竞争转变为技术之间的竞争[258]。技术机会作为技术创新和市场创新活动的基础，是任何技术创新活动都要考虑的重要因素，是决定一个公司能否成功开展技术创新活动的关键环节。由此可见，技术机会为技

5 基于短语语义表示的技术机会预测

术创新提供了诸多的契机和可能性,是科研机构、企业和学者的重点研究课题和关注方向。早期技术机会的研究主要着眼于理论研究,特别是对其自身定义的有关探索性研究,后来的研究则主要侧重于利用一系列科学方法来识别发现各个领域的潜在技术机会,以帮助企业把握创新方向、抓住创新机会。

(1) 技术机会的定义

技术机会的研究起步较晚,目前在国内外还没有一个统一的定义。现在普遍认为技术机会理论来源于技术创新机会,由美国斯坦福大学的 Peter 教授在 1974 年提出,他认为技术创新机会能够为某行业的创新带来新的机遇或者使某行业的研究内容发生变化,该观点被称为技术机会发展的雏形。1995 年佐治亚理工大学的 Alan Porter[259] 教授的研究团队正式提出技术机会的概念,认为技术机会是一种发展趋势,存在于整个技术发展历史之中,与当前存在的技术密切相关并具有复杂的互动机制。后来到了 21 世纪,Olsson[260] 再次提到了技术机会,认为技术机会是指某个特定领域内取得技术进步的潜力和可能。

在国内,李保明[261]等率先进行了技术机会的研究,他认为,技术机会是指技术发展和进步的机会,是指企业成功应用新兴技术的可能性,并从技术本身及经济学两个角度进行了解释说明。程美静[262]参照美国经济学家 Sheller 的定义指出:技术机会是新技术或现有技术的新需求,并且指出技术机会源于新技术或现有技术刺激新需求产生的新发展。陈震红[263]等从技术机会产生的效益出发,认为技术机会是技术变化带来的创业机会,具体表现在 3 个方面:一是替代性新技术的出现,即某一领域出现了突破性的新技术,足以替代某些旧技术,于是创业机会就来了;二是可以发挥新功能或创造新产品的新兴技术的出现,必然也会带来新的商机;三是为消除新兴技术带来的某些新问题,人们开发其他技术并使其商业化,这就带来了新的创业机会。

综合来看,技术机会还没有一个完全确定的含义,但大体上可以认为其与技术进步息息相关,具体的可以根据实际研究情况自行定义。结合类比设计的有关研究,本章将潜在技术机会定义为技术在其实现功能上取得进一步发展的可能性,这种功能可以是该技术领域已出现但还未饱和的功能,也可以是还未产生的新功能。

(2) 潜在技术机会的发现

技术机会并不是以成品的形式存在，而是隐藏于论文、专利及研究报告等大量数据的背后。潜在技术机会的发现既包含技术专家的主观洞察力，又包含定量分析。随着大数据时代的到来，前者的分析越来越有限，仅仅依靠专家的背景知识和智慧来获取技术机会不仅耗时耗财，也存在一定的片面性和局限性[6]。因此，采用客观数据，运用分析工具及分析方法来辅助专家发现潜在的技术机会是很有必要的。现有国内外技术机会的有关研究主要从研究技术自身的专利、科技论文、网络信息等数据，采用文献计量和数据挖掘的方法来发现潜在技术机会[264-266]。

国外，特别是韩国的科学技术研究院专门启动了技术机会预测有关的一系列研究活动，并收获了不少研究成果。Lee[267]等首先提出了一种利用基于关关键词的专利地图来发现潜在技术机会的方法，通过主成分分析法将专利数据中提取的关键词映射到二维专利地图中，进而寻找专利地图上密度稀疏但大小较大的空白区域，根据技术关键性和技术趋势等标准来判断这些空白区域是否为潜在技术机会。Yoon[268]等提出了一种基于主体-行动-客体（SAO）的语义专利分析和离群值检测的技术机会检测方法，通过量化专利之间的结构差异来利用异常检测来识别给定技术领域中不寻常或与众不同的专利，其中一些离群专利就可能代表着潜在技术机会。Seo[269]等提出了一种通过反映目标企业的内部能力来识别潜在产品机会的系统方法，首先使用文本挖掘技术从专利数据库中提取产品信息，然后生成表示为有向产品对的产品连接规则，最后在考虑公司内部能力的情况下评估产品机会的潜在价值。Kim[270]等通过专利引用网络中的边缘离群点来识别不同技术领域融合所带来的潜在创新机会，最终选择出未来融合潜力最大的对，并将其关键词组合起来作为新的创新方向。Choi[241]等提出了一种通过关注目标企业聚焦技术领域的动态变化来识别不确定性较小的技术机会的改进方法，首先生成一个包含企业焦点技术领域的动态变化的序列数据库，然后利用 PrefixSpan 算法从优先企业序列数据库中探索频繁序列模式，以从与目标企业相似的优先企业序列中识别候选技术，最后利用一系列指标来评估候选技术存在潜在技术机会的可能。

国内也同样对潜在技术机会预测进行了大量的研究。李辉[271]等对科技文献中的潜在技术机会预测研究进行了初步探索，总结了潜在技术机会预测的步骤和两个常用方法，包括技术关键词的形态分析和专利地图及技术路线

5 基于短语语义表示的技术机会预测

图。吕一博[272]等以公路工程领域为例,从技术领域和开发经营领域这两个方面的交集领域出发,从中筛选出授权量较多的靠前专利,再对这些专利进行交叉比对评估和可视化,以识别潜在技术机会。潘东华[273]等以期刊文献为数据源,结合技术预测和知识发现的相关理论,在关键技术、技术前沿和未来技术趋势这3个角度构建的框架下,运用共词分析和可视化技术来发现潜在技术机会。张鼐[274]等针对中小企业,首先基于专家知识构建技术属性-应用程序表,并根据表中的多个关键字进行专利匹配,以获取候选的技术机会,然后再将这些候选专利进行行为(Action)-客体(Object)的迭代分析,以获取最终的潜在技术机会。王坤[265]等借助相关的文本挖掘工具分别抽取金属3D打印领域的科技文献和专利数据的关键词,并建立关键词的共现矩阵,然后各自进行多维聚类分析,找到两者的热点研究主题并进行映射比较,找到研究主题的差异性,并以此作为潜在的技术机会。

综合来看,目前大多数相关的研究都通过对专利数据或科技文献数据运用多种研究分析方法,包括共词、共现分析、文献计量分析、聚类分析、异常监测分析、可视化分析等来发现潜在技术机会。由于专利文献作为科技创新成果的重要载体和表现形式,其内容蕴涵了技术创新的前沿信息。同时,专利数据还具有易获取、数据相对规范和完整等特点,非常适合用于潜在技术机会预测研究。因此,本章选择专利作为研究切入点,以专利数据作为研究数据,基于类比设计并结合以上的一些通用分析方法来设计实现潜在技术机会预测的研究。

5.2.3 潜在技术机会实现路径研究

(1) 信息抽取

随着互联网的迅速发展,在线数据呈指数级增长。面对信息爆炸带来的挑战,用户越来越难以直接从这些海量信息中找到真正有用、有价值的信息。如何将大量无组织、无结构的信息进行一系列的处理,进而转化为便于用户使用的结构化信息变得尤为重要,信息抽取(Information Extraction,IE)就是为解决这样的现实问题而产生的。信息抽取的主要功能是从文本中抽取出特定的事实信息[275-276],例如,从新品发布会新闻中抽取新产品的情况:产品名、型号、功能、亮点等;从电子病历中抽取出病人的基本信息、症状、诊断结果、处方新兴等。经抽取出的信息通常可以以结构化的形式存入数据库中,供用户查询及进一步分析利用。

专利信息语义表示与深度挖掘

信息抽取研究最早开始于20世纪60年代中期,以美国纽约大学的Linguistic String和耶鲁大学的FRUMP这两个项目为代表。一直到20世纪80年代末期,随着消息理解系列会议(Message Understanding Conference,MUC)的召开,信息抽取的研究和应用才得到广泛关注。继MUC之后,美国国家标准技术研究所(NIST)在1999—2008年组织的自动内容抽取(Automatic Context Extraction,ACE)评测会议进一步推动了信息抽取的研究与发展。ACE会议对信息抽取任务进行了定义,主要分为以下5项任务,如表5-1所示。当前,信息抽取主要集中于知识表示结构的研究、面向开放文本的信息抽取研究、理论模型创新方面的研究及应用领域拓展方面的研究,并且都取得了一定的进展。

表5-1 信息抽取任务描述

名称	说明
命名实体识别	又称实体抽取,检测出现在语料中的实体,并识别其类别
实体关系抽取	简称关系抽取,检测出现在语料中的特定的关系对,并识别其类别
事件的检测与识别	又叫事件抽取,对出现在特定语料中的事件进行检测,然后提取其属性及论点
值的检测与识别	检测并识别出现在语料中特定类型的值
时间的检测与识别	又称时间表达式的识别和规范,检测并识别绝对时间,相对时间和事件所持续的时间段

信息抽取常用的方法有3种,分别为基于规则的信息抽取方法、基于特征选择的信息抽取方法和基于深度学习的信息抽取方法。

基于规则的信息抽取方法主要利用语料的语言特性,比如语法特性、词性特征等,并利用相关知识从语料中提取所需的信息。该方法通常在现有名词集和领域特征的基础上总结规则,一般需要先使用一系列自然语言理解的预处理模块,如词性标注、命名实体识别、句法分析、语义分析等,然后在此基础上制定规则,而制定的规则一般包括词序列规则、词性规则、句法规则及语义规则等形式。该方法在准确率上具有一定的优势,但是缺点也很明显,尤其是面对那些需要人工参与较多的场景时,可移植性不足。同时,面对更加复杂的场景时,还需要根据语言背景和相关领域知识进行有针对性的

5 基于短语语义表示的技术机会预测

调整。但是在面对一些半结构化的语料，或者对抽取精度要求较高的场景，并且不强调系统可移植性的前提下，基于规则的信息抽取方法还是应用比较多的。如 Kim 等基于句子的语义结构规则从在线新闻媒体文本中抽取出观点信息和持该观点的人物信息。朱文琰[277]等利用正则表达式从网页结构中抽取出所需的信息。还有学者也分别通过构建不同规则抽取特定领域的信息。

基于特征选择的信息抽取方法的基本思想是通过选择不同的特征组合，训练出一个分类结果最优的分类器。最早的基于特征选择的信息抽取方法较为简单，只是使用词、词性标注、实体类型、依存关系和句法树等信息作为特征。主流的机器学习算法都已经成功地应用于信息抽取的研究中，包括隐含马尔可夫模型（Hidden Markov Model，HMM）、最大熵（Maximum Entropy，ME）模型、条件随机场模型（Conditional Random Field，CRF）、支持向量机（Support Vector Machines，SVM）模型等。例如，孙承杰等依据统计信息，先根据网页中的 HTML 标记把网页表示成一棵树，然后利用树中每个结点包含的中文字符数从中选择包含正文信息的结点。Wei 等通过互信息，信息增益，平均互信息等来增强上下文特征和实体特征，将这些特征都添加到最大熵模型中，因而改进了命名实体识别的效果。王荣洋[278]等基于条件随机场模型，研究多种特征在评价对象抽取任务中的表现，表明融入 SRL 特征能对评价对象抽取起到很好的指示作用。基于特征的信息抽取首要任务是实例特征的选择，选取恰当的特征能够较好的对实例进行区分，有利于信息抽取效果的提升。

基于深度学习的信息抽取方法是基于特征选择的信息抽取方法的改进，可以自动从文本中学习特征，学习到深层次的隐含信息，通常用于信息抽取任务中的命名实体识别和实体关系抽取任务。在基于深度学习的信息抽取方法中，信息抽取被视为自然语言处理研究中的序列标注问题，通过信息抽取目的建立不同的序列标注规则，进而抽取出所需的信息[279]。循环神经网络（Recurrent Neural Network，RNN）是一种特别适合序列标注的神经网络模型，尤其在英文的序列化标注领域取得了较大的成功。由于梯度消失、梯度爆炸的问题，传统的 RNN 在实际中很难处理长期依赖，后面时间的节点对于前面时间的节点感知力下降。长短时记忆网络（Long Short-Term Memory Network，LSTM）就是为解决此问题而产的 RNN 变种，可以学习长期依赖信息，能够比 RNN 捕获更长时间的有效性特征。Yan 等利用基于 LSTM 融

专利信息语义表示与深度挖掘

合句法依存分析树的最短路径及词向量特征、词性特征、WordNet 特征、句法类型等特征来进行关系抽取,取得了较好的效果。然而 LSTM 只能记住过去的上下文信息,有时还需要后面的上下文信息才能做出判断。因此双向长短时记忆模型(Bidirectional LSTM,BiLSTM)进一步对 LSTM 进行了改进,并在多个任务中取得了更好的效果。同时,有学者将基于深度学习的信息抽取方法与其他方法联合使用,比如 Yang[280] 等系统地研究对比了 CRF、BILSTM 及 BILSTM+CRF 联合模型在中文和英文语料上的序列标注效果,结果证明联合模型具有互补功能,在两种语料上均取得了最好效果。徐飞[281] 等分别基于 CRF、RNN、BiLSTM 和 BiLSTM-CRF 等传统特征选择模型与深度学习模型对食品安全事件文本进行序列标注实验,实验结果表明 BiLSTM-CRF 模型整体性能也达到了最优。由此可见,联合模型可能在一些序列标注任务中比单个的模型使用更具有优势。

综上可知,每种信息抽取方法都有其适用性,没有绝对的优劣之分,需要根据具体的信息抽取任务自行选择。因此,本章结合研究过程中实际研究数据的特点及不同抽取对象的特征,选择合适的信息抽取方法来完成目标信息的抽取。

(2)知识图谱

知识图谱的概念最早于 2012 年由 Google 正式提出并随后建立了"Google Knowledge Graph"知识图谱,其初衷是为了提高搜索引擎的能力,增强用户的搜索质量及搜索体验。随后,大量企业和机构纷纷开始知识图谱的研究,其中比较有代表性的知识图谱有搜狗的"知立方",百度的"知心"及上海交通大学 Acemap 团队发布的学术知识图谱"AceKG"等。虽然知识图谱的概念比较新,实际上,知识图谱本质上是一个基于图的语义网络,由节点和边组成,其中节点代表了现实世界中的实体,边代表了实体之间的关系,其基本构成单位是"实体—关系—实体"三元组[282]。知识图谱以图的形式表现客观世界中的概念和实体及其之间关系的知识库[283],能够将海量文本中的信息知识结构化和规则化,将信息关联起来形成知识网络,具有广阔的应用范围和应用场景,也是语义搜索、智能问答、决策支持等智能服务的基础技术之一。

根据知识的覆盖面,知识图谱可以分为通用知识图谱(或开放知识图谱)和行业知识图谱(或垂直知识图谱)[284-285]。通用知识图谱通常不限定于特定领域,包含的内容较广泛,旨在获取一切重要的概念、实体及其之间

5 基于短语语义表示的技术机会预测

的关系，多用于搜索引擎任务中，受众面也相对比较广泛。行业知识图谱则基于行业数据针对特定领域而构建，往往强调知识专业性，如用于医疗领域的知识图谱等。这类知识图谱可以看作是基于语义技术的行业知识库，其潜在用户是行业专业人员。对于公司而言，行业知识图谱是实现语义人工智能的重要工具和前提条件，可以帮助公司快速获得准确的信息，发现行业内容、数据和知识背后未被发现的事实，并协助各种复杂的分析应用或决策支持来实现行业壁垒的构建，进而获得竞争优势。

知识图谱的构建是系统性的工作，涉及数据获取、知识抽取、知识表示、数据存储与管理、知识数据的更新和维护等多项工作[286]，整个构建流程如图5-1所示。其中获取的数据包括结构化的数据、半结构化的数据及非结构化的数据；知识抽取部分指的是对半结构化或非结构化的数据进行实体、关系和属性的抽取，对于结构化的数据，则需要对其进行数据的整合，形成初步的知识表示；实体对齐是指是指对于异构数据源知识库中的各个实体，找出属于现实世界中的同一实体，以消除概念的歧义，剔除冗余和错误概念，从而确保知识的质量[287]。实体对齐的方法主要有基于网络本体语义分析的实体对齐、基于规则分析的实体对齐及基于相似度理论判定的实体对齐。经实体对齐的标准知识表示就可以存储于数据库中，经可视化后形成知识图谱，因而可以实现知识的查询与管理。同时，对于新的数据，可以经过同样的知识图谱构建流程处理后，存入同个数据库，形成知识的更新与

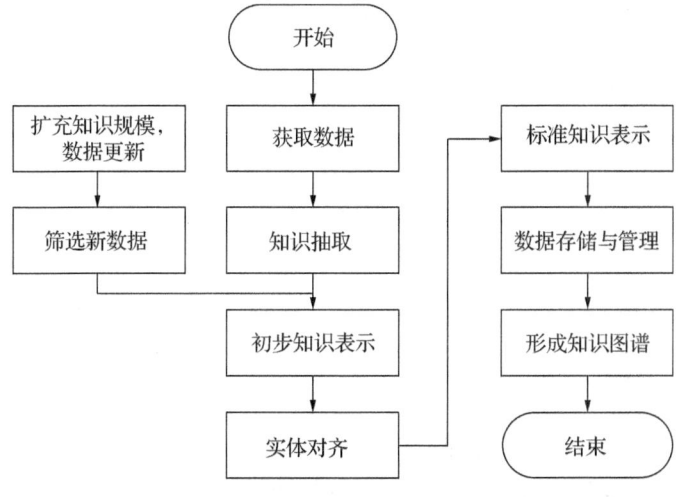

图 5-1　知识图谱构建流程

专利信息语义表示与深度挖掘

扩容。

总的来说,知识图谱可以从原始数据中获得结构化的知识,有利于人们快速获得所需的有效信息,并且支持知识的不断更新。因此,如果将知识图谱应用到技术机会实现路径的构建中,就能获得实现潜在技术机会所需的技术支持信息乃至关联信息,同时也方便技术路径的动态更新,因而可以帮助企业减少不必要的技术资源浪费,快速实现技术创新,获得竞争优势。

5.3 基于表示学习和类比设计的潜在技术机会预测方法

本章将潜在技术机会视为潜在研究问题,并进一步将潜在研究问题表达为技术的功效信息。结合当前类比设计的有关研究,为类比目标领域选择合适的类比源领域,基于两者的研究数据,抽取出与技术机会有关的功效信息作为类比知识单元,并基于功效信息的语义相似度建立类比关系,最后基于类比结果,分析发现潜在的技术机会。具体来讲,结合研究数据的特点,综合现有的信息抽取方法,采用深度学习的方法实现专利功效信息的自动抽取。然后基于表示学习方法实现专利功效短语的语义向量表示,并计算所有功效短语向量间的余弦相似度,基于语义相似度对专利功效短语进行聚类建立类比关系。最后,根据类比结果,采用机会评估算法实现对各个功效主题的技术机会得分计算,进而发现潜在的技术机会。

5.3.1 技术机会有关的类比知识单元抽取

(1) 类比源的选择

目标领域很容易确定,因为其只是技术机会仍不明确并需要检测的领域。而类比源也就是源领域的选择是模拟设计过程的第一步,可以直接决定模拟结果的有效性和正确性。因此,类比源的选择是影响类比设计有效性的重要因素。

类比可以被认为是一种特殊的相似,源领域可以根据属性、关系和文字联系来选择。本书中类比源的选择用于发现问题,很难制定完备的规则,但以下两个规则是不可或缺的。首先,类比设计的源领域和目标领域应该相似或相关,即它们可能具有相似或相关的特征、属性、结构、功能或其他信息。其次,其具有共同的、相似或相关的功效、目的或影响力,这些功效、目的或影响力可以通过来自源领域和目标领域的不同技术方法来实现。如果

5 基于短语语义表示的技术机会预测

满足上述规则之一,那么源领域和目标领域可能在研发过程中有相同的研究问题需要解决。

类比源的选择主要在同一领域的不同子领域内根据目标领域的特征、行为或属性进行选择。专利分类号表示可能具有相似功能、功效或目的的技术,并将专利分为不同的子类别或子领域。因此,本章根据专利中技术机会检测的一般实践和特殊要求,选择与目标领域属于同一领域的相关子领域作为源领域。

(2)基于 BiLSTM-CRF 的功效短语提取

由于各种形式的功效短语不能被完全列举,因而基于规则或基于特征的信息提取方法在这种情况下是无法奏效的,所以利用深度学习方法进行功效短语抽取,深度学习方法能够将功效短语抽取视为一项序列标注任务。首先随机选取一小部分专利作为训练集,其中用于功效短语组合的词的标签由人工标注,然后使用序列标注模型 BiLSTM-CRF 进行训练,最后通过模型在整体数据上对单词进行标注,然后组合为功效短语。

功效短语组成词的标签标注:本章将功效短语视为词序列的组合。它一般是通过交叉标注的方法来实现的,这种方法常用于标注命名实体,如人名、地名、机构名等。常见的标签集包括 {B, I, O}、{B, I, O, S} 和 {B, I, O, E, S},其中"B"、"I"、"O"、"E"和"S"表示实体的不同位置和部分,每一个都用单词"Begin""Inside""Other""End""Single"的第一个字符缩写。本章选择最常用的集合 {B, I, O} 作为组合功效短语的词的标签,其中"B"代表功效短语的起始词,通常用动词表示,"I"代表功效短语的内部词,通常用动词的宾语表示,"O"代表与功效短语无关的其他词。举个例子,如图 5-2 所示,其中"提高转换效率"被单词的标签识别为功效短语。

```
单词  ... to  improve  switching  efficiency  and  ...
标签  ... O   B        I          I           O    ...
```

图 5-2 序列标注示意

其中,B 表示一个功效短语的起始词,通常为一个动词,I 表示一个功效短语起始词除外的其他单词,通常为动词的宾语部分,O 表示与功效短语无关的单词。

基于 BiLSTM-CRF 的功效短语抽取：BiLSTM-CRF 神经网络模型结合了 BiLSTM 网络和 CRF 模型的优点。该模型不仅考虑了长距离上下文信息对功效短语标注的影响，而且捕捉了全局标注序列信息，实现了灵活的特征设计。这样可以最大可能地保证单词标注的正确性。首先，利用词向量方法对单词序列的每个单词进行向量化。其次，将词向量作为 BiLSTM 模型的输入，从前向和后向学习上下文信息特征。最后，将 BiLSTM 的输出作为 CRF 模型的输入，预测可组合为功效短语的单词的全局最优标签序列。基于 BiLSTM-CRF 的功效短语标注模型的整体框架是图 5-3 所示的 6 层神经网络，其中输入层用于逐个接收单词序列，输出层预测每个单词的对应标签。

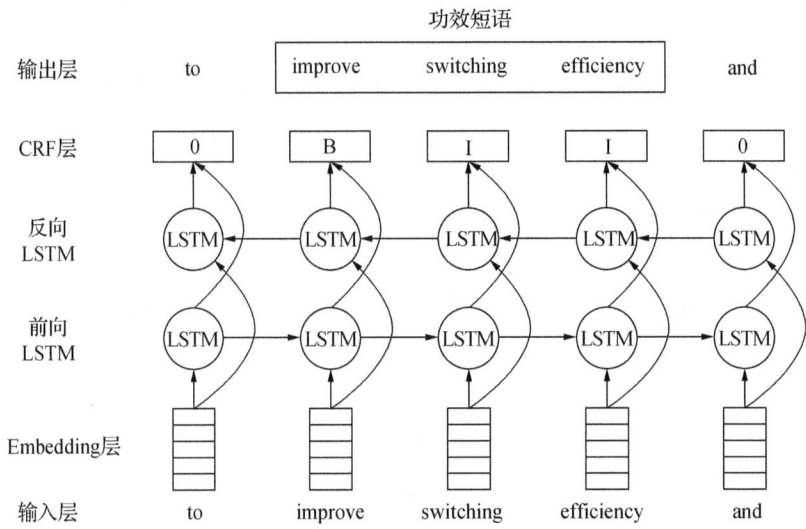

图 5-3 基于 BiLSTM-CRF 的功效短语自动标注模型

嵌入层将输入单词转换成包含单词上下文信息的词向量。大量工作表明，当使用预训练的词向量时，收敛速度比使用随机初始化的词向量更快。因此，本章采用高效、简单的 word2vec 来获取预训练的词向量。word2vec 是 Google 引入的一个模型，用于实现单词的向量表示。其基本思想是通过神经网络模型训练语料库，将每个单词映射成嵌入单词上下文信息的 k 维向量。

双向 LSTM 层包括向前和向后的 LSTM。其不仅从前到后学习输入序列的历史信息，而且从后往前学习信息，因此可以在两个方向上提供每个单词

5 基于短语语义表示的技术机会预测

完整的上下文信息。

CRF 层可以结合周围单词的信息计算最优联合概率,解码全局最优标签序列。因此,本章在双向 LSTM 网络的输出层之后增加了一个 CRF 层,以确定每个单词最可靠的标签。

将单词组合为功效短语:通过训练好的模型对每个专利文本的序列进行标注后,通过单词和相应的标注就可以组合得到功效短语。由于得到的标签序列不能直接转化为功效短语,本章建立了合适的标签序列匹配规则,将单词组合成功效短语。3 个匹配规则如下:第一种情况是预测结果同时包含标签"B"和"I"。在这种情况下,标签"B"对应的单词直接与标签为"I"的相邻单词组合在一起。第二种情况是预测结果只包含多个"I",没有"B"。这种情况下,标签"I"对应的词首先直接组合,然后人工判断。第三种情况是预测结果为空或者只包含一个标签。在这种情况下,结果会被直接删除不考虑。

5.3.2 技术机会有关的类比关系建立

主题聚类方法可以收集相似或相关的对象作为一个主题,通常利用多个相似性指标建立关系[288]。本章对所有功效短语采用主题聚类方法,形成源领域和目标领域之间的关系。由于功效短语之间的相似度无法直接计算,本章首先利用加权表示学习将一个专利中的多个功效短语转化为一个完整的向量表示。

功效短语的语义表示:先前实验表明,用单词向量的加权平均值(比如使用 TF-IDF 加权)来生成短语或句子向量,可以在许多任务中产生出乎意料的好结果[289]。因此本章选择利用基于 TF-IDF(Term Frequency-Inverse Document Frequency)的词向量加权平均法来表示专利的功效短语向量。此外,考虑到每个专利通常有多个功效短语,本章将这些功效短语的向量整合到专利级表示中。

首先,通过加权词向量的求和形成每个功效短语的向量。计算公式如式(5-1)所示。V_p 表示专利中每个功效短语的向量,V_{w_i} 表示在功效短语中的第 i 个词向量,$TF\text{-}IDF_{W_I}$ 表示相应 V_{w_i} 的 $TF\text{-}IDF$ 值,n 表示功效短语中包含的单词数。

$$V_p = \sum_{i=1}^{n} nV_{w_i} * TF\text{-}IDF_{W_I} \text{。} \tag{5-1}$$

然后通过向量平均将专利中功效短语对应的多个向量整合到专利级表示中。具体计算如公式5-2所示。其中 n 表示专利中构成的功效短语的数量。

$$V_p = \frac{\sum_{j=1}^{n} V_p}{n}。 \tag{5-2}$$

基于向量聚类的类比关系建立：聚类方法通过计算功效短语向量之间的余弦相似度，将相似的功效短语作为不同的主题聚集在一起。因此，可以通过主题建立类比关系，这些主题包含的功效短语既可能来自源领域也可能来自目标领域。

根据聚类结果，类比关系示意图如图5-4所示，其中颜色用于区分目标领域和源领域的功效短语，圆圈的大小用于指示每个主题中功效短语的数量。表示不同关系的主题有5种类型，具体可分为3类。第一类由主题5组成，第二类由主题2组成，第三类由主题1、主题3和主题4组成。

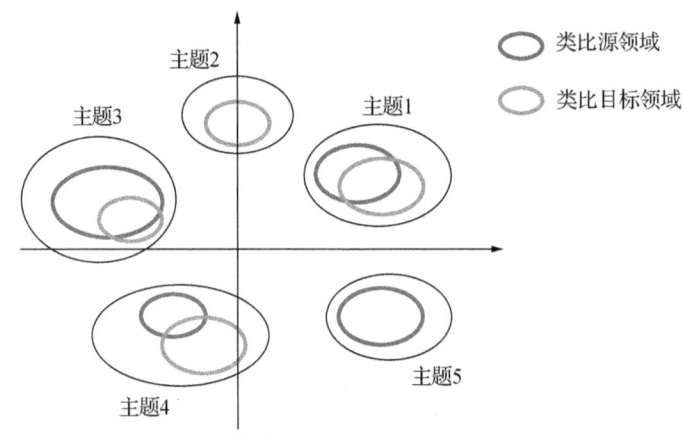

图5-4 类比关系建立示意

技术机会可能出现在第一类，因为在源领域存在研究问题，但目标领域仍未出现。同时，第二类也可能存在技术机会，因为主题2是一个只出现在目标领域的新兴课题，可能有很大的研究前景。大多数主题可能属于第三类，同时包含来自源领域和目标领域的功效短语，因此需要计算每个主题的分数来识别真正的技术机会。

5.3.3 基于技术机会得分的潜在技术机会预测

可以使用基于ODI（成果驱动创新）的方法通过两个类似领域之间

的比较分析来评估技术机会。其可以从需求满足的角度来评价机会价值，主要体现在重要性和满意度上。重要性是指如果源领域的一个研究课题包含更多的专利，那么这个研究课题对于目标领域来说就更加重要。同时，满意度意味着如果目标领域的一个研究课题包含专利很少，则表明该课题的技术可能还没有完全满足目标领域的市场需求。综上所述，可以看出，如果一个主题重要性高，满意度低，机会得分就更高。计算方法如式（5-3）所示。

$$\text{Opportunity} = S_t + \max((S_t - I_t), 0) \text{。} \tag{5-3}$$

对于具体的重要性和满意度的度量，本章基于文献[239,290]提出的可行性评估方法，满意度指标计算公式设置如式（5-4）所示：

$$S_t = \frac{N_{nt}}{N_{nu}} \text{。} \tag{5-4}$$

其中，S_t 表示主题 t 的满意度，N_{nt} 表示主题 t 中目标领域专利的数量，N_{nu} 表示目标领域所有的专利数量。

重要性指标计算公式设置如式（5-5）所示：

$$I_t = \frac{N_{mt}}{N_{mu}} \text{。} \tag{5-5}$$

其中，I_t 表示主题 t 的重要性，N_{mt} 表示主题 t 中源领域专利的数量，N_{mu} 表示源领域所有的专利数量。

在计算出每个聚类主题的机会得分后，就可以根据技术机会得分大小进行排序，得分越高，则表明机会越大，越能成为潜在的技术机会，因而确定出哪些聚类主题能够成为当前研究领域的潜在技术机会。

5.3.4 基于类比设计的潜在技术机会预测实证研究

（1）数据收集与预处理

通信技术改变了人们的生活方式和各个行业，其中以 3G、4G 和 5G 为三大代表技术。3G 相对 2G 大幅提升了数据传输速度，开启了"图片时代"。之后，4G 让通信更快，开启了"视频时代"。随着 4G 技术的发展和成熟，5G 正在成为最新的移动通信技术，并为我们的日常生活提供了极大的便利，但 5G 仍未完全商业化，需要进一步研发。因此，本章利用 3G 和 4G 领域的数据验证了所提方法的有效性，并利用 4G 和 5G 领域的数据预测了技术机会。

本次实验以德温特（Derwent Innovations Index，DII）数据库作为专利数

专利信息语义表示与深度挖掘

据检索平台，DII 是检索全球专利的权威数据库，包含自 1900 年以来全球范围内的海量专利信息，同时，DII 采用"专利族"的概念将同一技术在全球不同国家和地区申请的专利进行汇总，在一定程度上简化了专利分析的复杂度。本次实验选定的主题词分别为"3G or Third Generation""4G or Fourth Generation""5G or Fifth Generation"，检索的专利分类号采用德温特分类代码，为"W01 or W02。为了利用 3G 和 4G 之间的类比验证所提出的方法，目标领域 4G 领域专利的检索时间范围是 2005—2019 年，因为 4G 领域的数据是在 2005 年左右开始出现的。4G 领域的数据分为前期（2005—2013 年）和后期（2014—2019 年），因为数据从 2014 年开始趋于稳定。前期分别检索到 3G 和 4G 领域相关专利 12 351 件、2007 件。后期检索到 4G 领域专利 6509 件。

针对 4G 和 5G 领域类比的技术机会预测，由于 5G 领域的数据在 2009 年前后开始出现，专利的检索时间范围为 2009 年至 2019 年。最后检索到对应 4G 和 5G 领域相关专利 10 806 和 5235 项。

本书对原始数据做了一些预处理。首先，3G 和 4G 领域都包含的专利被认为是 4G 领域的专利，同样，4G 和 5G 领域都包含的专利被认为是 5G 领域的专利。其次，进行分词、词条化和案例转换，为后续处理做准备。此外，删除重复专利和没有摘要字段的专利，并过滤与研究主题无关的专利数据。此外，由于专利标题和摘要都包含了专利的语义信息，故将标题和相应的摘要集成为专利的文本进行词向量学习。最后，由于需要利用 3G 和 4G 之间的类比验证所提出的方法，前期保留了 9974 项和 1898 项与 3G 和 4G 领域的专利，后期保留了 5071 项 4G 专利。使用 4G 和 5G 之间的类比进行技术机会预测，对应的专利数量分别为 7979 和 4908 项专利。

（2）技术机会有关的类比知识单元抽取结果

首先抽取专利中的文本进行短语抽取，然后随机抽取其中的部分文本，并对其中的功效短语进行人工标记，进行模型的训练和测试，最后将模型用于整体数据的功效短语抽取。

用于功效短语提取的字段选择：DII 数据库中的专利摘要包含多个具体描述的领域，即"新颖性""用途""优点""详细描述"。其中，"ADVANTAGE"字段是描述专利所取得效果的主要信息来源（包括正面表现的增加、负面表现的减少，或优异表现的维持等）。因此，为了减少后续神经网络模型训练不必要的标注工作量和冗余信息的干扰，本章使用正则表达式匹

5 基于短语语义表示的技术机会预测

配"ADVANTAGE"字段进行后续功效短语提取。

模型训练和测试：在这个实验中，从 3G 和 4G 领域的专利中随机选择 1000 个专利，这些专利中的功效短语由作者使用开源文本注释工具"doccano"手动标记。以 8∶2 的比例将数据集分为训练集和测试集。利用 python 3.6.2 的 keras 包构建 BiLSTM-CRF 模型。此外，嵌入层的输入词向量使用 Python 3.6.2 的 gensim 包中的 word2vec 模型进行预训练。主要参数设置如下："sg = 1"表示使用 word2vec 中的 skip-gram 模型，通常针对规模较小的训练数据进行选择；"size = 100"表示向量维数为 100，即每个单词表示为 100 维空间中的一个点；"window = 10"表示取当前位置周围的十个单词作为上下文信息；"hs = 0"表示使用负采样技术进行训练优化；"iter = 10"表示 10 次迭代训练。最终的训练结果如图 5-5 所示，其中第一列表示训练过的单词，其余列表示相应向量的 100 个维度中的 6 个。

transmission	0.14210646	-0.19107573	-0.025736513	-0.16423506	-0.0778837	0.21101251	-0.20606758
signal	0.43237668	0.09995376	-0.08141513	0.06829313	-0.033014715	0.114875875	-0.38653398
network	0.10912676	0.033659767	0.047573425	0.32539147	-0.2513746	0.40757337	-0.025142806
intelligence	0.29854938	-0.02401332	-0.119620994	0.33233243	-0.18857896	0.26491582	0.14113925
technical	0.4541549	0.08411075	-0.36189875	-0.07206538	-0.31707925	0.596486	-0.156227
monitor	0.11522913	0.41211334	0.029070292	0.03774264	-0.7201958	-0.012708022	-0.26275757
terminal	0.06758576	0.11361171	-0.301485	-0.08453768	-0.030470004	0.5036168	0.046080824
wireless	0.17821766	0.039831355	-0.14563516	0.025936235	-0.19899173	0.51099133	-0.059010003
transaction	0.2138524	-0.24880305	-0.40733334	0.09478629	-0.24081542	0.7844799	0.37330192
broadcast	0.37021053	-0.7302898	0.21970114	0.24080785	-0.12075007	0.16392751	-0.0220981

图 5-5 词向量表示

应用模型提供的评价函数来评价当前训练模型的性能。具体训练效果如图 5-6 所示。可以发现，经过近 50 次训练迭代，模型准确率达近 90%，并趋于稳定。同样，损失也小于 5.8，趋于稳定。因此，此时训练模型表现良好。

短语抽取对整体数据的影响：经过训练后，该模型可以用来标记单词，每个单词都分配有一个单独的标签。然后，功效短语由 3 个建议的匹配规则形成，包括总共保留的 11 363 条有效数据。表 5-2 列出了部分提取的功效短语，这表明几乎所有的功效短语都能够被正确提取。

（3）技术机会有关的类比关系建立结果

在功效短语提取之后，本章使用 TF-IDF 权重来获得专利中多个功效短语的综合向量表示。同时，为了消除不同粒度特征的影响，加快速度，增强

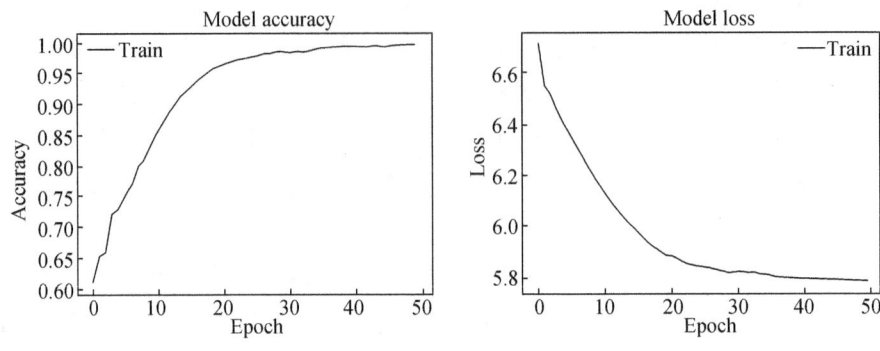

图 5-6　模型训练效果评估

（此处为公开程序自动生成的图形，模拟坐标均为固定化表达）

效果，这里通过线性缩放将所有向量归一化为正负 1 区间内的值。

表 5-2　部分功效短语展示

序号	功效短语
1	reduce difficulties of narrow bandwidth
2	reduce equipment maintenance cost
3	enable improving personal safety
4	enable increasing mobile terminal file downloading speed
5	have high tracking efficiency

利用 Python 3.6.2 的 scikit-learn 库中的 K-Means 包基于余弦相似度对短语进行聚类。通过多次聚类尝试和 SSE 的平稳下滑，集群数量设置为 20 个。此外，每个主题都标有几个有代表性的功效短语，以便于解释和理解。由于每个主题都有一个聚类中心，该中心是属于该主题的所有点的平均值，遵循一般惯例，用最接近聚类中心的几个功效短语来标记每个主题。对于未合并的最初 20 个主题，每个主题中的部分代表性功效短语如表 5-3 所示。

表 5-3　最接近聚类中心的代表性效应短语

合并后主题号	源主题号	功效短语
M1	1	improve spectral efficiency and signal quality; enhance network throughput; increase data rates

5 基于短语语义表示的技术机会预测

续表

合并后主题号	源主题号	功效短语
M2	2	provide the ability for entertainment system; enable targeting an advertisement to a channel or program; allows easy creation of user community sharing
	16	improves agriculture and forestry diseases work quality; agriculture and forestry diseases and insect pests control information be promoted; achieve high working efficiency
M3	3	convenient installation; simple in structural design; stable mechanism performance
	7	simple in structure; reasonable in design; convenient to operate and maintain
	14	reduce fault rate and production cost; simple structure; high flexibility
M4	4	network connection delay of terminal can be reduced; disconnection of communication in mobile terminal can be prevented; consumption of terminal can be reduced
	15	reduce power consumption; reliable power management; reduces power consumption of the portable terminal
	17	communication quality of wireless terminal can be improved; service cost of the terminal system can be reduced; management of the terminal can be easily performed
M5	5	improve reliability of the downlink data; simplify uplink transmission power control process; dynamically schedule uplink transmissions
M6	6	enable service providers to select optimized topological locations; wireless service provider be allowed to shift network traffic; ensure improved service quality

续表

合并后主题号	源主题号	功效短语
M7	8	reduce signal interference for receiving; cancel noise signals and occurrence of interference signals; lower receive band noise
	9	improve the network planning and coverage; significant reduction in inter-carrier interference; reducing influence of interference of a heterogeneous network
M8	10	ensure efficient confidentiality and integrity of communication authenticates; realizes the bilateral authentication; improves the safety and the efficiency
	18	efficiently authenticate the mobile Internet protocol mobile station; security tunnel processor can be continuously maintained; improves handover handling in mobile networks
M9	11	improves monitoring efficiency; realize remote security monitoring; ensures real-time collection
	20	provide remote measuring; remote maintenance and control; implement the remote treating and monitoring operations
M10	12	ensures high-speed data service; enhance the reliability of data communication; the data transmission efficiency can be increased
M11	13	ensure compliance to other architectures; signaling protocol and the interworking function can be provided with the seamless handover; smooth switching of the service evolved network and the circuit
M12	19	reduce servicing delay; avoid signaling loss problem; reduces the handover delay

有些主题相似度很高，应该人工进行合并。例如，主题3、主题7和主题14都与基站天线有关，尽管每个主题的重点可能略有不同。因此，本章将其纳入后续技术机会评估中的基站天线主题。类似地，其他类似的主题也

5 基于短语语义表示的技术机会预测

被合并,最终得到12个合并的主题,如表5-3所示。具体如下:(M1)通信质量,包括提高频谱效率和信号质量,提高网络吞吐量等。(M2)通信应用,包括为娱乐系统提供能力、将广告定向到频道或节目、提高农林疾病工作质量等。(M3)基站天线,包括安装方便、机构性能稳定、灵活性高等。(M4)通信终端,包括降低终端网络连接时延、降低终端功耗、提高无线终端通信质量等。(M5)通信链路,包括提高下行链路数据的可靠性、简化上行链路传输功率控制过程等。(M6)通信服务提供商,包括使服务提供商能够选择优化的拓扑位置,允许服务提供商转移网络流量,提高服务质量等。(M7)通信干扰,包括降低信号干扰、降低噪声信号、显著降低载波间干扰等。(M8)通信认证,包括确保通信认证的高效保密性和完整性、维护隧道处理器的安全性、改进移动网络中的切换处理等。(M9)远程监控,包括提高监控效率、实现远程安全监控、提供远程测量等。(M10)数据传输,包括保证高速数据业务、提高数据传输效率、增强数据通信的可靠性等。(M11)通信切换,包括确保符合其他架构、服务的平滑切换、提供无缝切换等。(M12)通信延迟,包括减少服务延迟、避免信号丢失问题、减少切换延迟等。

(4)基于技术机会得分的技术机会预测结果

基于聚类结果,各主题下3G和4G领域的专利数量如表5-4所示。说明有大量与主题4、主题8相关的专利,与通信终端、通信认证相关。主题5特别是主题11的专利数量相对较少,与通信链路和通信切换有关。可以注意到,每个主题都包含3G和4G两领域的专利,因此无法直接确定哪个主题会成为技术机会,需要进一步计算主题得分进行技术机会检测。

表5-4 用3G和4G之间的类比得出的每个主题的专利数量

主题	M1	M2	M3	M4	M5	M6
3G	383	401	1104	1333	252	405
4G	108	127	305	268	17	123
主题	M7	M8	M9	M10	M11	M12
3G	1133	1416	1184	1260	215	371
4G	208	249	245	178	12	66

根据表5-4中的统计结果,可以计算每个主题的重要性和满意度,然后计算技术机会得分,如表5-5所示。可以发现,主题1、主题2、主题5、

主题 6、主题 11、主题 12 的机会值相同且最低。而主题 8 和主题 10 的机会价值相同且最高。

表 5-5 每个主题的技术机会得分

主题	M1	M2	M3	M4	M5	M6
Satisfaction	0.06	0.07	0.16	0.14	0.01	0.06
Importance	0.04	0.04	0.12	0.14	0.03	0.04
Opportunity score	0.04	0.04	0.12	0.14	0.04	0.04
主题	M7	M8	M9	M10	M11	M12
Satisfaction	0.11	0.13	0.13	0.09	0.01	0.03
Importance	0.12	0.15	0.13	0.13	0.02	0.04
Opportunity score	0.13	0.17	0.13	0.17	0.04	0.04

实验将分数高于 0.1 的主题视为技术机会，其分数在表中以粗体标出。按分值（同分值不分先后）依次为：M8（通信认证）、M10（数据传输）、M4（通信终端）、M7（通信干扰）、M9（远程监控）、M3（基站天线）。

利用技术发展后期公布的其余 4G 领域专利对技术机会的实际演进结果进行检测，然后将检测到的技术机会与实际演进结果进行比较，对方法进行验证。

通过多次聚类尝试和 SSE 的平稳下滑，将主题数设置为 10。每个主题用最接近聚类中心的多个代表性功效短语来标记。每个主题中的部分代表性功效短语如表 5-6 所示。

表 5-6 后期最接近聚类中心的代表性功效短语

主题号	功效短语
L1	reduce the intercell interference; reduce or eliminate any interference; less intercell interference and high multiplexing capability
L2	provision portable network access for the customer; user identifiable information be securely deleted; create a robust platform for data collection
L3	high transmission efficiency; network quality and performance efficiency can be improved; throughput of data can be improved

续表

主题号	功效短语
L4	reduce operation cost; saves investment of manpower and material resources; improves instantaneous working efficiency
L5	simple structure; improve performance of the antenna; increase voltage standing wave ratio
L6	high monitoring accuracy; improves locating accuracy; automatic inspection function
L7	guarantee provision of mobile internet; stable internet connection; ensures continuity of the communication operation
L8	reliable and convenient to operate; simple to install; high flexibility
L9	ensure timeliness and continuity of monitoring data; realize intelligent monitoring process; can remotely use monitoring condition
L10	improving efficiency of a terminal access; reduce the terminal power consumption; enhance the endurance of the terminal

根据表5-5通过类比设计发现的6个技术机会，我们可以通过比较功效短语在表5-6中找到是否有一个或多个对应的主题。结果表明，每个检测到的技术机会都出现在实际的演化结果中，如表5-7所示。

表5-7 检测到的技术机会和实际演进结果之间的匹配结果

早期识别到的技术机会	M8	M10	M4	M7	M9	M3
后期对应的主题号	L2	L3	L10	L1	L6, L9	L5, L8

通过检测到的技术机会与实际进化结果之间的代表性功效短语的重叠词来直接映射主题。例如，M7和L1之间高频且重要的重叠词是"干扰"，因此我们可以通过附加解释功效短语的含义来将其配对，并发现M7和L1都提到了通信干扰的主题。同样的，M4和L10指的是同一个题目叫作通信终端，M9和L9有相同的题目叫作远程监控，M10和L3有相同的题目对应数据传输。

通过检测到的技术机会和实际进化结果之间的代表性功效短语的明显意

义来间接映射主题。例如，主题 L5 和主题 L8 都涉及天线的特性，这可以与 M3 匹配，因为这三个主题都涉及基站天线。同样，M9 和 L6 指的是同一个题目叫远程监控，M8 和 L2 对应的题目是通信认证和用户可识别信息。

此外，剩下的 6 个不被认为是技术机会的主题，包括 M1（通信质量）、M2（通信应用）、M5（通信链路）、M6（通信服务提供商）、M11（通信交换）和 M12（通信时延），几乎没有与实际演进结果相匹配的主题。只有主题 M12 在一定程度上与主题 L7 相似，因为减少通信延迟（M12）在某种程度上与稳定和连续的通信连接（L7）有关。

再者，L4（降低运营成本；节省人力物力投入，提高瞬时工作效率）和 L7（稳定的互联网连接；确保通信操作的连续性）是实际演进结果中仅有的两个剩余主题，这两个主题与任何检测到的技术机会并不严格匹配。但在一定程度上，L4 类似于 M4（通信终端），L7 类似于 M1（通信干扰）。自然，这也表明该方法不能预测所有实际的进化结果，需要进一步研究。

（5）利用 4G 和 5G 之间的类比预测技术机会

本小节采用 4G 和 5G 领域的类比进行技术机会预测，其中 4G 作为源领域，5G 作为目标领域。它可以为 5G 领域的决策提供有益的结果，并为其他领域的进一步应用提供一个很好的范例。该过程类似于使用 3G 和 4G 领域之间的类比来验证所提出的方法，因此该部分仅展示了该方法识别到的最终技术机会。

通过每个主题中功效短语的含义，最初的 20 个主题被手动合并成 14 个主题。合并主题如下：①信号传输，包括提高信号传输的稳定性、提高信号传输效率、提高链路频谱效率等。②信号干扰，包括在传输过程中减少外部干扰和信号之间的相互干扰等。③基站天线，包括天线外观和结构、性能等的改进。④数据传输，包括提高无线通信系统中上行/下行数据传输效率，保证数据传输可靠，提高数据传输成功率等。⑤通信安全，包括保障数据传输安全、数据访问控制等。⑥终端连接，包括使终端能够根据服务和需求调整对网络系统的访问，确保终端之间的实时切换连接等。⑦通信网络，包括提高通信网络的性能和可靠性，提高通信网络接入的准确性和效率等。⑧网络资源管理，包括实现网络切片功能、根据业务和需求调整接入网系统等。⑨网络流量控制，包括有效的网络流量管理、节约流量成本等。⑩通信故障处理，包括减少通信拥塞、准确检测通信故障点、提高维护效率等。⑪网络覆盖，包括扩大网络覆盖、增加服务区域、降低网络建设成本等。⑫通信质

5 基于短语语义表示的技术机会预测

量,包括提供波束形成增益、减少信号衰减等。⑬电子设备的应用,包括在车载系统、卫星导航系统和智能家电中的应用,以提高实际应用效果等。⑭其他应用,包括在各行业及生活各方面促进行业发展、提高人民生活便利性的应用等。

基于聚类结果,每个主题下 4G 和 5G 领域的专利数量如表 5-8 所示。可以注意到,每个主题都包含 4G 和 5G 两领域的专利,因此无法直接确定哪个主题会成为技术机会,需要进一步计算主题得分进行技术机会检测。

表 5-8 每个功效主题的专利分布数量

主题	1	2	3	4	5	6	7
4G	567	430	248	838	737	394	653
5G	398	587	447	622	906	686	961
总数	965	1017	695	1460	1643	1080	1614
主题	8	9	10	11	12	13	14
4G	105	103	177	352	30	90	106
5G	147	595	867	391	25	544	678
总数	252	698	1044	743	55	634	784

根据表 5-8 的统计结果进一步计算每个主题的重要性和满意度及技术机会得分(结果保留两位小数),结果如表 5-9 所示,可以发现主题 12(通信质量方面的研究,包括提供波束形成增益,减少信号衰减等)获得了最低的技术机会得分。对于 5G 来说,这也可以理解,因为 5G 很快就要实现大规模商用,通信质量相对于 4G 肯定已经有了较大的改善和提高,因而该主题目前不太可能是潜在技术机会。而主题 10(通信故障处理方面的研究,包括减少通信堵塞、通信延迟问题、准确检测通信故障点、提高维护效率等)显示出了最高的技术机会得分。由于 5G 刚开始商业化,很多潜在的通信故障问题可能是未知或者是与 4G 不同的,因此如果提前做好应对措施、给出解决方案,就能够取得技术竞争优势,因而该主题的技术机会得分最高,必然是一个潜在技术机会。

专利信息语义表示与深度挖掘

表 5-9　每个功效主题技术机会得分

主题	1	2	3	4	5	6	7
满意度	0.12	0.09	0.05	0.17	0.15	0.08	0.14
重要性	0.05	0.07	0.06	0.08	0.12	0.09	0.12
机会值	0.05	0.07	0.07	0.08	0.12	0.10	0.12
主题	8	9	10	11	12	13	14
满意度	0.02	0.02	0.04	0.07	0.01	0.02	0.02
重要性	0.02	0.08	0.11	0.05	0.00	0.07	0.09
机会值	0.02	0.14	0.18	0.05	0.00	0.12	0.16

最后，结合表 5-9 每个功效主题的技术机会得分情况，本次实验把技术机会得分≥0.1 视为潜在技术机会，最终得到 7 个潜在技术机会，根据得分高低（相同得分不分先后顺序）依次为：主题 10、主题 14、主题 9、主题 5、主题 7、主题 13 和主题 6。其中，主题 10（通信故障处理方面的研究，包括减少通信堵塞、通信延迟问题、准确检测通信故障点、提高维护效率等）之所以成为最高得分的潜在技术机会前面已经解释过。对于得分紧随其后的主题 14（5G 在各行业应用方面的研究，例如，作为各个行业设备的嵌入模块等）来说，同样可以理解，因为 5G 相对于 4G 来说，应用的范围和深度显然要大得多，因此这方面的研究在眼下及随后的商业化过程中都应当重视，不断寻求新的应用突破。同样，得分排名第三的主题 9（网络流量控制方面的研究，包括有效的网络流量管理、节省流量费用等）作为潜在技术机会是因为 5G 通信速度的提高带来了越来越多的流量消耗，这在消费者眼中必然会造成网络流量费用的提高，因而如果不重视流量管理这方面的研究，很可能造成商业化过程中消费者的流失。另外，主题 5（通信安全方面研究，保证数据传输的安全性、数据访问控制安全等）、主题 7（通信网络方面的研究，包括提高通信网络的性能和可靠性、提高通信网络访问的准确率和效率等）和主题 13（电子设备的应用方面的研究，包括应用于车载系统、卫星导航系统、智能家电等方面来改善实际运用效果等）作为潜在技术机会都获得了 0.12 的机会得分，这 3 个主题的机会得分排名在中间主要是由于这些主题都是有关通信领域的一些传统研究主题和应用方面的研究，因而可以继续研究下去。而主题 6（终端连接方面的研究，包括使终端

5　基于短语语义表示的技术机会预测

根据服务和需求调整接入网络系统、保证终端之间实时的切换连接等）作为得分最低的潜在技术机会主要是由于先前 2G、3G、4G 间的终端连接和切换为 5G 和其他通信网络的切换提供了可实施的经验和技术方法，因而相对于其他排名靠前的主题来说，技术创新的空间没有很大，研究的迫切性也不是很强。

综上，结合技术机会得分的排名情况和以上的分析结果，选择以上主题作为潜在技术机会是比较合理且符合实际现状的。与此同时，在后续的研究中，这些研究结果也可以作为决策支持信息进一步提供给相关领域内的专家，以落实其实际应用价值。

5.4　基于表示学习和知识图谱的技术机会实现路径构建

潜在技术机会为相关技术和科研人员提供了技术创新的研究方向，可以解决"做什么"的问题，然而现实生活中，"怎么做"的问题，即怎么实现技术机会同样重要。前面提到过，每个专利文献通常具有一个比较明确的技术主题，而这个技术主题与其功效是相互关联的，即通过该技术主题可以达成某些功效，因而一定程度上说明了技术与功效之间可以形成一种实现路径。与此同时，潜在技术机会是由专利的功效信息体现的，因此，对潜在技术机会实现路径构建的研究可以转化为对技术与功效关联关系路径的构建研究。

前面的潜在技术机会预测研究已经实现了所有专利功效短语的抽取，因此只需要抽取所有专利对应的技术主题词，并识别出技术与功效之间的关联关系，就可以初步构建"技术—关系—功效"形式的三元组实现路径，经数据清洗后形成标准的三元组实现路径，并存入数据库进而形成知识图谱，然后针对每个具体的潜在技术机会就可以通过数据库查询语言找到对应的实现路径，具体的技术路线如图 5-7 所示。

5.4.1　潜在技术机会实现路径技术主题抽取

本章潜在技术机会的实现路径主要关注技术到功效的可行路径，即该路径侧重于对实现功效的主体技术方向的引导，因此不需要具体的技术实现细节等信息，只需要抽取核心的技术主题信息。由于专利文献的规范性，专利标题多数会直接表明专利的类型、技术主题、应用领域等信息。有学者试图

专利信息语义表示与深度挖掘

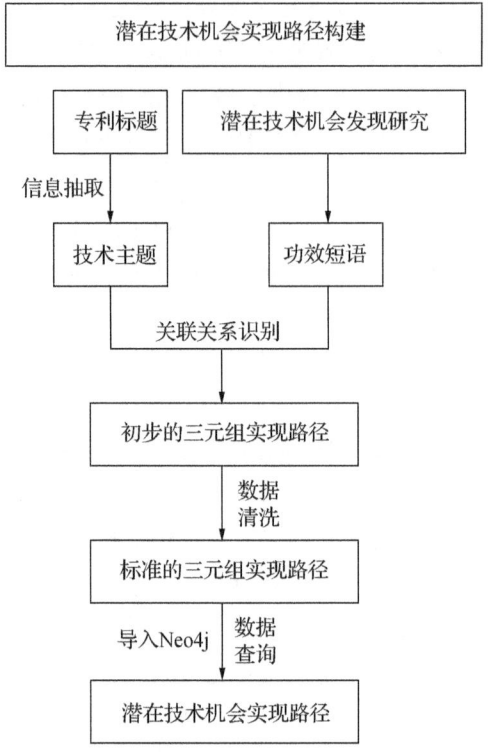

图 5-7 潜在技术机会实现路径构建技术路线

从专利摘要或权利说明书中提取技术主题,而这部分内容更多的是侧重于对技术实现细节的阐述,因此对于所要抽取的技术主题来说,反而引入了更多的噪声信息。同时,专利标题中一般会有多个技术词,不同位置的词所扮演的语义角色和重要程度是不同的,需要根据不同的表达形式区别对待。比如,以本章实证研究的 5G 领域的某个专利标题"Method for aggregating paging messages in communication network, involves…"为例,其中,"aggregating paging messages"是专利的技术主题,"communication network"是"aggregating paging messages"技术的应用领域,"Method"则表明该专利的类型为一种方法,而"involves"及后面的内容则是介绍技术主题的部分技术实现细节及技术应用的举例说明等信息的,对于本章技术主题的抽取来说是一种冗余信息,因此可以在抽取之前先将其过滤掉。

考虑到多数专利的标题表达形式比较规范且有一定的规则可循,本章采

5 基于短语语义表示的技术机会预测

用基于规则的信息抽取方法抽取技术主题,具体分为基于正则表达式匹配的技术主题抽取和基于依存句法分析的技术主题抽取。

(1) 基于正则表达式匹配的技术主题抽取

正则表达式描述了一种字符串匹配的模式,可以用来判断一个字符串是否含有某种子字符串、替换匹配的子字符串及抽取符合某个条件的子字符串等。本章基于正则表达式匹配的专利技术主题抽取主要针对这一种情况:当专利标题中含有"based""used""featured"等类似的被动语态的词语时,将该类型的词语视为技术主题的线索词,而将线索词之前的词语作为技术主题词。

例如,在专利标题"Cloud service based intelligent mobile phone communication method"中,"based"为技术主题的线索词,"Cloud service"是线索词之前的词语,为该专利的技术主题,而标题中的其他词语,如"intelligent mobile phone communication"表明技术应用的领域为智能手机通信领域,"method"表示该专利类型的是一种方法。

(2) 基于依存句法分析的技术主题抽取

依存句法分析是确定句子的句法结构或者句子中词汇之间依存关系的分析方法。本章基于依存句法分析的技术主题抽取主要分为两种情况,第一种是当专利标题中含有表示专利类型的词,并且以该词作为整个专利标题的中心词,同时以"专利类型词 + for"形式的结构开头时,把修饰专利类型词的直接宾语作为该专利的技术主题。

例如,对专利标题"Method for aggregating paging messages in communication network"进行依存句法分析,结果如表 5 - 10 所示,可以通过"ROOT. DEP_"的结果判断"Method"是表示专利类型的中心词,"aggregating paging messages"是其直接宾语,用来作为该篇专利的技术主题,"communication network"是介词宾语,用以表明技术的应用领域。

表 5-10 依存句法分析结果

TEXT	ROOT. TEXT	ROOT. DEP_	ROOT. HEAD. TEXT
Method	Method	ROOT	Method
paging messages	messages	dobj	aggregating
communication network	network	pobj	in

第二种情况是当专利标题以专利类型词作为后置中心词时，把靠近中心词的定语作为该专利的技术主题，而如果该定语也存在定语，则将该定语和其定语构成复合定语一同作为技术主题，并以此类推下去。

例如，对专利标题"Intelligent home remote control system"进行依存句法分析，结果如表 5-11 所示，通过"DEP"可以判断出"system"是中心词，"home"和"control"是复合定语，通过"CHILDREN"可以判断出最靠近"system"的定语为"control"，同时，由于"control"也存在定语"remote"，"remote control"构成了靠近中心词的复合定语，因此直接把"remote control"视为该专利的技术主题。而如果"remote"的定语为"home"，"home"的定语为"Intelligent"的话，那么"Intelligent home remote control"则为技术主题。

表 5-11　依存句法分析结果

TEXT	DEP	HEAD TEXT	CHILDREN
Intelligent	amod	system	
home	compound	system	
remote	amod	control	
control	compound	system	remote
system	ROOT	system	Intelligent，home，control

（3）其他情况的技术主题抽取

最后还有一种完全没有体现出技术主题的发明专利标题，例如，"Mobile phone terminal service platform"等。对于该类专利，其本质是通过类比目标领域或类比源领域的相关技术实现的一个具体应用，因此可以将这种发明专利的技术主题根据所属的领域视为目标技术或类比源领域。这里选择直接将这类专利标题作为技术主题，表明其专利背后依托的技术主题为目标技术或类比源领域。例如，以 5G 领域中没有体现出技术主题的专利为例，直接保留专利标题表明其背后依托的技术即为 5G 技术。

5.4.2　潜在技术机会实现路径构造

抽取技术主题后，就可以结合 5.3 节抽取的专利功效短语来进行潜在技

5 基于短语语义表示的技术机会预测

术机会实现路径的构建。基于先前的研究，比如专利技术功效图或专利技术功效矩阵[291-293]等，本章的潜在技术机会实现路径可以相应的构建为"技术—功效"形式的二元组。但是这种二元组形式的路径结构没有考虑技术与功效之间的关联关系，不利于人们判断技术与功效之间更深层次的语义联系。与此同时，对于潜在技术机会的实现路径来说，一般会有不止一个，如果需要根据实际情况选出比较合适的技术方法来实现，专利技术功效图或专利技术功效矩阵的作用就显得很有限，无法提供较好的参考价值。因此，迫切需要一个能够揭示技术与功效之间深层次语义联系，并且提供路径间比较功能的潜在技术机会实现路径构造方法。

（1）三元组实现路径构造方法

"实体—关系—实体"三元组是用于知识谱图中描述实体或概念及其相互关系的基本组成单位，可以清楚地揭示实体之间的语义关系，并可以存储在数据库中，供用户查询或者进一步分析利用。基于这种形式的三元组，先前"技术—功效"形式的二元组路径结构就可以改进形成"技术—关系—功效"形式的三元组路径结构，表明技术是怎么影响功效的实现的，因而揭示出技术与功效之间的语义联系。

与此同时，"技术—关系—功效"形式的三元组实现路径可以通过关系词判断出某个技术方法是改善了某个功效，还是产生一个新的功效，或者是减少了某个劣势性能等，因而可以提供实现路径间的比较功能。因此，本章通过构造"技术—关系—功效"形式的三元组路径来实现潜在技术机会实现路径的构建。

（2）实现路径关系词和功效实体识别

根据"技术—关系—功效"三元组实现路径，可以知道本章抽取的技术主题对应其中的技术实体，而对于路径中的关系词和功效实体，则需要基于本章第3章抽取的功效短语来确定。从功效短语的标注规则及最终的抽取结果来看，可以知道功效短语的结构大多为动宾结构，如"improve signal sensitivity"，以及被动结构，如"overhead be reduce"，这种两种结构的功效短语可以直接从中识别"技术—关系—功效"三元组中的"关系"和"功效"，如关系即为"improve""reduce"这样的动词，实体则为"signal sensitivity""overhead"这样的功效名词或名词短语。而对于少部分由于神经网络模型训练效果有限而抽取的名词短语，如"quick reaction capability"，其单独构成一个实体，无法直接识别出关系，需要人为给其添加关系。对于这

专利信息语义表示与深度挖掘

种类型的功效短语,本章设定关系为"be related to",认为该专利对应的技术主题与某个功效是有紧密联系的。

针对以上3种结构功效短语的关系词和功效实体的识别举例说明,可以知道,三元组实现路径的中关系词为功效短语中的动词或"be related to",功效实体为功效短语中的名词或名词短语,结合功效短语的特点,就可以根据功效短语的首位单词和末尾的两个单词的词性识别出关系词和功效实体。具体的,关系词和功效实体的识别可以分为3种识别情况:①如果某个功效短语的首位单词为动词,其余位都不为动词,则该功效短语为动宾结构,直接将首位单词作为关系词,其余位单词作为功效实体;②如果某个功效短语的末尾两个单词都为动词,其余位不为动词,则该功效短语为被动结构,因此将末尾词作为关系词,将除末尾两个单词的其余单词作为功效实体;③如果某个功效短语的首位单词和末位单词都不为动词,则该功效短语为名词短语,设置其关系词为"be related to",并将其所有单词作为功效实体。

5.4.3 潜在技术机会实现路径知识图谱构建

识别出关系词和功效实体后,结合抽取出的对应的技术主题就可以构造出"技术主题—关系—功效词语"形式的三元组实现路径。这种三元组实现路径作为知识图谱的基本组成单位,实现了每个技术方法与对应功效之间的语义关联,形成了一种初步的知识表示。结合知识图谱的构建流程,如果在此基础上形成标准的知识表示,并存入数据库实现可视化的知识结构,就可以构建出知识图谱,因而最终可以通过数据库查询语言找到潜在技术机会的实现路径,同时可以发现更多的关联路径,实现知识的推理,进而创造新的实现路径,实现技术创新。

(1)基于表示学习实现路径实体对齐

由于专利中的技术主题和功效词语存在着重复及含义相同的情况,比如"Internet of Things"和"Internet-of-Things"、"avoid waste of resource"和"avoid resource waste"等,这些短语其实表达是同一个含义,只是表达方式不一样。如果把所有重复及含义相同的实体都用来构建知识图谱,不仅造成数据冗余和资源浪费,而且也不利于快速获取有效的潜在技术机会实现路径。因此在构建知识图谱之前需要先对初步的三元组实现路径进行数据清洗,找出实现路径实体词中具有不同表达方式但含义相同的实体对,将其加入候选实体集,再进一步对其进行筛选和过滤,形成标准的三元组实现路径。

本章采用基于相似度理论判定的实体对齐方法,通过计算实体间的语义相似度来确定实体对间是否具有相同含义。由于5.3节已经利用word2vec实现了所有词向量的表示,因此可以基于平均法的短语向量表示方法获得每个技术主题实体和功效词语实体的向量表示,然后各自计算这两类实体向量之间的余弦相似度来判定实体对间的语义相似度,并根据相似度的大小确定实体对间是否具有相同含义。本章将相似度大于0.9的实体对视为可能性较大的含义相同的实体对,加入候选实体集。进一步筛选这些候选实体对后,就可以形成标准的三元组实现路径。

(2) 实现路径存储及可视化

实体对齐后,就可以将所有标准的三元组实现路径存储起来,形成知识网络,因而构建出可视化的图谱,即知识图谱,形象地展示整体的实现路径架构,同时也方便后续的路径查询与分析。由于知识图谱是一种基于图的数据结构,无法存储于传统的关系型数据库。目前知识图谱中实体和关系的存储主要有两种方式:一种是基于资源描述框架(Resource Description Framework,RDF)的存储;另一种是基于图数据库的存储。RDF侧重于数据的易发布性及共享性,直接以三元组的方式来存储数据。图数据库侧重于高效的图查询和搜索上,一般以属性图为基本的表示形式。由于本章构建知识图谱主要是为了高效地获取潜在技术机会的实现路径,即注重查询功能,因此选择图数据库来存储三元组实现路径,同时图数据库一般也可以直接实现可视化的效果,形成知识图谱。

5.4.4 技术机会实现路径构建实证研究

(1) 技术机会实现路径技术主题词抽取结果

本部分的所有实验基于并延续5.3.4节的实证研究,对5G领域和类似的4G领域的所有专利标题根据抽取规则分情况抽取技术主题,具体的抽取结果将在下文详细介绍。

①基于正则表达式抽取的技术主题

本次实验通过python3.6.2版本的re包调用正则表达式模块,首先通过"based""used""featured"等线索词匹配出满足正则表达式抽取情况的所有专利标题,共计1019条,如表5-12所示,然后再抽取这些线索词之前的词作为技术主题,抽取结果如表5-13所示。另外,以下所有表中的ID值与

5.1 节设置的 ID 值一致且对应。

表 5-12 符合正则表达式抽取情况的专利标题

ID	专利标题
10035	ZigBee network based household visualization system
10066	Industrial control monitoring system based on big data
10098	Machine vision based road surface using state detecting method
10690	Multi-sensor interaction based road traffic statistics realizing method
10741	Motion monitoring analysis based sports facility equipment

表 5-13 基于正则表达式的技术主题抽取结果

ID	技术主题词
10035	ZigBee network
10066	Industrial control monitoring system
10098	Machine vision
10690	Multi-sensor interaction
10741	Motion monitoring analysis

②基于依存句法分析抽取的技术主题

在去除上一步满足正则表达式匹配情况的专利标题后，首先利用依存句法分析抽取满足第一种情况的技术主题。首先在抽取之前仍需要先利用正则表达式匹配出满足第一种情况的所有专利标题，具体的针对 4G 或 5G 领域的专利特点，这里选择匹配形如"method/system/device/apparatus for"等形式的结构出现的所有专利标题，共计 5641 条，如表 5-14 所示。在此基础上，进行基于依存句法分析的技术主题抽取。实验的依存句法分析利用 spaCy 工具包实现。spaCy 是用于 Python 中自然语言处理的免费开源库，它具有命名实体识别、词性标记，依存句法分析，单词向量表示等多种功能。根据预先设定好的抽取规则，抽取"method/system/device/apparatus for"等结构的直接宾语作为技术主题，抽取结果如表 5-15 所示。

5 基于短语语义表示的技术机会预测

表 5-14 符合依存句法分析抽取情况 1 的专利标题

ID	专利标题
10177	Method for controlling transmission of data flow in wire based communication network
10179	Method for providing speed limit data for driver for vehicle
10181	Method for performing data interaction process of unmanned driving vehicle or data center
10202	Method for processing terminal channel
10205	Method for establishing voice session between access network device and cellular phone

表 5-15 基于依存句法分析情况 1 的技术主题抽取结果

ID	技术主题词
10177	controlling transmission
10179	providing speed limit data
10181	performing data interaction process
10202	processing terminal channel
10205	establishing voice session

同样，去除满足依存句法分析第一种情况的专利标题后，再利用依存句法分析抽取剩余的专利标题中满足第二种情况的技术主题。首先依旧需要先利用正则表达式匹配出满足第二种情况的所有专利标题，具体针对 4G 或 5G 领域的所有专利，这里匹配以"method/system/device/apparatus"等专利类型词作为后置中心词的专利标题，共 4499 条，如表 5-16 所示，在此基础上，根据预先设定的抽取规则，抽取"method/system/device/apparatus"等中心词的邻近定语或复合定语作为技术主题，抽取结果如表 5-17 所示。

表 5-16 符合依存句法分析抽取情况 2 的专利标题

ID	专利标题
72	5G MIMO antenna system
73	Omni-directional moving robot controlling system

· 173 ·

续表

ID	专利标题
817	High-speed rail locker closure monitoring system
855	Antenna system
896	5G terminal simulator protocol parameter configuration designing method

表5-17 基于依存句法分析情况2的技术主题抽取结果

ID	技术主题词
72	5G MIMO antenna
73	robot controlling
737	closure monitoring
855	Antenna
896	parameter configuration designing

（2）其他情况的技术主题抽取

最后，对最终剩余的不直接体现技术主题的所有应用型发明专利的标题，共计1525条，直接保留其专利标题作为技术主题，结果如表5-18所示。

表5-18 其他情况的专利技术主题抽取结果

ID	技术主题词
3948	Wireless controller
4668	Mobile terminal
11160	Health machine
13051	Mobile inspection robot
14204	Intelligent watch

①技术机会实现路径技术主题词抽取效果评价

为了进一步验证技术主题词的抽取效果，本章采用精确率（P）、召回率（R）及F1值这3项指标进行评估，具体的，各个指标的计算公式如下所示：

$$P = \frac{TP}{TP+FP} \times 100\% 。 \tag{5-6}$$

5 基于短语语义表示的技术机会预测

$$F = \frac{TP}{TP + FN} \times 100\% \, 。 \quad (5-7)$$

$$F1 = \frac{2 \times P \times R}{P + R} \, 。 \quad (5-8)$$

其中，TP 表示技术主题词被正确抽取出来的数量，FP 表示抽取出来的为非技术主题词的数量，FN 表示没有被正确抽取出来的技术主题词数量。

②技术主题词抽取效果评价结果

本章从 4G 和 5G 专利数据中随机抽取了共计 500 条专利标题样本进行评估，得到每个抽取规则对应的测评结果（保留两位小数）如表 5-19 所示。

表 5-19 技术主题词抽取效果评价结果

抽取规则	精确率（P）	召回率（R）	F1 值
正则表达式	96.30%	89.66%	92.86%
依存句法分析	89.29%	92.59%	90.91%
其余情况	88.24%	96.77%	92.31%

从表 5-19 中可以看到，这三个抽取规则的各项评价指标均在 90% 左右，总体抽取效果较好。与此同时，为了探索各个指标测评结果的差异性，进一步进行相关分析。可以发现，在精确率和 F1 值方面，利用正则表达式抽取的效果表现最好。这是因为该规则适用的专利标题特征明确，规则也相对简单，而且只存在个别专利标题表达不规范，如部分单词之间的空格缺失，因而造成了规则匹配的失效，而其对应召回率最低主要是因为存在少部分专利标题的线索词是 "-based/-used/-featured" 的形式，这是先前所遗漏的一种情况。对于依存句法分析抽取的技术主题词，准确率一方面受其开源分析工具实际句法分析效果的影响，另一方面，由于前期专利标题适用规则归类的错误，进而也对抽取结果产生影响。而最后一种抽取规则实际是基于前面规则层层过滤的专利标题的直接保留，由于仍存在一些前面规则没有全部考虑到的专利标题，因而精确率相对其他规则最低，相反召回率也自然表现最好。

（3）技术机会实现路径构造结果

在抽取出每个专利的技术主题后，进一步根据功效短语中关系词和功效实体的不同识别情况，从 5.4.3 实证部分抽取的功效短语结果中识别出关系词和功效实体词,识别的结果如表 5-20 所示。

表 5-20 关系词和功效实体识别结果

关系词	功效实体
have	wifi wide range of application
reduce	hardware cost consumption rate
be	environment friendly
increase	speed of 2g/3g/4g wireless network
reduce	throughput difficulty of fourth generation long term evolution
allow	access to social network
be related to	household appliance
avoid	damage
maximize	convenience of a user
solve	the butt joint problem

识别出每个功效短语的功效实体词和关系词后,需要将对应的技术主题与其构建三元组。从先前的结果可以看到,每一步的抽取结果都有一个 ID,而这个 ID 与潜在技术机会预测研究实证部分设置 ID 是一致的,因此可以直接通过 ID 将关系词和功效实体词与对应的技术主题联系到一起,构建"技术主题—关系—功效词语"实现路径。由于每个技术主题可能会与多个功效之间存在语义联系,因此共得到 26 568 条三元组,最终结果如图 5-8 所示。

```
Internet-of-things -- have -- wifi wide range of application
Internet-of-things -- reduce -- hardware cost consumption rate
Internet-of-things -- be -- environment friendly
Internet-of-things -- increase -- speed of 2g/3g/4g wireless network
Cloud service -- reduce -- throughput difficulty of fourth generation long term evolution
Mobile communication network -- allow -- access to social network
Mobile communication network -- be related to -- household appliance
Mobile payment -- avoid -- damage
Mobile payment -- maximize -- convenience of a user
Airspace division -- solve -- the butt joint problem
```

图 5-8 "技术主题—关系—功效词语"三元组构造结果

5 基于短语语义表示的技术机会预测

（4）技术机会实现路径知识图谱构建结果

本部分实验基于前面已经介绍的加权平均法短语向量表示方法，对所有技术主题实体和功效短语实体实现向量表示，结果分别如图 5-9 和图 5-10 所示。其中，由于每个专利只有一个技术主题，因此，每个专利 ID 只对应一个技术主题向量，同时，由于每个专利可能有多个功效短语，因此，同个专利 ID 可能对应多个功效短语向量。基于这些向量表示结果，进一步对技术主题实体和功效词语实体分别计算两两实体间的余弦相似度来判定该实体对是否需要加入候选实体集进行筛选。

```
10035 0.04561375081539154    0.17813162505626678  -0.5057614594697952  -0.11417188122868538  0.25155257
10066 0.004865015856921673   0.2123697530478239   -0.35259051993489265           -0.1024182178080082  0.40971477
10098 0.3884700834751129    -0.17085382342338562  -0.10128428414463997           -0.30788255482912064  0.
10690 -0.00022206362336874008  0.042551152161359  -0.2857922464609146  -0.15651410818099976  0.2623
10741 0.28092653552691144    0.14846009947359562  -0.38449526329835254           -0.34267020722230274  0.0692
11466 -0.099345982074737755  0.4527037441730499   -0.4033632278442383  -0.42763590812683105  0.15731406
12728 -0.2083200328052044    0.1718706116080284   -0.4696441888809204  -0.1442081220448017  0.300474924966
12860 -0.2910282462835312    0.29118620604276657  -0.26728345826268196           -0.2769344560801983  0.49413067
13918 -0.09953232357899348   0.12301943202813466  -0.5757371038198471  -0.1772767553726832  0.330942396074
14132 -0.06252655417968829   0.17346371868244806  0.02217564235130946  0.15511693184574446  0.180155724287
```

图 5-9　技术主题实体向量表示结果

```
10035 -0.1438645819822947    0.21434292197227478  -0.4260101318359375  0.1343521922826767  0.128840004404438
10035 -0.20216817408800125   0.204290139178435    -0.21016164869070053  0.03309061129887899  0.221663773
10035 -0.26875354163348675   0.2714913673698902   -0.32364082522690296  -0.26717959716916084  0.25554
10035 0.06158214807510376   -0.051116865128278373  -0.5185490647951762  -0.3493470350901286  0.438460936
10035 0.046028765849769115   0.1280309148132801   -0.368535116314888   -0.12032429235322135  0.306799008
10035 -0.019232244789600374  0.10517020225524902  -0.6142602235078811  -0.27195958008766615  0.068690232
10066 0.06748798489570618   -0.084318560858566755 -0.40250758826732635  -0.3818925799181064  0.44697
10098 0.18287845849990844   -0.04752307683229447  -0.3418537348508835  -0.10581879615783692  0.24957
10098 0.08036946607753634   -0.002614941261708736 -0.39971225736662747  0.10997619330883027  0.32900
10098 0.4279819478591283    -0.20768411457538605  -0.7429893996868134  -0.363535938163598336 0.32802
```

图 5-10　功效词语实体向量表示结果

有了技术主题词实体和功效词实体的向量表示后，就可以分别计算这两类实体向量间的余弦相似度，通过相似度的高低来判断哪些实体对间的语义相似度较高，需要进行筛选和过滤。由于原始的实体数据量较大，计算两两实体余弦相似度耗时较久，且对实验设备的性能要求较高，因此本次实验只

专利信息语义表示与深度挖掘

选取前 500 条专利的三元组实现路径进行实体对齐说明。计算出这 500 条专利实体对间的相似度后，选取相似度大于 0.9 的实体对加入候选实体集，两种类型的前 5 条实体对统计结果如表 5-21 所示，可以发现相似度大于 0.9 的实体对之间含义还是比较相近的，比如"Internet-of-things"和"Internet-of-things technology"，"Cloud computing"和"Cloud computing technology"等，因此需要对这样的实体对进行筛选处理。对于这些含义相近的实体对，本次实验选择只保留其中的一种表达方式，并且后续如果该表达方式再次出现比较，仍以这一种方式为准。

表 5-21 候选实体对结果展示

实体类别	实体 1	实体 2	余弦相似度
技术主题	ZigBee network	ZigBee wireless communication	0.924
	Internet	Internet network	0.913
	Fourth generation	Fourth generation communication	0.963
	Internet-of-things	Internet-of-things technology	0.900
	Cloud computing	Cloud computing technology	0.942
功效词语	convenient to use	flexible and convenient to use	0.932
	wide application range	wide range of application	0.983
	anti-interference and stability	high anti-interference performance	0.919
	transmission speed	data transmission speed	0.959
	power consumption	latency and power consumption	0.904

实体对齐后，将这些三元组实现路径存储到图数据库中，以便后续的潜在技术机会实现路径的查询分析与管理。Neo4j 作为目前最流行的图形数据库，具有高可用性、轻易扩展到上亿级别的节点和关系、通过遍历工具高速检索数据等特点。由于 Neo4j 的数据存储单元主要分为节点、关系、节点或关系上属性这三类数据存储，无法直接存储三元组的实现路径。因此，本次实验需要先把技术主题和功效词语实体转化为网络节点，并对每个三元组的两个实体构建连边，把关系转化为连边上的属性，然后再分别导入数据库中实现存储过程。网络节点的转化结果可以保存到 Excel 中，如图 5-11 所示，其中"entity：ID"列表示对每个实体生成的节点 ID，"name"列表明每个

5 基于短语语义表示的技术机会预测

网络节点对应的实体标签。同样，网络连边及属性转化结果也可以保存如图 5-12 所示，其中"：START_ID"列和"：END_ID"列分别表明连边两端网络节点的 ID，"：TYPE"则表明连边的属性，即实体间的关系。

entity:ID	name
e0	internet-of-thing device monitoring effect
e1	respective quality of service requirement
e2	Group network
e3	vehicle counting process accurately
e4	schedule information
e5	the micro-network be work in the grid-connect state
e6	BIM technology
e7	service to a radio communication system
e8	datum activity experience performance loss

图 5-11 网络节点转化结果

:START_ID	:END_ID	:TYPE
e411	e1153	be
e411	e1095	have
e411	e128	be related to
e411	e1006	reduce
e411	e351	realize
e411	e1024	improve
e1096	e741	reduce
e1187	e253	detect
e1187	e885	be related to

图 5-12 网络连边及属性转化结果

节点和连边转化完成后，就可以直接将这两个数据分别导入 Neo4j 中，并且自动生成可视化的网络结构，如图 5-13 所示。从图片左上方的信息可以看出，画面中展示出来的网络节点有 300 个，关系属性有 78 个，并且旁边可以看到具体的节点标签信息和关系属性信息及其数量。由于本次实验只对 500 个进行了实体对齐的专利进行三元组的转化和数据库导入用以说明问题，因此，本次实验中实际的知识图谱实体共有 1283 个，关系共有 997 个。

数据导入完成后，如果需要观察某个网络节点与其关联的所有节点和关系属性，可以在数据库的图形显示界面直接点击该节点。同时，如果需要查询与某个节点直接相关的所有路径信息，可以利用 Neo4j 的查询语言 Cypher 实现。因此，对于先前发现的所有潜在技术机会，比如以其中通信故障方面

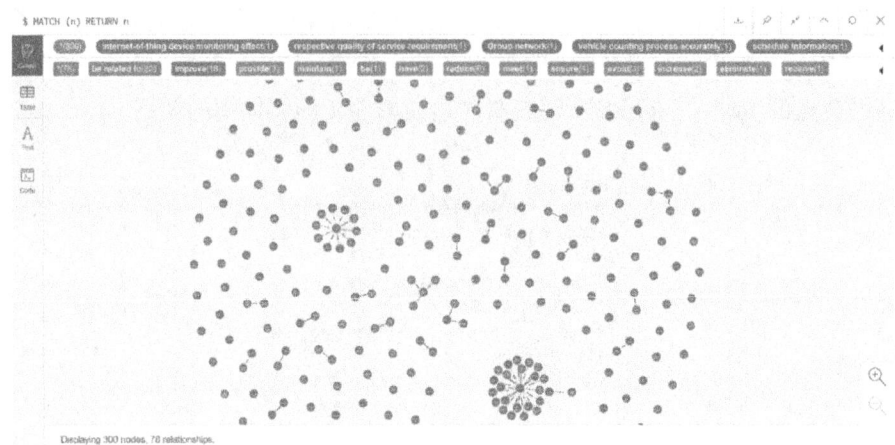

图 5-13 技术机会实现路径图谱展示结果

的研究为例，如果想要获取这方面研究中传输延迟这个具体的研究问题的实现路径，就可以利用"MATCH（n：'transmission latency'）RETURN n"查询语句实现，实现路径查询结果如图 5-14 所示。

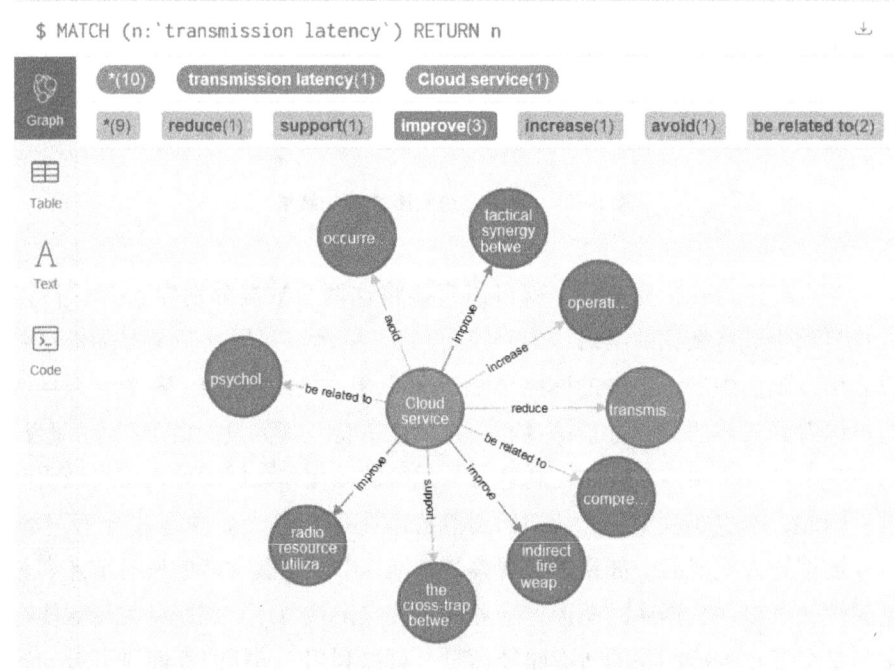

图 5-14 潜在技术机会实现路径查询结果展示

5 基于短语语义表示的技术机会预测

由于这里用以说明的数据有限,只查询到了一条路径信息,在图中显示为紫色节点到红色节点的实现路径,即可以通过云服务(Cloud service)技术减少通信传输延迟。与此同时,点击"Cloud service"节点还可以发现与该技术主题相关联的其他所有路径信息,在图中显示为紫色节点与蓝色节点的实现路径,比如利用云服务技术可以提高无线电资源的利用(Radio Resource Utilization)等。因此,类似的,对于其他所有的潜在技术机会,如果构建完整的知识图谱,就可以通过同样的方式利用 Cypher 查询语句得到对应的所有实现路径。与此同时,该数据库还能够实现节点和连边及属性的增删改等功能,由于专利数据是不断更新的,面对研究领域内新出现的专利,就可以通过同样的流程与方法抽取出"技术主题—关系—功效词语"三元组实现路径中的各个实体词和关系词,然后通过 Cypher 语句直接建立新的网络节点与关系。

6 基于专利分类语义表示的技术融合预测

6.1 技术融合预测的研究背景和研究问题

信息化、数字化、网络化技术快速发展,科学技术变革速度不断加快,市场需求日新月异,行业间的竞争已逐渐由资金、规模、劳动力等竞争转变为技术间的竞争。为了提高行业竞争力,企业通过联盟、合并、共同研发生产等活动实现了不同技术领域之间的相互渗透,推动了新技术的产生[294]。技术融合是新技术产生的重要来源,提前预测潜在的技术融合成为企业获取竞争优势、提高竞争能力、甚至是颠覆现有市场的最有效和最重要的技术手段。技术融合一般是指两种或多种技术通过有机结合以形成新技术的过程[7],而技术融合预测则是通过历史数据计算尚未发生融合的技术之间的相似性或相关性,并以此来表示未来发生技术融合的可能性。新的技术融合可能诱发新的技术机会产生,这些新技术机会可以引发技术变革或技术创新,为企业带来新的价值及新颖的产品和服务[8-11]。因此,技术融合预测不仅是技术机会的重要来源,也是技术创新的基础和前提,为技术创新提供了契机和可能,被认为是企业保持市场地位、持续发展、避免被其他企业颠覆的关键影响因素。

技术融合形成原因多样且复杂,在定量分析中主要以专利分类号代表某一技术或功能,并以多个专利分类号在同一专利中出现作为技术融合的外在表现,进而研究特定形式下的技术融合。目前,研究者主要从 3 个角度开展技术融合预测研究,包括基于专利引用的技术融合预测、基于专利分类号共现的技术融合预测及基于专利文本的技术融合预测。基于专利引用的技术融合预测利用专利之间的引用关系构建专利引用网络,通过共被引、引用频次等信息建立衡量技术融合的指标评估不同技术领域之间的融合可能性。然而,同族专利之间常常存在自引现象,使得引用网络变得复杂冗余,尤为重要的是,专利引用需要一定的时间积累,具有一定的时间滞后性,因此多是

6 基于专利分类语义表示的技术融合预测

对已有技术融合的验证，不利于技术融合预测。基于专利分类号共现的技术融合预测通过获取每篇专利文献下对应的专利分类序列，依据分类号之间两两形成的共现关系构建共现网络，之后利用节点中心度、中介中心度等网络指标或结合标题、摘要等外部语义特征计算分类号之间的相似度来预测可能的技术融合。由于专利分类号共现网络通过共现关系构建，往往不能体现专利分类号在序列中的位置特征和上下文语义，由此得到的专利分类语义表示可能存在信息丢失。基于专利文本的技术融合预测通过外部语义特征赋予专利分类号以文本信息，辅助专利分类共现网络进行技术融合发现时，现有研究一般平等对待序列中的每个专利分类号，进而赋予同样的文本信息[42]，导致多个专利分类号之间文本信息冗余，形成的专利分类号文本表示相似度高，区分度较低，对于技术融合的作用难以体现；尤为重要的是，专利分类号的网络表示与文本表示在融合过程中，多采用直接拼接、点乘等方式进行，而不同领域中，网络和文本中的每一维特征的贡献程度可能并不相同，需要针对不同领域数据进行针对性学习，自动调整特征的权重和贡献。

为了解决上述问题，本书提出了一种基于专利分类序列和文本语义融合的技术融合预测方法。首先，选取细粒度专利分类号，直接对专利分类序列进行语义表示，减少生成共现网络时的信息丢失，研究基于细粒度专利分类序列语义表示的技术融合预测；其次，通过分析专利分类序列中不同位置专利分类号的重要性，设计专利分类文本分配方法，并结合文本表示学习方法，研究基于专利分类文本语义表示的技术融合预测；最后，设计特征融合方法，基于机器学习方法自动学习专利分类序列和专利文本两种语义表示中每维语义特征的贡献度和权重，研究基于序列结构和文本语义融合下的技术融合预测。

本书的研究意义主要体现在以下两个方面。

①理论研究方面，本书探讨分析了现有的技术融合、专利文本分配方式与特征融合相关理论，并对涉及的技术研究现状进行归纳总结。针对现有研究中存在的问题，首先，通过对专利数据进行解析与预处理，提取出其中的专利分类号序列及对应的专利文本信息；其次，对于其中的专利分类号序列，直接对专利分类序列进行语义表示，减少了生成共现网络的信息丢失，以获取专利分类号的真实位置特征及上下文语义信息，通过余弦相似度、欧式距离等指标计算专利分类号之间的语义相似度，从而发现相似度较高的技术组合；接着，根据专利分类号在专利分类序列中不同位置的重要性不同，

专利信息语义表示与深度挖掘

生成多种专利分类文本分配方法,并利用表示学习方法形成基于专利文本的专利分类号文本语义表示,通过余弦相似度、欧式距离等指标计算专利分类号之间的语义相似度,以发现相似度较高的技术组合;随后,设计特征融合方法,利用机器学习相关理论自动学习专利分类序列语义表示和专利分类文本语义表示中每一维特征的贡献度和权重,以充分有效融合两类特征,提升技术融合的预测效果。最后,利用链路预测理论设计定量评估方法,以找到最佳的专利分类文本分配方法和最佳的特征融合方式,并通过相同的评估方式对本书中效果最优的方法进行重要参数的调整,从而找到最优的参数,提升技术融合预测的效果。该理论一方面可以通过对比择优的思想验证本书专利分类序列方法的有效性;另一方面找到了最优的专利文本分配方法。与此同时,找到了最佳的特征组合方式,进而进一步地提升了技术融合的预测效果。预测结果不仅对未来有指导意义,而且能够预测含有不同种类技术的技术组合,体现了多样性。本书的方法对以往的方式进行了改进,丰富了技术融合预测的方法体系。

②实际应用方面,本书提出了一种基于专利分类序列和文本语义融合的技术融合预测方法,可以帮助企业在海量的专利文献中及早发现具有潜力的技术组合机会,在激烈的市场竞争中取得领先的地位。这种方法能够依据企业技术人员提供的专利文献,不仅能够自动识别出当前热门的技术组合,而且能够预测未来具有潜力的技术组合产生融合的可能性,进而为企业提供源源不断的技术活力。此外,本书设计的基于专利分类序列语义表示的技术融合预测方法、基于专利分类文本语义表示的技术融合预测方法及特征融合的方法,同样适用于其他专利文本挖掘任务。例如,专利分类号的聚类任务,有助于将新公开的专利划分到其所属的领域范围。

6.2 技术融合预测的理论与方法基础

研究技术融合预测首先必须明晰技术融合的基本概念、内涵和特征,并在此基础上利用多种相似性指标计算技术特征间的相似性来判断技术融合在未来发生的可能性。技术融合是实现技术创新的重要环节,一直是学者研究的重点和热点领域之一,学者对其定义也颇有不同。N. Rosenberg 首次提出技术融合的概念,将其定义为生产过程中不同产业间相互依赖的过程,并在产品、服务、技术等多个方面进行了技术融合研究。MCROCO[39]将技术融

6 基于专利分类语义表示的技术融合预测

合定义为至少来自两个不同领域的技术通过组合产生一个新的技术方案,从而为研发机构的技术创新提供帮助。Suma Athreye 将技术融合定义为由两个不同的工业部门共享知识和技术的过程[40]。娄岩[295]认为技术融合包括专利分类号的跨领域和跨部融合。本书在总结归纳上述定义的基础上,认为技术融合具有多种表现形式,研究者多从某一侧面或角度开展研究[43],而在定量分析中,技术融合通常体现在一个专利同时具有多个专利分类号或者专利分类号间发生了引用,而预测则主要通过设计指标计算专利分类号间的相似性或相关性来实现[42-44]。由此形成了 3 类主要方法,分别为基于专利引用的技术融合预测、基于专利分类号共现的技术融合预测及基于专利文本的技术融合预测。

6.2.1 基于专利引用的技术融合预测

基于专利引用的技术融合预测方法多从专利之间的相互引用来表示技术之间的相互引用,而新的引用预示着新的技术融合,并据此进行预测,从而发现不同技术之间的相互依赖性。由于专利之间引用错综复杂,处理难度较大,V. Batagelj[296]通过改进主路径算法处理百万节点级别的大型网络,并将其应用于专利引文网络,预测可能产生链接的专利,然后抽取技术主题以发现技术融合,B. Verspagen 等[297]、A. Martinelli 等[298]使用该算法分析燃料电池和电信交换器行业的专利引文网络,得到清晰的技术发展交融轨迹,根据已有的轨迹发现未来可能产生的新轨迹,以此预测未来的技术融合方向。Kim 和 Lee[299]通过构建不同年份的专利引用矩阵,利用神经网络技术预测新的引用来预测新技术的融合。Inchae Park[300]以专利有向引用网络表示专利的技术知识流走向,通过文献计量、边缘中心性等指标来预测技术知识流的未来走向,并据此预测技术融合。

以专利引用为基础,一些学者据此得到专利分类号间的引用关系,并通过专利分类号引用来预测技术融合。翟东升[7]将专利引文分析与国际专利分类号(International Patent Classification,IPC)分析相结合,构建 IPC 引用网络描述不同领域之间的知识流动,进而通过链接预测的方式挖掘技术融合发展趋势。Rodriguez[301]等根据专利分类号之间的直接引用和间接引用构建专利引用网络,通过计算专利间产生新链接的可能性来预测新的技术融合。No&Park[302]基于专利分类代码之间的引用关系,通过测量融合度指标来确定技术融合的轨迹模式,通过可视化技术展现专利间的前向和后向引用关系，进而观察轨迹的变化预测可能的技术融合。Ko，Yoon 和 Seo[303]使用专利分类号之间的引文分析构建知识流矩阵，通过计算特定技术领域的技术融合评价指标，展现技术融合趋势可视化地图，根据融合趋势预测整个行业技术融合的趋势。Han&Sohn[304]基于熵和引力的概念提出了专利分类号引用网络中的技术融合指标，进而发现与目标领域相关联的多个潜在技术领域，为后续的技术融合预测提供指导。L. Nesta 等[305]提出幸存者相关性测度（Survivor Measure of Relatedness）的专利分类分析方法，使用概率方法来测度技术领域融合。J. Pennings[306]等将专利引文网络中的专利节点替换为相应的专利分类号，依据专利类别间引用次数的增加来识别技术融合，并根据引用频次的变化预测未来的技术融合热点。

基于专利引用形成的技术融合识别指标和方法在多个领域中取得了较好的效果，但同族专利自引现象层出不穷，导致一些相互引用的专利之间技术内容可能大体相似，使得引用网络出现重复和冗余信息，影响预测结果的准确性。与此同时，专利引用需要一定的时间累积，造成引用网络的形成具有一定的时间滞后性，不利于技术融合的预测。

6.2.2 基于专利分类号共现的技术融合预测

基于专利分类号共现的技术融合预测方法多根据专利分类号之间的共现关系判断（一篇专利文献中可能出现多个专利分类号），这些共现关系在一定程度上代表了不同技术间的依赖关系，是定量测量技术融合的外在表现，有助于预测技术融合。大多数学者研究国际专利分类号（International Patent Classification，IPC）的共现关系来发现可能的技术融合。陈悦[307]把两个或多个 IPC 的共现关系视为一种技术融合，并根据 IPC 组合的共现频次变化来预测该技术融合能否成为未来的研究热点。Federico Caviggioli[308]认为新 IPC 共现关系的出现标志着新技术融合的诞生，并通过 IPC 组合中不同 IPC 之间的交叉引用次数作为技术融合预测指标。Lee 等[309]根据四位 IPC 号的共现关系，通过关联规则研究了技术融合的模式，并根据节点之间的相似性预测了新的融合。李丫丫等[310]以全球生物芯片产业为例提出基于专利的技术融合分析方法框架，运用 IPC 与 35 个技术分类对照体系分析生物芯片领域产业技术融合的结构，建立技术融合矩阵并评估技术融合紧密程度，最后基于多样性指数揭示产业技术融合动态，通过判别发展趋势预测未来的技术融合走向。慎金花[311]通过 Apriori 算法构造 IPC 共现网络，利用 Louvain 聚类算

6 基于专利分类语义表示的技术融合预测

法划分技术社群，通过构建多个指标评估了社群融合价值，将融合价值较高的社群组成技术融合预测网络，并通过提取主题词来发掘未来的技术机会。吴晓燕[312]基于专利分类号共现信息，利用文献计量指标（共现频次、中介中心性和突发指数）把握技术融合发展态势，分析演化轨迹并预测未来的技术融合。王宏起[313]构建专利 IPC 共现网络，根据产业技术融合态势分析，综合考虑多技术领域之间相互作用对技术融合的影响，设计基于链路预测的 Katz 指标来预测技术融合方向。Sida Feng[314]获取电动汽车领域的专利文献，根据专利分类共现关系构建技术共现网络并根据节点间的多种维度预测新的技术融合。

目前，从 IPC 号的组合研究技术融合的学者大多从四位 IPC 号的组合开展研究，而四位 IPC 号包含的技术信息较为宏观，往往更倾向于高层次的领域之间的技术融合，技术细节展示不足，尚需从更加细粒度的技术分类微观角度出发，挖掘关注技术细节的技术分类融合，补充和完善已有技术融合。此外，专利分类号共现网络较难体现专利分类序列中专利分类号的位置和上下文语义信息，需要借鉴和改进表示学习方法实现更为全面的语义表示。

6.2.3 基于专利文本的技术融合预测

为了丰富专利分类号的语义特征，一些学者通过引入文本信息来提高技术融合预测的效果和可解释性。T. Daim[315]借助专利分类号划分多个技术领域，接着将专利分类号对应的专利文本合并为一个文件作为技术领域的文本，之后通过计算一个技术领域中单个专利文件与另一个技术领域的整体文件之间的相似度，根据时间推移通过标准化统计技术预测技术领域是否产生技术融合。与此类似，Kathi Eilers[316]首先划分多个技术领域，其次根据技术领域中的所有专利文件提取技术词作为该技术领域的代表技术词，最后通过计算一个技术领域中的单个专利技术词与另一个领域中的整体技术词之间的语义相似度，根据时间推移监测技术轨迹，为技术融合预测提供指导。

Tae San Kim[42]将文本信息作为一个特征融入技术融合预测中，对于同一篇专利文献下的多个专利分类号，无差别的赋予每个专利分类号以文本信息。而实际上，当一篇专利文献中包含多个专利分类号时，排序靠前的专利分类号往往越重要，越能代表专利的核心技术[317-318]。当平等对待同一篇专利文献下的专利分类号时，即只要该专利包含该专利分类号就把该专利的文本分配给该专利分类号，容易造成分类号的文本信息出现大量重复，难以区分不同专利分类号间的区别,导致对技术融合预测的贡献降低。尤为重要的是,专利分类的网络关系和文本特征均对技术融合产生作用,但每一维特征对技术融合预测的贡献程度却有区别,需要针对特定领域学习不同特征对于技术融合预测的贡献,综合利用网络和文本特征,提高预测效果。

6.3 基于专利分类语义表示的技术融合预测

本书的技术路线主要包括以下4个步骤:首先,基于专利文献获取专利分类序列,设计表示学习方法获取专利分类在序列中的真实位置特征和上下文语义特征,形成专利分类序列语义表示,通过计算尚未产生融合的专利分类号之间的语义相似度来预测技术融合;其次,基于专利分类号在序列中的排序重要性形成多种专利文本内容分配方法,利用文本表示学习方法实现专利分类文本语义表示,通过计算尚未产生融合的专利分类号之间的语义相似度来预测技术融合;再次,研究两类特征的融合方法,利用机器学习方法自动学习每一维特征的最优权重,设计多种向量合并方式形成基于机器学习的特征融合模型,通过模型计算尚未产生融合的专利分类号之间产生链接的概率来预测技术融合;最后,基于链路预测的理论和方法及Top-n准确率设计技术融合预测评测指标和方法,对不同方法进行定量比较,以找到最佳的专利分配方式及最优的特征融合方式,并通过该评估方式对确定的最优方法中的关键参数进行调整,找到方法中效果最优的参数,进而提高技术融合预测的效果。该部分研究的具体技术路线图如图6-1所示。

6.3.1 基于专利分类序列语义表示的技术融合预测

专利分类号具有层次结构,一个完整的专利分类号中包含了多个层级信息,层级越低,越能体现技术细节信息。以国际专利分类号IPC为例,其一般分为部、大类、小类、大组、小组5个层级,相较于其他层级,小组这一层级体现了一项技术完整的技术细节。本书从专利分类号的低层级出发获取专利分类号序列,从微观层面挖掘技术细节信息,探索可能产生的技术融合,补充和完善现有技术融合预测方法。

为了有效抓取专利分类号在序列中的位置信息和周围上下文语义特征,不同于通过序列构建共现网络进而基于网络表示学习来实现,本书直接对专利分类序列进行建模获得专利分类的语义表示,最大程度保留真实的位置信

6 基于专利分类语义表示的技术融合预测

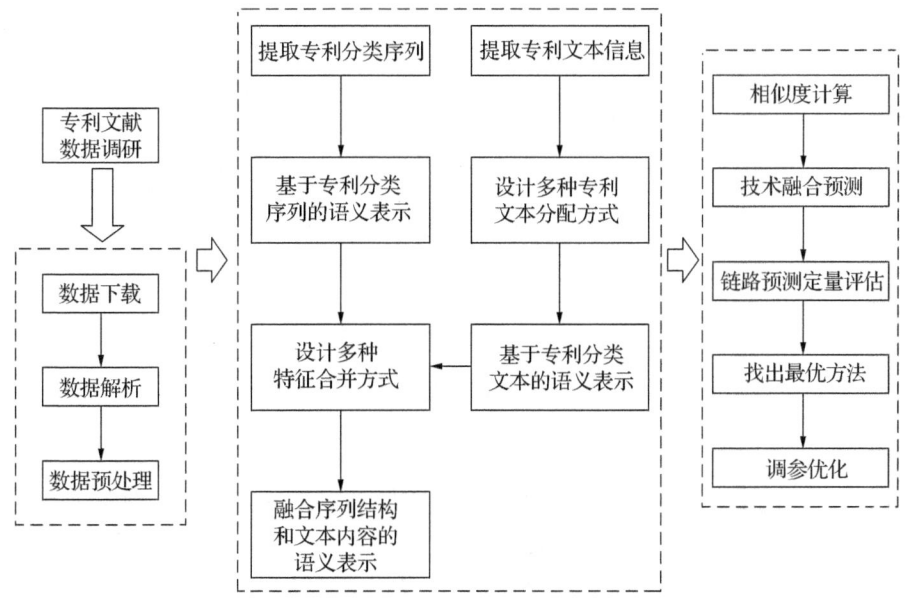

图 6-1 技术融合预测技术路线

息和语义信息。借鉴 word2vec 模型的思路,本书将专利分类号类比于 "word",将专利分类序列类比于 "word" 的序列,即句子,通过学习专利分类号在序列中的上下文语境,得到每个专利分类号的语义向量表示。按照训练方式不同,训练模型可分为 CBOW 与 Skip-Gram 两种。一般而言,CBOW 模型在处理小型语料时有更好的效果,而 Skip-Gram 模型更适合大型语料[319-320]。根据本书数据规模,选取 CBOW 模型进行训练。在 CBOW 模型中,利用专利分类号的前后各 c 个专利分类号来预测当前的专利分类号,据此形成专利分类序列表示学习模型,具体原理如图 6-2 所示。

专利分类序列的训练模型的优化函数如式(6-1)所示,其中 W_t 表示专利分类号序列中的任意一个专利分类号,W_{t-2} 和 W_{t-1} 表示排序在 W_t 之前的两个专利分类号,W_{t+1} 和 W_{t+2} 表示排序在 W_t 之后的两个专利分类号,这些共同构成了当前专利分类号的上下文语境信息。

$$L_{CBOW} = \sum_{W_t \in C} \sum_{-k \leq c \leq k} \log_p((W(t) \mid W(t+c)))。 \qquad (6-1)$$

利用专利分类序列表示学习模型可以将序列中的每个专利分类号映射到多维向量空间中,且每一维向量都表示一定的语义信息,从而实现基于序列

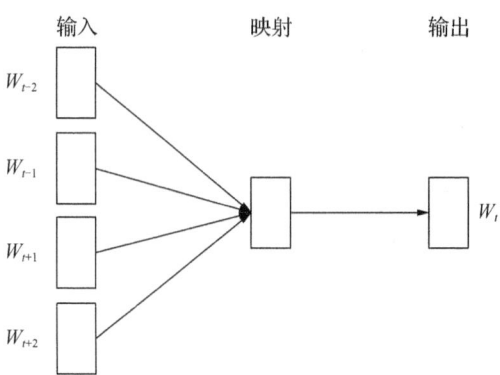

图 6-2 专利分类序列的表示学习模型

结构的专利分类语义表示。对于任意两个专利分类号,其向量表示分别为 x_i、y_i。在此基础上通过余弦相似度、欧式距离等多种指标计算向量之间的语义相似性来表示尚未产生关联的专利分类号之间的语义相似度,进而根据相似度排序来预测是否产生技术融合,本书将选取余弦相似度指标进行语义相似度计算,具体计算方法如式(6-2)所示。

$$\cos(\theta) = \frac{\sum_{i=1}^{n}(x_i \times y_i)}{\sqrt{\sum_{i=1}^{n}(x_i)^2} \times \sqrt{\sum_{i=1}^{n}(y_i)^2}}。 \quad (6-2)$$

6.3.2 基于专利分类文本语义表示的技术融合预测

为了提高专利分类号区分度,考虑专利分类号在序列中的排序重要性信息,本书提出了两种专利分类号文本分配方式。第一种方式是只对排序第一的专利分类号赋予对应的专利文本(标题和摘要),若多个专利中,存在相同的专利分类号且均排序第一,则将多个专利中的文本内容均赋予该专利分类号;第二种方式则是在第一种方式的基础上,继续对处于其他排序位置的专利分类号赋予文本,主要包括以下步骤:首先对排序第一的专利分类号赋予文本;然后赋予排序第二的专利分类号以文本,若该专利分类号已有文本对应,则不进行新的文本赋予,否则把该专利文本赋予此专利分类号;依此类推,赋予其他所有专利分类号以文本。具体流程如图 6-3 所示。

在图 6-2 中,以 3 个专利文献及其对应的专利文本和多个专利分类号为例进行说明。首先考虑排序第一的分类号,"分类号 1"在"专利 1"中排

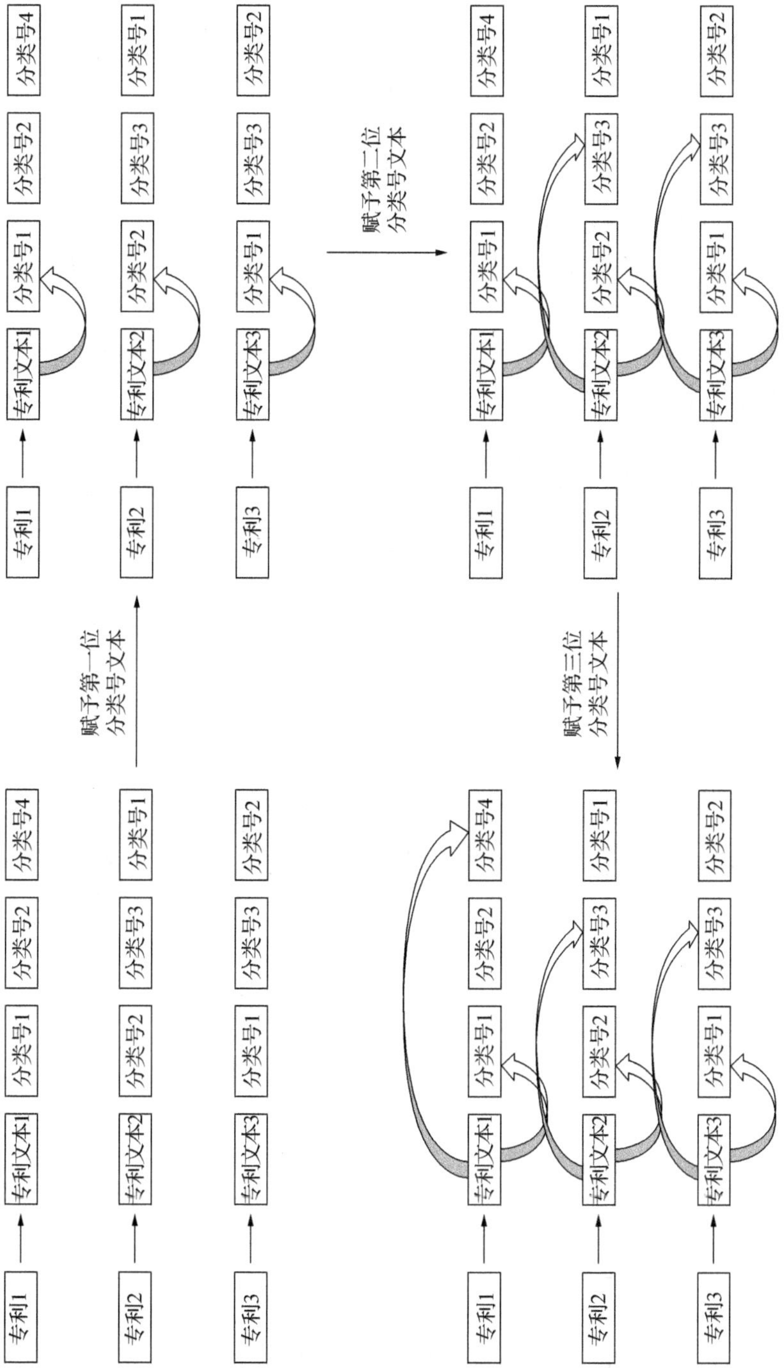

6 基于专利分类语义表示的技术融合预测

图 6-3 专利分类的文本分配方式

序第一，因此将"专利文本1"分配给"分类号1"，同样将"专利文本2"分配给"分类号2"、将"专利文本3"分配给"分类号1"；接着考虑排序第二的专利分类号，在"专利1"中，由于"分类号2"在上一步中已分配过文本，所以这一步中不会将"专利文本1"分配给"分类号2"，而在"专利2"中，"分类号3"在上一步中未分配文本，因此将"专利文本2"分配给"分类号3"，同样地，在"专利3"中，由于"分类号3"仍处于排序第二的位置，因此将"专利文本3"分配给"分类号3"，且对于"分类号3"，先分配"专利文本2"和先分配"专利文本3"结果一致；依此类推，考虑排序第三的分类号时，在"专利1"中，由于"分类号4"在之前的步骤中未分配文本，所以将"专利文本1"分配给"分类号4"，而在"专利2"和"专利3"中，排序第三的专利分类号分别为"分类号1"和"分类号2"，在之前的步骤中已分配文本，所以这一步均不再分配文本。

在专利文本分配后，为了获取每个专利分类号的文本语义表示，本书借鉴doc2vec模型的思路，将专利分类号类比于模型中的文本ID，专利文本中的每个词类比于"word"序列。每次训练时，模型选取专利文本中一定长度的句子，将句子中的每个词及专利文本对应的专利分类号（文本ID）作为输入一起训练。训练结束后，既可以得到每个词的词向量表征，又可以得到整个文本的向量表示，即专利分类号的语义表示。依据训练方式不同，可分为DM和DBOW模型。DM模型在处理小型语料时有更好的效果，而DBOW模型更适合大型语料，根据本书数据规模，选择DM模型作为训练方式。专利分类文本语义表示模型的具体原理如图6-4所示。其中，ID代表

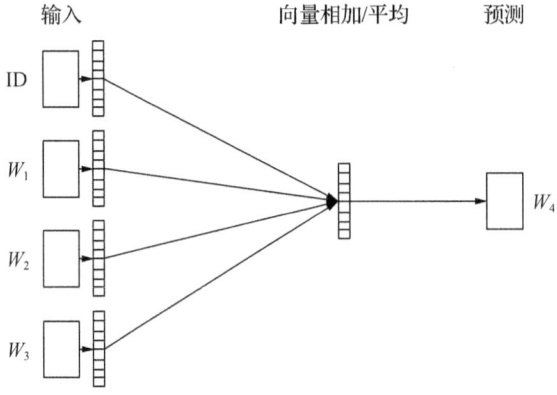

图6-4 专利分类文本的语义表示模型

6 基于专利分类语义表示的技术融合预测

每个专利分类号,W_1、W_2、W_3 代表专利分类号对应的专利文本中的词,W_4 指一定长度句子中需要预测的词。

利用专利分类文本语义表示模型可以在训练文本中每个词的同时,实现整个文本的向量化表示,从而实现基于文本内容的专利分类语义表示。在此基础上,通过余弦相似度、欧氏距离等多种指标计算向量之间的语义相似性来表示尚未产生关联的专利分类号之间的语义相似度,进而根据相似度来预测是否产生技术融合,本书将选取余弦相似度指标进行语义相似度计算。

6.3.3 基于专利分类序列结构和文本内容语义融合的技术融合预测

序列信息与文本信息有着较大的区别,但二者的每一维特征对技术融合预测都可能有贡献。因此,本书通过机器学习模型来自动学习每一维特征的最优权重,对多维度特征进行有效融合,实现融合序列结构和文本内容的专利分类语义表示,进而把技术融合预测转化为尚未产生连接的专利分类号是否会产生链接的分类问题。SVM 作为常用的分类模型并且在多个领域具有优异的表现,因此本书选择 SVM 模型作为本书的机器学习分类模型。

基于 SVM 的专利分类序列结构和文本内容语义融合的第一步在于获取专利分类间是否产生技术融合,进而分别得到训练集和测试集的正样本和反样本,进行模型训练。为此,本书将处于同一序列中的专利分类号进行两两组合,赋予正分类标签生成训练集正样本,然后根据没有产生链接的专利分类号对来生成相同数据量的训练集负样本。同样地,将上述方式应用于测试集中,生成测试集正样本和测试集负样本。

该模型的第二个关键步骤是实现每个专利分类号组合对的向量表示。之前通过表示学习方法已经得到了每个专利分类号单独的向量表示,因此需要对单独的专利分类号向量进行合并,从而实现专利分类号对的语义表示。不同的合并方式可能对于最终结果有着不同的影响,本书设计了 3 种向量合并表示方法,分别为基于哈达玛积的向量合并、基于平均向量法的向量合并和基于余弦相似度的向量合并。

①基于哈达玛积的向量合并方式,即通过哈达玛积的运算方式实现两个专利分类号的语义向量合并,其基本思想是把两个向量中每个维度的元素相乘得到一个新的向量。具体的,对于专利分类号组合中的两个专利分类号,首先以拼接的方式连接每个专利分类号的序列向量 $X_1 = (x_1, x_2, x_3, \cdots, x_n)$ 和文本向量 $X_2 = (x_{n+1}, x_{n+2}, x_{n+3}, \cdots, x_{2n})$,得到拼接后的分类号向

量 $X = (x_1, x_2, x_3, \cdots, x_n, x_{n+1}, x_{n+2}, x_{n+3}, \cdots, x_{2n})$；同样地，另一个分类号的向量通过拼接表示为 $Y = (y_1, y_2, y_3, \cdots, y_n, y_{n+1}, y_{n+2}, y_{n+3}, \cdots, y_{2n})$，接着通过哈达玛积的向量合并方式得到专利分类号组合的向量 Z，具体计算公式如公式（6-3）所示。

$$Z = (x_1 \times y_1, x_2 \times y_2, \cdots, x_n \times y_n, x_{n+1} \times y_{n+1}, \cdots, x_{2n} \times y_{2n})。 \quad (6-3)$$

②基于平均向量法的向量合并方式，即通过加权平均的运算方式实现两个专利分类号的语义向量合并，其基本思想是把两个向量中每个维度的元素取均值得到一个新的向量。具体的，对于上述专利分类号组合中的两个分类号向量 X 和 Y，通过式（6-4）得到专利分类号组合的向量 Z。

$$Z = \left(\frac{x_1 + y_1}{2}, \frac{x_2 + y_2}{2}, \cdots, \frac{x_n + y_n}{2}, \frac{x_{n+1} + y_{n+1}}{2}, \frac{x_{n+2} + y_{n+2}}{2}, \cdots, \frac{x_{2n} + y_{2n}}{2} \right)。$$
$$(6-4)$$

③基于余弦相似度的向量合并，其基本思想是把序列向量和文本向量作为一个整体进行相似度计算来形成新的特征。一般而言，若两个分类号的序列向量的相似度越高，该分类号组合产生技术融合的概率越大；同样地，若两个分类号的文本向量的相似度越高，该分类号组合产生技术融合概率也越大。但是这两种不同的相似度对于技术融合的贡献度可能不同，如果把这两种相似度作为新的特征并通过 SVM 学习权重，有可能更好地实现技术融合预测。据此形成了基于余弦相似度的向量合并方式，在序列相似度计算中，两个分类号的序列向量分别为 $X_1 = (x_1, x_2, x_3, \cdots, x_n)$ 和 $Y_1 = (y_1, y_2, y_3, \cdots, y_n)$，通过余弦相似度计算专利分类号的相似度值为 z_1，同理得到专利分类号的文本相似度值 z_2，以序列向量与文本向量的余弦相似度的值作为专利分类号组合的两个特征，进而得到专利分类号组合的向量 $Z = (z_1, z_2)$。

对于以上 3 种合并方式得到的专利分类号组合向量，通过 SVM 模型自动学习每维特征的最优权重，形成基于 SVM 的特征融合模型，通过模型计算专利分类号间产生链接的概率来预测技术融合。

6.3.4 基于链路预测的技术融合预测定量评估方法

基于链路预测的方法可以用来定量评估技术融合预测的有效性，能够找到最优的融合方式及最佳的方法。本书将两个专利分类号是否产生融合视为二分类问题。具体的，对于上文得到的训练集正样本和测试集正样本，认为样本中的每个专利分类号组合已产生技术融合;相反,对于训练集负样本和测试集负样本,样本中的每个专利分类号组合均未产生技术融合。本书根据训练集中的正样本与负样本得到的模型计算专利分类号组合产生链接的概率,并与测试集中的实际结果进行比较,利用 AUC、MAP 及准确率对技术融合预测结果进行定量评价。

AUC 从整体上衡量融合预测的准确性,将正样本中 IPC 号之间的相似度得分与负样本中 IPC 号之间的相似度得分进行比较。这个比较会独立进行 n 次。如果有 n' 次正样本中 IPC 号之间的相似度得分高于负样本中 IPC 号之间的相似度得分,并且有 n'' 次它们之间的得分相同,那么 AUC 的值可用以式(6-5)计算:

$$\text{AUC} = (n' + 0.5 n'')/n \text{。} \tag{6-5}$$

MAP 指宏平均准确率,通过设定一组阈值,计算不同阈值下准确率和召回率的变化,据此描绘准确率和召回率曲线,计算曲线下的面积即为 MAP 值,用以评价预测算法的整体性能,具体计算如式(6-6)所示,其中,k 代表正确识别出技术融合专利分类号组合数,$p(k)$ 表示识别出 k 个专利分类号组合时的准确率,$\Delta r(k)$ 代表通过调整 k 值召回率的变化情况。

$$\text{MAP} = \sum_{k=1}^{N} p(k) \Delta r(k) \text{。} \tag{6-6}$$

准确率指被分类器正确分类的样本所占的百分比,反映分类器对各类样本的正确识别情况[321]。本书中,Top-n 准确率即用来计算预测结果中链接概率最大的前 n 个结果识别正确的占比,即预测结果按照相似度或概率大小进行降序排列,取前 n 组数据,观察其对应的分类是否正确,以此判断模型的预测效果。本书中,取相似度或概率值最大的前 n 个专利分类号组合对作为评价依据,计算正确预测的组合对数与 n 个组合对数的比值,具体的如式(6-7)所示,其中 n' 表示预测正确的个数。

$$\text{Top} - n = \frac{n'}{n} \text{。} \tag{6-7}$$

6.4 实证研究

无人机具有成本低、操作灵活、能够避免出现人员伤亡等特点,备受军事和民用领域的关注[322]。2015年,《中国制造2025》将无人机产业作为我国十大重点领域之一。无人机产业包括从人工智能到核心软件和硬件工程的各种知识领域,是典型的多学科融合、跨领域集成的新兴产业,技术融合已然成为无人机产业创新发展的主要来源。因此,本书以无人机领域专利数据为基础,对无人机的技术融合趋势进行预测,把握无人机产业未来的发展方向。

第一,本书介绍了实验中无人机领域数据的来源,根据每年的专利数目对时间窗口进行划分得到训练集和测试集;第二,介绍实验数据的解析方式,获取无人机领域特定时段下的所有专利文献下的IPC序列、标题、摘要信息,并对这些信息进行预处理;第三,通过专利分类序列表示学习模型获取IPC序列中的IPC的位置特征及其他语义特征,并通过余弦相似度计算IPC之间的语义相似度来预测技术融合;第四,根据IPC的排序的重要性分配文本,通过专利分类文本语义表示模型获得IPC的文本语义特征,并通过余弦相似度计算IPC之间的文本语义相似度来预测技术融合;第五,根据训练集、测试集生成IPC组合的正负样本并赋予组合标签,通过多种向量合并方式实现IPC组合的向量化表示,后用SVM模型学习两类特征中每一维特征的最优权重,形成基于SVM的特征融合模型,进而通过模型计算IPC组合产生链接的概率;第六,基于链路预测方法及Top-n准确率对本书提出的技术融合预测方法进行评测。

6.4.1 数据来源

德温特专利引文索引(Derwent Innovations Index,DII)整合了德温特世界专利索引(Derwent World Patents Index,WPI)与专利引文索引(Patents Citation Index,PCI),是世界上国际专利信息收录最全面的数据库之一。本书选择此数据库作为数据来源,确定专利检索表达式为 TI = (((unmanned OR automatic OR autonomous OR remotely poloted OR nonhuman) AND (aircraft OR "aerial vehicle" OR airship * OR drone OR plane OR aerocraft * OR airplane OR aerobat * OR aerostat *)) OR "UAV"),时间区间为2011—2020年,获取专利的标题、摘要和IPC号等特征项。原始数据共计52 602条,经过初步筛选,剔除无摘要数据557条,最终有效数据52 045条。根据每年的专利数目对时间窗口进行划分得到训练集和测试集,其中,训练集来源于2011—2019年的数据,共计38 362条;测试集来源于2020年的数据,共计13 683条。

6 基于专利分类语义表示的技术融合预测

对无人机专利数据进行整理和统计,如表 6-1 所示,发现近十年以来无人机相关专利数量持续增长,尤其自 2015 年后,增长更为迅速。从产生了技术融合的专利数量来看,2015 年较 2014 年几乎翻了一倍,之后保持着高速增长的趋势,到 2020 年无人机领域技术融合专利数量达到了 10 393。从产生融合的专利数量所占比例来看,早期融合比例缓慢波动,2015 年后融合比例逐步提高。2011 年,技术融合专利占比 0.628,到 2020 年达到了 0.76。综合可见,目前无人机领域需要多个技术共同协作,技术融合对无人机技术的发展起到了至关重要的作用。未来,无人机领域仍然是国家和企业的重点研究对象,对无人机的技术融合趋势进行预测,有利于企业及时把握无人机产业的技术研究方向,推进无人机产业进一步发展。

表 6-1 无人机领域发生技术融合的专利数量统计

	2011	2012	2013	2014	2015	2016	2017	2018	2019	2020
技术融合专利数	383	401	523	692	1304	2798	5188	7592	7818	10 393
非技术融合专利数	226	316	433	564	997	1391	1970	2798	2976	3290
融合专利所占比例	0.628	0.559	0.547	0.551	0.567	0.668	0.725	0.731	0.724	0.760

6.4.2 数据解析

下载的专利文本格式为 txt,每 500 条专利数据放入一个 txt 文件中,具体示例如图 6-5 所示。本部分需要根据原始专利文件获得每篇专利文献下的标题、摘要和 IPC 号,并将其分别存入不同的 txt 文件中以供后续实验处理。原始数据标签及对应的存储内容如表 6-2 所示。

表 6-2 解析所需标签及对应存储内容

标签	存储内容
\<TI\>	每篇专利的标题
\<AB\>	每篇专利的摘要
\<IP\>	每篇专利的 IPC 号
\<PD\>	

专利信息语义表示与深度挖掘

```
PT P
PN CN205827241-U
TI Power line inspection land station arrangement type unmanned remote control device, has ground monitoring terminal
connected with database for converting sensing motion information to control instruction of unmanned aerial vehicle.
AB   NOVELTY - The utility model claims a power land station arrangement for unmanned remote control device, comprising
a ground monitoring terminal, a wireless data transmission device, a wireless image transmission device and a control device.
the control device comprises a movement sensor and a universal remote controller, which is connected with the ground
monitoring terminal via a USB port or serial port. the wireless data transmission device comprises a signal collector, a signal
transmitting circuit and a signal receiving circuit, a wireless image transmission device comprises video-audio acquisition
device and an image and audio transmitter. the ground monitoring terminal is pre-set with body language recognition
program and body language identification database, for converting the motion sensor sensing motion information to the
unmanned operation instruction. The utility model can control unmanned operation real-time according to the field
condition, collecting accurate data, at the same time adopting double operation mode, reduces the difficulty of unmanned
operation, having low cost, good maintenance and good comfort.
IP G05D-001/08; G05D-001/10
PD CN205827241-U    21 Dec 2016    G05D-001/08    201705    Pages: 6    Chinese
UT DIIDW:201701178P
ER
```

图 6-5　数据示例

在图 6-5 中，存在多个标签。其中，"TI"开头的一段代表专利文献的标题，"AB"开头的代表专利文献的摘要，"IP"开头代表专利文献的 IPC 号，"PD"代表专利文献的详细信息，根据这些开头的字母符号设计算法，提取两个开头符号之间的文本，可以依次提取出专利的标题、摘要及 IPC 号字段，并将标题、摘要、IPC 号分别存入 3 个 txt 文本中，如图 6-6 至图 6-8 所示。其中，图 6-6 为存储 IPC 的文本，阿拉伯数字代表专利文献的标号，冒号后面的字符代表该标号专利文献对应的 IPC 号；图 6-7 为存储标题的文

```
0:G05D-001/08; G05D-001/10
1:B60P-003/00; H04N-005/268; H04N-007/15; H04N-007/20
2:G05D-001/06; G06K-009/52; G06T-007/00; G06T-007/60; H04N-007/18; B64D-045/04; G01C-021/20; G05D-001/10;
G05D-001/08; G06T-007/73
3:B64C-027/08; B64D-047/00
4:B64D-037/04
5:G06F-017/30; G06Q-010/00
6:B60W-030/06; G05D-001/00; G08G-001/00; G08G-001/0967
7:F17D-005/00; G05D-001/08; G05D-001/10
8:G01B-007/30
9:H04N-005/222; H04N-005/232
10:G05B-011/41; G05D-001/08
11:B64C-001/30; B64C-025/10
12:G06T-011/60; G08G-005/00; G06F-003/00
13:F16F-015/02; H02J-007/00; H02S-020/30; H02S-030/10; H02S-040/38
14:B64C-027/14; B64C-027/59
15:F16M-011/16; F16M-011/18; G03B-017/56; H04N-007/18; B64D-047/08; F16M-011/00; B64C-039/02; F16M-013/02;
G03B-015/00
16:B64C-027/32; B64C-027/473
17:B64C-039/02; B64F-001/02; B64F-001/06; B64F-000/00
18:B64C-027/08
19:A62C-003/07; A62C-031/00; A62C-037/36
20:B26D-007/00; B26D-007/01; B26D-007/26
21:B26D-007/26
22:B64D-025/04
23:B64C-039/02; B64D-001/18; G08B-017/00
```

图 6-6　存储 IPC 文本

6 基于专利分类语义表示的技术融合预测

本，阿拉伯数字代表专利文献的标号，中括号代表该标号专利文献对应的标题；图 6-8 为存储摘要的文本，阿拉伯数字代表专利文献的标号，中括号代表该标号专利文献对应的摘要。

```
0:['TI Power line inspection land station arrangement type unmanned remote control device, has ground monitoring
terminal connected with database for converting sensing motion information to control instruction of unmanned aerial
vehicle.']
1:['TI Sea area unmanned aerial vehicle surveillance and monitoring mobile platform, has satellite modem connected with
satellite communication antenna, and industrial personal computer connected with data transmission channel.']
2:['TI System for automatic landing of aircraft on landing runway, has guidance module for determining guidance orders for
aircraft on basis of longitudinal, lateral and vertical position deviations estimated and relative heading angle.']
3:['TI DIY unmanned aerial vehicle, has lithium battery and wire collecting board connected with T-shaped plug, image
transmitter fixed on tail end of frame through strapping tape, and camera and image transmitter connected with terminal.']
4:['TI Unmanned aircraft body oil tank, has oil tank shell body provided with oil port and oil port, oil tank shell body provided
with grid, where bottom part of grid and oil tank shell body are connected to form oil liquid flow through hole.']
5:['TI Automatic product map drawing method, involves determining pixel point of administrative map, obtaining distance
proportion information, calculating plane right-angle coordinate value, and calculating pixel value.']
6:['TI Method for operating unmanned automated aircraft, involves activating and/or deactivating support on target position,
and using state of charge of aircraft-own energy storing unit for supply of drive of aircraft.']
7:['TI Oil-gas pipeline inspection system based on unmanned aerial vehicle (UAV) supplies power to ground monitoring
computer, one data transmission broadcasting station and one image station by power management module.']
8:['TI Magnetic induction based unmanned aerial vehicle remote control rocker angle sensor has magnetic induction chip
that is equipped on controller soleplate through chip bracket, where gap is formed between chip and magnetic steel.']
9:['TI Video editing system, has operating system for outputting control signal, and unmanned aerial vehicle video collecting
device fixed on aerial vehicle controlled tripod head that is fixed on camera and audio/video signal transmitting module.']
10:['TI Hardware-based analog computing closed-loop control system for unmanned aerial vehicle and land self-driving
device, has main body provided with sensor, where sensor and closed ring control circuit are connected with servo motor.']
11:['TI Unmanned aerial vehicle, has machine body connected with multiple fixing folding mechanisms that are provided with
machine arm and foot rest, and worm for driving worm wheel to rotate around axis of rotating shaft and folding
```

图 6-7 存储标题文本

```
0:['AB   NOVELTY - The utility model claims a power land station arrangement for unmanned remote control device,
comprising a ground monitoring terminal, a wireless data transmission device, a wireless image transmission device and a
control device. the control device comprises a movement sensor and a universal remote controller, which is connected with
the ground monitoring terminal via a USB port or serial port. the wireless data transmission device comprises a signal
collector, a signal transmitting circuit and a signal receiving circuit, the wireless image transmission device comprises video-
audio acquisition device and an image and audio transmitter. the ground monitoring terminal is pre-set with body language
recognition program and body language identification database, for converting the motion sensor sensing motion
information to the unmanned operation instruction. The utility model can control unmanned operation real-time according
to the field condition, collecting accurate data, at the same time adopting double operation mode, reduces the difficulty of
unmanned operation, having low cost, good maintenance and good comfort.']
1:['AB   NOVELTY - The utility model claims a sea unmanned monitoring mobile platform, comprising a vehicle body, the
vehicle body is provided with a holder and a satellite communication antenna, a tripod head is provided with a camera,
provided with a holder in the working cabin of vehicle body controller, a video matrix switcher; video conference equipment,
data transmission receiver, a counter-information receiver, a first industrial control computer, the industrial control machine,
an exchanger, and a satellite modem, the mobile vehicle as a work station, through the vehicle is provided on the base
station coordinated with the device with the unmanned sea work, and a remote communication device and a video
conferencing device, effectively realizes the unmanned aerial vehicle remote control, increase range and maneuverability of
unmanned monitoring work, the unmanned monitoring data can be safely transmitted to the remote monitoring centre.']
2:['AB   NOVELTY - The system has an onboard image capture system carried by an aircraft and intended to capture a series
of successive images of a ground. An estimator estimates longitudinal, lateral and vertical position deviations expressed in an
inertial frame of a position of the aircraft with respect to a point of impact on basis of measurements of first, second and
third observables. A guidance module determines guidance orders for the aircraft on basis of the longitudinal, lateral and
vertical position deviations estimated and relative heading angle.', 'USE - System for automatic landing of an aircraft on a
landing runway.', 'ADVANTAGE - The system ensures that retrofit of the aircraft is readily performed without need to modify
an electric flight controls (EFC) system.', 'DETAILED DESCRIPTION - An INDEPENDENT CLAIM is also included for a method
```

图 6-8 存储摘要文本

· 199 ·

6.4.3 数据预处理

本书的数据预处理主要包含 4 个方面：文本的预处理、IPC 位数的选取、文本重要性分配及生成技术融合关系的预处理，具体处理步骤如下。

(1) 文本的预处理

文本包括专利文献中的标题和摘要信息。其中可能包含一些对研究无帮助的信息，比如文本中出现的数字、高频出现的无意义词语、特殊符号等。对于标题、摘要中的数字、特殊符号等无意义的字符，设计正则算法将其剔除；对于标题、摘要中的所有单词，统计每个单词的频词，高频出现的单词进行翻译操作，若其为无意义词语，如"AB""NOVELTY""ADVAN-TAGE"等，将其加入到停用词列表中。经过以上处理后，对标题、摘要进行分短语、去停用词操作，后将处理后的标题、摘要写入到两个新的文本中。

(2) IPC 位数的选取

IPC 号，全称国际专利分类号，是国际上通用的专利文献分类法，已广泛应用于世界各国的专利文献的分类与检索中，根据某个专利文献的 IPC 号，可以很容易地查找到该专利涉及的技术领域信息。IPC 号采用等级的形式，将技术内容注明：部、大类、小类、大组、小组，逐级分类形成完整的分类体系。

IPC 号主要分为 8 个部分，用单个字母 A ~ H 表示；大类类号用两位阿拉伯数字表示，即在部的后面加二位数，共 3 位符号；小类类号用大写英文字母表示，共四位符号；大组类号用 1 ~ 3 位数加"/00"表示；小组的标记是将大组中"/00"中的"00"改为其他数字。示例如表 6-3 所示。

表 6-3 IPC 号示例

符号	所属级别	含义
B	部	表示作业、运输
B64	大类	表示飞行器、航空、宇宙飞船
B64C	小类	表示飞行
B64C25/00	大组	表示起落装置
B64C25/02	小组	表示起落架
B64C25/26	小组	操纵或锁定系统

6 基于专利分类语义表示的技术融合预测

以往大部分学者仅选择4位IPC号作为实验依据,即从小类的角度探究已经产生或未来可能发生的技术融合,虽然有学者表明采用4位IPC号可以较好反应技术的多样性,但仍然存在一定局限:其一,IPC级别越高涵盖技术范围越广,4位IPC号是对大组、小组中所有技术主题的一个概括,相较于大组、小组中的具体技术细节而言可解释性较差;其二,当下技术发展迅速,技术领域的界限逐渐模糊,再从多样性的角度挖掘技术融合可能不能满足技术创新的需求。因此本书从IPC小组的角度,深挖技术细节信息,发现更有价值、更具突破性的技术融合。

(3)文本重要性分配

之前文段介绍到,无差别赋予专利分类号以文本存在两方面局限性:其一,一篇专利文献中可能包含多个IPC号,若将文本信息赋予所有的IPC号,势必会造成特征信息冗余,导致多个IPC之间的文本无法区分,最终的效果可能较差;其二,一篇专利文献中的IPC号的排序是有意义的,一般而言,排序靠前的IPC越能代表专利文献的技术主题,所以无差别的给IPC分配文本存在一定程度上的不合理性。两种文本分配方式的原理已在3.2节展示,具体的步骤如下。

①第一种方式,仅分配给序列中排序第一的专利分类号以文本。对于互相分离的标题、摘要、IPC号字段,将其写为3个字典的格式,示例如表6-4所示,对于同一篇专利文献中的字段而言,赋予同一个键值("1"),之后根据相同的键值合并三个字典,得到一个新的字典,字典格式为"[标题,摘要]:[IPC号]"。由于"[IPC号]"中可能不止包含一个IPC号且本方法仅赋予排序第一位的IPC号以文本,因此对于每个字典,将字典先拆分再合并键值,仅得到一个形如"[标题,摘要,IPC1]"的列表,即仅考虑排序第一的IPC号。最后,根据所有列表的最后一项,即如果IPC号相同,则合并除IPC号的所有内容,并转换为形如"IPC1:[标题,摘要],IPC2:[标题,摘要],IPC3:[标题,摘要]"的字典。

表6-4 字典格式

原格式(IPC文本)	原格式(标题文本)	原格式(摘要文本)
IPC1,IPC2,IPC3	aircraft engine, air aircraft…	aircraft engine, air aircraft…
字典(IPC)	字典(标题)	字典(摘要)
1:IPC1,IPC2,IPC3	1:aircraft engine, air aircraft…	1:aircraft engine, air aircraft…

专利信息语义表示与深度挖掘

②第二种方式,在第一种分配方式的基础上,最大程度的赋予所有专利分类号以文本。首先,考虑排序第二的专利分类号,与第一种方式类似,得到一个形如"[标题,摘要,IPC2]"的列表,若"IPC2"在第一种方式中已分配文本,则从所有列表中去除该列表,之后再根据所有列表的最后一项,即如果 IPC 号相同,则合并除 IPC 号的所有内容,并转换为形如"IPC1:[标题,摘要],IPC2:[标题,摘要],IPC3:[标题,摘要]"的字典。其次,考虑排序第三的专利分类号,与之前类似,得到一个形如"[标题,摘要,IPC3]"的列表,去除在之前已分配过文本的列表,并对所有列表按照 IPC 号进行合并。以此类推,最后所有的 IPC 号都将存在文本内容。

两种方式均能有效避免了文本信息冗余,且第一种方式及第二种方式的依次分配均能考虑排序靠前的专利分类号的重要性。具体的分配结果如图 6-9 所示,其中,不同阿拉伯数字代表不同的专利分类号,其对应的中括号的内容为标题、摘要的集成文本信息。

```
'front sid', 'ice-cube quant', 'horizontal direct', 'drawing show', 'plan view', 'machine control panel', 'step', 'cam', 'spin', 'magnet']
204:['ice mak', 'ice detection rod', 'main bodi', 'ice bank', 'ice detection rod', 'vertical axis turn', 'horizontal plan', 'ice mak', 'ice making machin', 'main bodi', 'cylindrical frame part', 'ice making disk fram', 'opening end', 'cylindrical fram', 'main bodi', 'ice detection rod', 'main bodi', 'ice bank', 'ice detection rod', 'vertical axis turn', 'horizontal plan', 'automat', 'ice mak', 'ice detection rod', 'horizontal direct', 'ice detect', 'ice accumul', 'ice storage condit', 'ice storage box', 'detailed descript', 'independent claim', 'box bodi', 'drawing show', 'perspective view', 'automatic ice mak', 'driv', 'cam plan', 'ice-cube quant', 'bin rot', 'cam plan', 'ice-cube quant', 'cam gear', 'cam gear rot', 'cam groov', 'ice-cube quant', 'cam plan', 'cam gear', 'ice-cube storage bin', 'cam plan', 'cam groov', 'storage bin rot', 'drive', 'cam gear', 'ice-cube quant', 'vertical direct', 'ice-cube quant', 'ice-cube quant', 'arm rot', 'ice-cube storage bin', 'stable oper', 'ice-cube quant', 'additional repair work', 'spin gear', 'front sid', 'ice-cube quant', 'horizontal direct', 'drawing show', 'plan view', 'machine control panel', 'step', 'cam', 'spin', 'magnet']
205:['ice mak', 'ice detection rod', 'main bodi', 'ice bank', 'ice detection rod', 'vertical axis turn', 'horizontal plan', 'ice mak', 'ice making machin', 'main bodi', 'cylindrical frame part', 'ice making disk fram', 'opening end', 'cylindrical fram', 'main bodi', 'ice detection rod', 'main bodi', 'ice bank', 'ice detection rod', 'vertical axis turn', 'horizontal plan', 'automat', 'ice mak', 'ice detection rod', 'horizontal direct', 'ice detect', 'ice accumul', 'ice storage condit', 'ice storage box', 'detailed descript', 'independent claim', 'box bodi', 'drawing show', 'perspective view', 'automatic ice mak', 'driv', 'cam plan', 'ice-cube quant', 'bin rot', 'cam plan', 'ice-cube quant', 'cam gear', 'cam gear rot', 'cam groov', 'ice-cube quant', 'cam plan', 'cam gear', 'ice-cube storage bin', 'cam plan', 'cam groov', 'storage bin rot', 'drive', 'cam gear', 'ice-cube quant', 'vertical direct', 'ice-cube quant', 'ice-cube quant', 'arm rot', 'ice-cube storage bin', 'stable oper', 'ice-cube quant', 'additional repair work', 'spin gear', 'front sid', 'ice-cube quant', 'horizontal direct', 'drawing show', 'plan view', 'machine control panel', 'step', 'cam', 'spin', 'magnet']
206:['transport airplane involv', 'control paramet', 'usual valu', 'flight data', 'ensure avail', 'automatic pilot', 'method involv', 'automatic pilot', 'speed inform', 'speed inform', 'detect loss', 'speed inform', 'usual valu', 'flight data', 'speed inform', 'control paramet', 'usual valu', 'flight data', 'automatic pilot', 'automat', 'transport airplan', 'control paramet', 'usual valu', 'flight data', 'automatic pilot', 'automatic pilot', 'protective funct', 'flight area', 'structural damag', 'detailed descript',
```

图 6-9 文本分配结果

(4) 生成技术融合关系的预处理

在生成技术融合关系的预处理中,为了得到每一篇专利文献下的专利分类号两两之间的链接关系,本书将其看成共被引关系的生成问题,具体的步骤如下:上一部分中,存储 IPC 的 txt 文本格式为"数字:IPC1;IPC2",

6 基于专利分类语义表示的技术融合预测

数字为每篇文章的 ID，将其看成施引文献，并赋予不同的 ID，施引文献的 ID 为"c0""c1""c2"，以此类推；将数字后的 IPC 号看作被引文献，赋予的 ID 为 0、1、2，以此类推。最后，使用 Python 中 networkx 模块在施引文献和被引文献之间构建二分网络，并使用 networkx.algorithms 包中的 bipartite.projected_graph 方法通过在二分网络的投影来生成共被引关系，以此来表示生成的技术融合关系，结果如图 6-10 所示。

```
0 1
0 9287
0 6024
0 6025
0 7670
0 8985
0 8986
1 1155
1 10
1 656
1 2321
1 2322
1 2323
1 2324
1 2325
1 2326
1 2327
1 2328
1 2329
1 5910
1 5911
1 7069
1 3873
1 3874
1 9505
1 1582
```

图 6-10 技术融合关系的生成结果

6.4.4 基于专利序列语义表示的技术融合预测结果

序列结构包含了位置信息和丰富的上下文语义信息，通过基于序列结构语义表示方法可以对专利分类号进行更好的表示，进而实现更好的技术融合预测。通过对专利序列表示学习模型的主要参数进行不断调整，选取预测效果最优的参数组合，即"dimension = 128，window_size = 2"，其中"dimension = 128"表示每个专利分类号都表示为 128 维空间中的一个点，"window_size = 2"表示取当前位置周围的 2 个专利分类号作为上下文信息。为了验证该方法的有效性，本书选取网络表示学习中的常用代表性模型 Deepwalk、Line、Node2vec、SDNE、Hope 进行对比分析，由于这些模型的基本原理都是序列表示学习，因此将这些网络表示学习模型进行相同的参数设置，并通过链路预测的方法定量评估模型效果。对应的评测指标 AUC、MAP 值如表

专利信息语义表示与深度挖掘

6-5 所示，准确率评测如表 6-6 所示。

表6-5 专利序列表示学习方法与其他网络表示方法的 AUC 和 MAP 对比

评测指标	Deepwalk	Line	Node2vec	SDNE	Hope	专利分类序列表示
AUC	0.811	0.772	0.563	0.362	0.813	0.857
MAP	0.796	0.737	0.574	0.397	0.756	0.877

表6-6 专利序列表示学习方法与其他网络表示学习方法的准确率对比

$Top-n$ 准确率	Deepwalk	Line	Node2vec	SDNE	Hope	专利分类序列表示
$Top-10$	0.300	1.000	1.000	0.900	1.000	1.000
$Top-20$	0.450	1.000	1.000	0.950	0.750	1.000
$Top-50$	0.560	0.860	0.940	0.980	0.580	1.000
$Top-100$	0.660	0.900	0.920	0.990	0.330	1.000
$Top-200$	0.790	0.845	0.890	0.995	0.190	1.000

从表 6-5 可以看到，在同等条件下，专利分类序列表示实现的技术融合预测具有最好的效果，其结果在表中用粗体标出，AUC 和 MAP 及准确率较其他方法均有所提高，说明了该方法适用于技术融合预测。在综合考虑 AUC 和 MAP 的情况下，Deepwalk 模型和 Hope 模型表现次优，AUC 和 MAP 分别为 0.811、0.796 和 0.813、0.756，本书的方法 AUC 和 MAP 较 Deepwalk 分别提高了 0.046 和 0.081，较 Hope 提高了 0.044 和 0.121。Deepwalk 模型相较于本书的方法而言，多了一步随机游走的过程，即在网络中随机生成序列的过程，然而专利分类号序列可在原有专利文献中直接获取，随机生成的序列可能出现原先不存在的序列，因此 Deepwalk 模型的 AUC 和 MAP 与本书的方式相比结果较差；Hope 模型在网络中考虑节点的高阶邻接关系，如节点对的 Katz Index、共同邻居的数量等，虽然赋予了节点对多个特征，也呈现了较好的结果，但这些特征在本书的实验中可能并不适用，直接呈现为结果与本书的方法相比较差，而本书赋予专利分类号位置特征及上下文语义信息得到了更好的结果。

此外，SDNE 和 Node2vec 表现较差，SDNE 的 AUC 和 MAP 仅达到了 0.362 和 0.397，本书方法的 AUC 和 MAP 较之分别提高了 0.495 和 0.480，

6 基于专利分类语义表示的技术融合预测

较 Node2vec 模型分别提高了 0.294 和 0.303。Node2vec 模型设计了一种灵活的邻域采样策略，该策略通过使用广度优先采样和深度优先采样来改善随机游走的过程，但效果却远不如 Deepwalk 模型。究其原因，Node2vec 模型存在两个重要参数 p 和 q，共同代表不同邻居的跳转概率，分别代表控制跳向上一个节点的邻居的概率及控制跳向上一个节点的非邻居的概率，本书设置"$p=0.25$"和"$q=0.25$"，其在以往多个任务中均有出色表现，但从结果看可能不适用于技术融合预测任务。SDNE 模型考虑了节点的二阶相似性，结果表明对于技术融合预测任务，过多考虑共同邻居的信息可能会削弱预测的效果。

表 6-6 的准确率对比结果与上述结果一致，"专利分类序列表示"的准确率是所有模型中最高的，并且所有的 Top–n 预测准确率均为 1，再次验证了本书方法的有效性。特别地，Deepwalk 模型随着预测数量的增加，准确率呈现上升的趋势，据此可以推测 Deepwalk 模型可能适合于大规模数据的预测。由此可见，专利分类序列中体现的真实位置信息及上下文语义信息对于技术融合预测具有一定的补充和完善作用，相较于专利分类号共现提供了更多的语义信息，能够实现更有效的技术融合预测，验证了该方法的有效性，并可以扩展应用于专利分类号聚类等相关研究中。

6.4.5 基于专利分类文本语义表示的技术融合预测结果

为了提高专利分类号区分度，考虑专利分类号在序列中的排序重要性信息，本书提出了对应的专利分类号文本分配方式。根据专利分类号排序，依次赋予序列中的每一位 IPC 号文本内容，获得文本的 IPC 个数随之不断增加。当赋予到前 5 位 IPC 时，获得文本的 IPC 个数达 9610 个，占到了 IPC 总个数 10 520 的 91.3%，几乎覆盖了全部的 IPC 号。因此，对于排序第 5 位之后的 IPC 号，本书不再赋予文本。具体的 IPC 文本分配统计信息如表 6-7 所示。

表 6-7 IPC 文本分配统计表

赋予前 n 位 IPC 文本	前 1 位	前 2 位	前 3 位	前 4 位	前 5 位
获得文本的 IPC 个数	5346	7495	8594	9213	9610
占 IPC 总个数比例	50.8%	71.2%	81.7%	87.6%	91.3%

分配完文本后，通过专利分类文本语义表示模型实现 IPC 号的文本语义表示，并通过余弦相似度计算 IPC 号的语义相似度。为了对不同的专利分类文本赋予方式进行比较，本书分别对每一种专利分类文本赋予方式进行实验和比较。通过对专利分类文本表示模型的主要参数进行调优，得到最优参数设置为"dimension = 128，window_size = 15"，其中，"dimension = 128"表示每个专利分类号对应的文本都表示为 128 维空间中的一个点，"window_size = 15"表示取当前位置周围的 15 个词或短语作为上下文信息，并用链路预测的方法定量评估模型效果。同时，为了验证方法有效性，与之前平均分配文本方式进行对比实验，且平均分配方式的参数与上述参数相同。具体实验结果如表 6-8 和表 6-9 所示。

表 6-8 不同 IPC 文本赋予方式下技术融合预测的 AUC 和 MAP 对比

评测指标	前1位	前2位	前3位	前4位	前5位	平均分配
AUC	0.722	0.721	0.701	0.684	0.669	0.563
MAP	0.726	0.701	0.672	0.657	0.642	0.582

表 6-9 不同 IPC 文本赋予方式下的技术融合准确率对比

Top-n 准确率	前1位	前2位	前3位	前4位	前5位	平均分配
Top-10	1.000	1.000	0.800	0.900	0.900	0.900
Top-20	0.950	0.940	0.750	0.850	0.850	0.950
Top-50	0.960	0.920	0.860	0.780	0.880	0.840
Top-100	0.910	0.860	0.850	0.820	0.830	0.830
Top-200	0.915	0.825	0.820	0.780	0.810	0.770

从表 6-8 可以看出，在同等条件下，从赋予前 1 位 IPC 文本到赋予前 5 位 IPC 文本，所有方式下的效果较平均分配的方式均有所提高。综合考虑 AUC、MAP 值的情况下，平均分配方式的 AUC、MAP 值仅达到了 0.563 和 0.582，而本书最好的文本赋予方式的 AUC、MAP 值达到了 0.722 和 0.726，较之提高了 0.159 和 0.144；本书最差的文本赋予方式的 AUC、MAP 值也达到了 0.669 和 0.642，较平均分配方式分别提高了 0.106 和 0.06。表 6-9 的

准确率对比结果与上述结果一致，"赋予前 1 位 IPC"的 Top-n 预测准确率均高于其他文本赋予方式，且最低的准确率也达到了 0.915，验证了本书提出的专利文本赋予方式能有效地提高不同 IPC 之间的区分度，进而实现更准确的技术融合预测。

当赋予的专利分类号数量逐渐增多时，技术融合预测效果却逐渐下降。综合考虑 AUC、MAP 的情况下，赋予前 1 位专利分类号文本的效果最好，AUC、MAP 值分别达到了 0.722 和 0.726，较赋予前 5 位的方式分别提高了 0.053 和 0.084。赋予前 2 位的方式表现次优，AUC、MAP 值分别达到了 0.721 和 0.701，本书最好的方式较之分别提高了 0.001 和 0.025。随着赋予的位数增多，AUC、MAP 值呈现下降的趋势，说明在每篇专利文献中，专利中包含的文本信息与排序靠前的专利分类号相关性更高，尤其是排序第一位的专利分类号。表 6-9 的准确率对比结果同样证实了该结论，即随着对更多排序位置的专利分类号赋予文本时，准确率会呈现一定的下降趋势。由此可见，仅赋予排序第一的专利分类号文本，既能够有效解决平均分配方式下分类号的文本信息冗余问题，又能够将专利文本分配给最具代表性的专利分类号。因此，接下来本书将融合第 1 位 IPC 号的文本语义表示与基于序列结构的文本语义表示，进而预测技术融合。

6.4.6 融合专利分类序列与文本语义表示的技术融合预测结果

SVM 模型能够自动学习向量中每一维特征的最优权重，形成 SVM 的特征融合模型，并通过计算专利分类号链接的概率，更好地预测技术融合。本书将 IPC 的序列向量与仅赋予第一位 IPC 号的文本向量应用于 SVM 模型，并以 3 种向量合并方式作为 IPC 组合的语义表示，具体包括基于哈达玛积的向量合并、基于平均融合的向量合并、基于余弦相似度的向量合并。其中，除了基于余弦相似度的合并方式特征维度为 2，其余两种方式均为 256 维特征。

为了证明本书的方法的有效性，将本书的方法与两种基准模型进行比较。基准的融合方法包括向量拼接法、点乘相加法[323]。向量拼接法将序列向量与文本向量直接连接起来作为融合后的向量；点乘相加法将序列向量与文本向量按照不同的权重直接进行对应维度的元素相加。应用这两种基准方法融合分类号序列表示和文本语义表示，与本书基于 SVM 的特征融合方式进行对比，结果如表 6-10 和表 6-11 所示。

表6-10中，从融合方式来看，3种基于SVM的特征融合模型效果均优于两种基准模型。其中，拼接方式的效果最差，点乘的方式相较于拼接方式效果有明显提高，但仍低于本书提出的所有融合模型，说明本书的方式更适用于技术融合预测任务。在综合考虑AUC和MAP的情况下，拼接方式的AUC、MAP分别为0.631和0.621，点乘方式的AUC、MAP分别为0.827和0.835，而本书方式中效果最好的为"SVM+哈达玛积"融合模型，AUC、MAP值分别为0.913和0.923，较拼接模型效果分别提高了0.282和0.302，较点乘模型效果分别提高了0.086和0.088。而本书方式中"SVM+平均向量"表现次优AUC、MAP值分别为0.902和0.898，较拼接模型效果分别提高了0.271和0.277，较点乘模型效果分别提高了0.075和0.063。本书方式中的"SVM+余弦相似度"，AUC、MAP值分别为0.856和0.875，虽然较其他两种SVM融合模型效果较差，但仍高于两种基准融合模型，较拼接模型分别提高了0.225和0.254，较点乘模型效果分别提高了0.029和0.04。表6-11的准确率对比结果与上述结果一致，"SVM+哈达玛积"的准确率仍然是所有模型中最高的，并且所有的Top-n预测准确率均为1，再次验证了该方法的有效性。由此可见，拼接方式由于简单地将序列特征与文本特征进行连接，未能考虑序列特征和文本特征的权重，平等地看待每一维特征，导致预测的效果最差。点乘融合方式通过设置权重，不断调整得到较优结果，效果明显优于拼接方式，但点乘融合方式多通过人工设置权重，未必能够得到最优的结果。而本书的方法，即通过SVM的特征融合模型能够避免以上弊端，自动学习最优权重，使得技术融合预测任务效果最好。

表6-10 不同融合方式下的AUC和MAP对比

评测指标	拼接	点乘	SVM+哈达玛积	SVM+平均向量	SVM+余弦相似度
AUC	0.631	0.827	0.913	0.902	0.856
MAP	0.621	0.835	0.923	0.898	0.875

从不同的SVM融合模型来看，通过哈达玛积合并方式融合序列与文本特征，在3种模型中效果最优，"SVM+平均向量"模型效果次优，"SVM+余弦相似度"模型效果较差。从AUC和MAP的情况来看，"SVM+平均向量"模型的AUC、MAP值分别为0.902和0.898，"SVM+哈达玛积"模型较之分别提高了0.011和0.025；相较于"SVM+余弦相似度"模

型,"SVM+哈达玛积"模型分别提高了 0.057 和 0.048。表 6-11 的准确率对比结果同样证实了该结论,其中"SVM+哈达玛积"的准确率稳定保持为 1,且 SVM 相关的其他两种方法也表现优异,说明 SVM 模型能高效学习不同特征的权重,进而提高技术融合预测效果。说明在不同的向量合并方式下,基于 SVM 的哈达玛积融合方式更适用于技术融合预测任务。值得一提的是,"SVM+余弦相似度"模型在效果上虽然不如其他两种模型,但在实验过程中该方式训练速度最快,因此该融合模型有对于大规模数据有一定的应用价值。

表 6-11 不同融合方式下的准确率对比

Top-n 准确率	拼接	点乘	SVM+哈达玛积	SVM+平均向量	SVM+余弦相似度
Top-10	0.900	1.000	1.000	1.000	1.000
Top-20	0.850	0.900	1.000	1.000	1.000
Top-50	0.880	0.960	1.000	1.000	0.984
Top-100	0.850	0.980	1.000	1.000	0.985
Top-200	0.845	0.985	1.000	0.996	0.978

综合以上分析发现,"SVM+哈达玛积"模型的表现最优,在效果和稳定性上优于网络模型和文本模型。"SVM+哈达玛积"模型的 AUC 和 MAP 值较专利序列表示学习模型分别提高了 0.056 和 0.046,较专利文本表示学习模型分别提高了 0.191 和 0.197。此外,"SVM+哈达玛积"模型的 Top-n 准确率均为 1,与专利序列表示学习模型一致,大幅优于专利文本表示学习模型。而当扩展实验使 n 增大到 300 以上时(表 6-12),专利序列表示学习模型的准确率开始下降,而"SVM+哈达玛积"模型的准确率仍能保持为 1。这些都充分说明融合特征模型通过自动学习序列和文本特征的每一维权重,充分有效地利用了专利分类的多种上下文语义信息,从而取得了最好的效果。

表 6-12 "SVM+哈达玛积"模型与单一模型准确率扩展表

模型	前 10	前 20	前 50	前 100	前 200	前 300	前 400	前 500
SVM+哈达玛积	1.000	1.000	1.000	1.000	1.000	1.000	1.000	1.000
专利序列表示	1.000	1.000	1.000	1.000	1.000	0.993	0.990	0.992
第一位文本表示	1.000	0.950	0.960	0.910	0.915	0.893	0.883	0.866

6.4.7 技术融合预测示例

本书选取在所有评测指标中表现最好的语义融合模型"SVM+哈达玛积"模型,以及在单一模型中表现较好的基于专利序列表示学习模型和基于第一位文本表示学习模型来进行示例展示和分析。与前述实验一致,示例分析中历史数据来源于无人机领域 2011—2019 年的数据,通过该数据集来计算之前未产生过关联的 IPC 对在未来发生融合的可能性,并在 2020 年的测试集数据中进行验证。通过这些预测结果,能够对无人机的技术融合趋势进行预测,及时把握无人机领域未来的发展方向并提供决策支持建议。

分别通过上述 3 个模型计算 IPC 组合产生链接的概率并进行降序排列,由于 3 种模型中排序靠前的 IPC 组合相似度均较高,本书选取排序前 10 位的 IPC 组合进行分析。其中,专利分类序列模型预测出的排名前 10 位的 IPC 组合对如表 6-13 所示,基于第 1 位文本表示学习模型预测出的排名前 10 位的 IPC 组合对如表 6-14 所示。特别地,当通过"SVM+哈达玛积"模型计算 IPC 组合产生链接的概率并进行降序排列时,发现有较多组合链接概率均达到了 0.9999999,且都在测试集中出现,准确率达到 1。因此,本书根据预测结果中 IPC 的已有顺序,选取排序前 10 位的 IPC 组合对进行具体分析,如表 6-15 所示。

表 6-13 专利分类序列模型预测出的排名前 10 位的 IPC 组合对

排名	IPC 组合	
1	G05B-019/042	G01S-019/14
2	G05B-019/042	G01C-015/00
3	G05B-019/418	H04W-084/18
4	G06F-017/50	G01S-017/89
5	B25J-009/16	B64F-005/60
6	G06F-017/50	G06T-007/73
7	B64C-025/34	B64D-001/16
8	G01D-021/02	H04K-003/00
9	H02G-001/02	B64C-027/04
10	B64F-005/60	B60L-015/12

6 基于专利分类语义表示的技术融合预测

表6-14 基于第1位文本表示学习模型预测出的排名前10位的IPC组合对

排名	IPC组合	
1	G06T – 007/33	G06T – 007/194
2	G01C – 011/04	G06T – 007/90
3	B32B – 017/10	B32B – 027/30
4	B32B – 007/12	B32B – 017/06
5	G06T – 005/50	G06T – 019/20
6	B32B – 003/12	B32B – 017/06
7	H04M – 011/04	B64C – 027/78
8	B64C – 039/10	B64C – 039/12
9	B05C – 001/12	D05B – 037/06
10	B32B – 017/12	B32B – 027/30

表6-15 "SVM+哈达玛积"模型预测出的排名前10位的IPC组合对

排名	IPC组合	
1	B64C – 027/08	H04B – 007/06
2	B64D – 033/10	H01Q – 001/28
3	H02G – 001/02	B64C – 025/64
4	H04B – 003/54	G06F – 021/60
5	B64C – 003/56	F16H – 057/025
6	B64C – 039/02	G01S – 019/12
7	B64C – 039/02	C25B – 001/04
8	B64C – 039/02	B66C – 015/06
9	B64C – 039/02	B64C – 005/14
10	B64C – 009/02	B64D – 027/00

如表6-13所示,对于链接概率排序第一的IPC组合,"G05B – 019/042"表示"使用数字处理装置","G01S – 019/14"表示"专门适用于特定应用的卫星无线电信标定位系统",该IPC组合在专利号为"CN111402417 – A"的专利文献中出现。从摘要中发现,该文献主要提及

专利信息语义表示与深度挖掘

"设计无人机测绘测量服务管理系统的电路结构,该电路结构相对简单,成本较低,维护方便,电路的安全性和可靠性高",可以看出该专利主要设计无人机技术中的管理系统模块,电路结构中的多种电器元件属于数字处理装置,涉及了该 IPC 组合中的一个 IPC,通过设计最适合的电路结构使得系统内完成信号传输,涉及了另一个 IPC。对于排序第二的 IPC 组合,"G05B - 019/042"再次出现,说明数字处理装置在无人机领域中起到重要作用,另一个 IPC "G01C - 015/00"表示"测量器械或部件",该组合在专利号为"CN111402417 - A"的专利文献中出现,与排序第一的 IPC 组合同属一个专利,说明了本书的方法甚至可以预测 3 个专利分类号的技术融合。此外,"G05B - 019/418"表示"全面工厂控制,即集中控制许多机器",该专利分类与"H04W - 084/18"("自组网络,例如,特定网络或传感器网络")产生技术融合;"B64F - 005/60"("飞机部件或系统的测试或检查"),该分类号与"B60L - 015/12"("有继电器或接触器控制的电路")、"B25J - 009/16"("全面生产控制,即集中控制多台机器")等 IPC 发生了融合,说明"B64F - 005/60"具备较强的技术融合特性。

如表 6-14 所示,对于链接概率排序第一的 IPC 组合,"G06T - 007/33"表示"使用基于特征的方法","G06T - 007/194"表示"图像分割中涉及前景 - 背景分割",该 IPC 组合在专利号为"CN111999298 - A"的专利文献中出现。从摘要中发现,该文献主要提及"利用无人机根据特定特征抓取对桥梁进行分割拍摄,实现桥梁检测过程的自动化",可以看出该专利主要展示了无人机具有针对性的传输技术。对于排序第二的 IPC 组合,"G01C - 011/04"表示"照片的判读","G06T - 007/90"表示"颜色特征测定",该组合在专利号为"KR2020059521 - A"的专利文献中出现,该专利同样展示无人机领域的图像甄别技术,推动了无人机技术的发展。此外,"B32B - 017/06"表示"由玻璃组成作为薄层的主要或唯一的成分",该专利分类与"B32B - 007/12"("使用黏合剂")、"B32B - 003/12"("以规则排列的网格薄层,不论是整体的还是单独形成的或由分离的薄条连接而成为特征的")等 IPC 发生了融合,说明"B32B - 017/06"具备较强的技术融合特性。

如表 6-15 所示,对于链接概率排序第一的 IPC 组合,"B64C - 027/08"表示"飞行器有两个或多个旋翼的","H04B - 007/06"表示"无线电传输系统",该 IPC 组合在专利号为"JP2020196355 - A"的专利文献中出现。

6 基于专利分类语义表示的技术融合预测

从摘要中发现,该文献主要提及"将多个天线安装在无人机的多个旋翼中,并通过地面站发射无线电信号对无人机进行实时调整",可以看出该专利将无人机的多旋翼技术与无线电传输技术进行有效的结合,实现对多旋翼无人机的实时监控。对于排序第二的 IPC 组合,"B64D-033/10"表示"飞机的散热器配置","H01Q-001/28"表示"适合于飞机、导弹、卫星或气球上或其内使用的天线零部件",该组合在专利号为"WO2020251216-A1"的专利文献中出现,该专利将两个不同的技术模块通过一定的方式进行组合,推动了无人机技术的发展。此外,"B64C-039/02"表示"特殊用途的飞行器",该专利分类与"G01S-019/12"("远程通信基站与接收器之间进行交互或通信")、"C25B-001/04"("电解水法")、"B66C-015/06"("警告装置的布置或应用")、"B64C-005/14"("改变后掠角的")等 IPC 发生了融合,说明"B64C-039/02"具备较强的技术融合特性。

通过以上 3 种模型的示例可以看到,基于专利分类序列模型、基于第一位文本表示学习模型及融合专利分类序列和文本的语义信息进行技术融合预测均具有较好的效果。具体地,基于专利分类序列模型更倾向于预测跨度较大的领域(IPC 号前 4 位不同);基于第一位文本表示学习模型由于根据 IPC 号的文本进行技术融合预测,其更倾向于技术内容相似的 IPC 组合,因此得到的预测结果多为同一个领域(IPC 号前 4 位相同);融合专利分类序列和文本的语义信息进行技术融合预测模型综合了上述两类模型的特点,既进行了跨领域技术融合预测,又对同领域的 IPC 组合进行技术融合预测。与此同时,本书的预测结果出现了个别 IPC 号同时和多个 IPC 号产生组合,且在测试集中出现了 3 个专利号在同一个专利中的情况,因此本书能够对未来多个技术的融合情况进行预测。综上,本书的多种方法可以提前预测可能的技术融合,为技术布局、技术研发提供借鉴和参考。

7 专利大数据全流程处理与分析系统

7.1 需求分析

7.1.1 系统需求分析

随着技术的更新、科技的进步，专利大量涌现。专利具有多种特性，按复杂度可分为同族专利和不同族专利，其中同族专利中专利和发明人的关系为多对多，不同族专利涉及多领域多方法。专利是维护智力成果和知识产权的保障，因此又具有唯一性和排他性的特点。

据国外专利调查数据，专利申请中有66%以上没通过，其中大部分申请失败的原因是已在公开的文献中发表，使其失去了唯一性、新颖性，所以专利数据检索和分析是必不可少的。通过对其进行检索和分析不仅可以查询专利相关领域信息，还可以和现有技术进行对比分析，以此改进想要申请的专利技术，区别于现有技术，便于描述所申请专利的创造性、唯一性。

我国经济高速增长和创新驱动战略的实施使科技创新迎来爆发，专利数量呈几何式增长。对于科技创新，需要了解科技发展的趋势和近年概况，以及规划发展方向，避免走重复路线，所以这凸显了专利数据的检索和分析的重要性。

现有的专利大数据分析系统存在的缺陷主要体现在以下8个方面。

（1）无法支撑全流程专利大数据处理与分析

现有专利分析系统较少，无法满足用户专利技术处理、分析与挖掘的需求，特别是这些软件工具仅实现专利信息处理与分析中的某一步骤，无法形成规范的输入输出，难以简便快捷地针对特定领域进行全流程分析与处理。

（2）难以根据现有数据形成结构化数据便于后续专利分析挖掘

现有的软件工具只是提供查询及一些分析功能，数据的来源可能并不是用户所需要的。而且获取到的专利数据为xml格式，用户难以从该文件类型

7 专利大数据全流程处理与分析系统

的数据中获取到需要的信息。因此迫切需要将数据解析入库，形成结构化数据，便于后续专利分析挖掘功能的实现。

(3) 亟须针对特定领域快速构建领域数据集

现有的专利分析系统的数据范围广泛，难以对特定领域的专利数据快速构建领域数据集并用于后续的分析。专利查询需要对不同行业、不同领域的数据构建特定的数据集，以便于后续分析。

(4) 亟须深入的专利数据预处理特别是发明人消歧

国外专利权人重名率高，不同领域间专利重名率高，这就造成了专利大数据计算更为复杂。在数据分析时，数据的处理是首要的，对专利数据有效清洗，可以降低计算复杂度，使分析结果更有价值。

(5) 亟须对特定领域中的重要发明人和研究团队识别

在知识日益多元化的时代背景下，科学研究的规模不断扩大，方法不断更新，研究模式也从早期的仅依靠个体力量或单一学科转变为知识整合的团队合作研究模式。在这种趋势下，各领域研究人员自发形成了人才整合、知识融合的科研团队。作为最主要的科学生产模式，科研团队的质量和发展成为了许多管理者和研究者的关注热点，如何发现重要发明人、怎样管理一个团队逐渐变为焦点。

(6) 亟须对特定领域中的重点研究主题进行识别

当前的大多数关键词分析技术没有进行上下文语意分析，数据又以英文为主，单个单词难以解释专利主题，分析结果不精确。因此，需要分析单词所处的上下文语意或者单词短语，分析关键词之间的联系，将结果可视化展示，使专利主题更便于理解。

(7) 聚类分析方法较少

聚类分析方法多种多样，对于数据较少的研究，一种聚类分析就足够，但对于专利这样的大数据，不同的聚类分析方法可能对结果有较大的影响。因此，需要使用不同的聚类分析方法来实现数据的灵活分析，满足用户的多种需求。

(8) 迫切需要从国家和领域的宏观层面把控全局情况

现有的专利分析从国家或者领域宏观层面分析较少，无法满足用户对全局情况的把控的需求。因此，需要把专利数据的分析上升到国家和领域的宏观层面，帮助用户更好地了解和把控全局情况。

根据以上需求，本软件首先进行数据预处理和分析，将无效数据删除，

专利信息语义表示与深度挖掘

重名数据进行区分；然后，允许用户可以在检索界面进行单字段一般检索或者多字段高级检索，检索结果可导出保存到文件夹；接着，用户可以使用软件中多种分析方法来分析数据，例如，研究团队识别和研究主题识别可以发现重要研究团体及研究热点，领域分析和国家趋势分析可以发现技术发展趋势、识别领域优势、分析所要进入的市场的前景、辅助管理决策。最后，对于分析结果可以进行可视化展示，清晰易懂。此外，用户可对分析结果自行选择数据范围，满足用户的不同需求。

7.1.2 竞品分析

国内外9款知名专利检索及分析软件简介如表7-1所示。

表7-1 国内外9款知名专利检索及分析软件简介

分析软件名称	简介
PIAS专利信息分析系统	该系统使用不同视角透视专利技术，并统计、处理专利具体数据，具有二次加工信息功能，可针对专利的技术申请人状况、发展趋势和专利战略等要素进行定性和定量分析，最后呈现可视化图表
东方灵盾	对专利申请人状况、专利保护地域等要素进行多层分析，分析结果可以表现为多种统计图表，较为直观，方便用户对比、了解各专利发展趋势和竞争形势
大为PatentEX	可对任意专利进行排序统计分析，分析功能较丰富，例如，自定义矩阵分析、引证分析、技术生命周期分析。可快速查询核心专利，了解技术发展趋势
恒和顿HIT-恒库	该系统的特点是可以对专利信息进行检索，针对检索结果进行信息分析，用户可以对分析结果的图像进行自定义操作，改变标题、图例颜色、注释等，导出样式不同的报告，报告中显示用户自定义的图表和统计信息
智慧芽	该网站数据库更新快，可提供专利的中文概要翻译和专利转发，可以进行地图分析、呈现景观地图，有评审员检索字段，对查询结果有更新提醒功能

续表

分析软件名称	简介
Patentics	使用检索-分析-提取有效信息-再检索的方法,可查询,并且可对查询结果聚类分析、对比分析、侵权分析,但可视化呈现结果较弱,检索准确性不高,操作较为复杂
Innography	该系统专利数据收录范围广泛,分析功能强大,可对专利权人、CPC、专利来源、强度等字段可视化,结果不仅可以显示为普通的统计图表,还可显示为世界地图、气泡图
WIPS	具备中文检索界面,可以进行构成分析、矩阵分析、聚类分析和引文分析,可对第一申请人、分布地域等字段进行可视化,可视化方式较多,呈现结果符合视觉感受,便于统计
CNIPR	可查询 IPC、申请人分类,有定期预警,活跃指数预警,预警度分析功能,可将图表和整体报告导出,可自动翻译外文

在经过调研后,我们发现在数据分析领域,包括智慧芽系统在内的一部分系统,如 PIAS、Delphion,仍然采用统计分析作为主要分析方法。面对数据量日益庞大的现状,功能逐渐跟不上需求,例如,Delphion 尽管起步较早,但在近些年更新速度明显放缓。而在国内,如智慧芽这样基于大数据分析方法的系统,近些年用户使用率增势明显。

(1) 从大数据的角度分析

大多数专利分析软件/平台都收录了 100 多个国家和地区的专利信息,其中 WIPS 收录了最全的韩国专利原文;Patentics 集成了国外专利数据库;智慧芽包括挪威的数据库,并且每周更新;CNIPR 由国家知识产权局自主研发,国内资源最为丰富完整。较少的软件包含不常见数据来源的数据,分析结果不够完整。本软件包含了绝大部分国家和地区的数据,分析结果较为全面。

虽然大多数软件的数据收录范围较广,但是每个软件对每个地区数据详尽程度不同,这就可能导致用户想查询的专利信息在部分网站无法得到足够的结果。而提供第三方数据库导入的系统操作较复杂,导入格式严格,用户难以导入指定格式数据。本软件可以根据专利网站提供的数据,进行数据解析,导入数据,用户便可将网站提供的数据,直接在本软件中导入,不必手

专利信息语义表示与深度挖掘

动更改数据输入格式。

（2）从数据挖掘的角度分析

目前国内使用的部分专利分析系统，如 PIAS 专利信息分析系统、东方灵盾中外专利检索及战略分析平台，主要从统计频次、趋势发现等方面对大数据进行统计分析。同样恒和顿 HIT—恒库，STN Express with Discover 专利分析软件未对专利进行聚类分析、引用分析等。大数据信息中的大量其他信息尚待挖掘和分析，如文本信息、专利的引用信息。本软件通过挖掘发明人的合作网络信息及关键词共现信息，实现对专利信息的更深层次的剖析，进而引入专利文本信息，对专利进行技术主题识别及发明人团队识别的功能。

7.2 概要设计

基于分析需求，系统开发了专利数据解析与预处理、专利数据多维度查询、专利数据导出、发明人消歧、发明人分析、关键词分析、领域分析、国家专利分析 8 个功能模块。

程序入口：

main_windows.java

专利数据解析与预处理：

PatentPublicData-master：对专利数据进行解析。

exe.java、exe2.java：将解析的数据导入数据库。

专利数据多维度查询：

ordinary_select.java：一般查询（单条件）。

advance_select.java：高级查询（多条件）。

专利数据导出：

CSVpr.java：将查询的结果导出到选择的文件夹下。

发明人消歧：

Check_data_similarity.java：查看消歧特殊情况结果。

Confim_save.java：确认保存修改消歧的结果。

inventor_modify.java：对相同发明人合并修改按钮监听类。

inventor_modify_independent.java：对不同发明人进行独立区分按钮监听类。

inventor_modify_subindependent.java：查看分组发明人各项专利信息对

7 专利大数据全流程处理与分析系统

存在可能为非该组专利发明人进行独立区分出来。

LinkCell_check.java：列表分组点击查看详细信息监听类。

LinkCell_modify.java：列表点击专利 id 查看专利详细信息类。

Open_disambiguation.java：打开消歧结果按钮监听类。

Recall.java：撤回操作监听类。

subflash.java：查看分组详细信息的刷新按钮监听类。

xiaoqi.java：消除歧义发明人处理类。

发明人分析：

check_data_inventor.java：选择要分析的文件夹，展示相关数据。

co_inventor.java：对选择的数据进行发明人合著网络构建。

important_inventor.java：识别重要发明人，生成新窗口展示。

select_julei_inventor.java：选择发明人团体识别的聚类方式。

Frame_KMeans.java：生成 K-Means 聚类参数设置窗口，返回聚类可视化结果。

Frame_DBSCAN.java：生成 DBSCAN 聚类参数设置窗口，返回聚类可视化结果。

Frame_Hierarchical.java：生成层级聚类参数设置窗口，返回聚类可视化结果。

关键词分析：

check_data_keyword.java：选择要分析的文件夹，展示相关数据。

co_keyword.java：对选择的数据进行关键词共现网络构建。

select_julei_keyword.java：选择研究热点识别的聚类方式。

Frame_KMeans.java：生成 K-Means 聚类参数设置窗口，返回聚类可视化结果。

Frame_DBSCAN.java：生成 DBSCAN 聚类参数设置窗口，返回聚类可视化结果。

Frame_Hierarchical.java：生成层级聚类参数设置窗口，返回聚类可视化结果。

领域分析：

check_data_filed.java：选择要分析的文件夹，展示相关数据。

filed_inventor.java：对发明人进行统计分析，选取专利数量前十的发明人，以及发明人的国家情况。

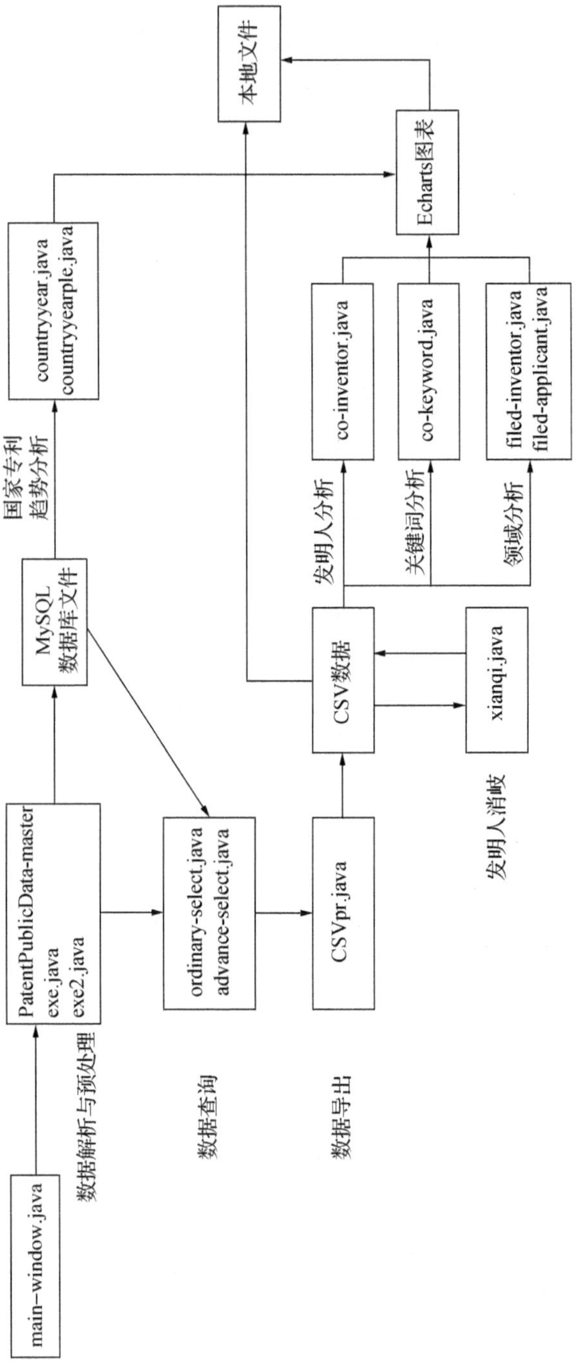
main-window.java
数据解析与预处理
PatentPublicData-master
exe.java
exe2.java
MySQL
数据库文件
国家专利
趋势分析
countryyear.java
countryyearple.java
数据查询
ordinary-select.java
advance-select.java
数据导出
CSVpr.java
CSV数据
本地文件
发明人消岐
xianqi.java
发明人分析
关键词分析
领域分析
co-inventor.java
co-keyword.java
filed-inventor.java
filed-applicant.java
Echarts图表

图 7-1　各功能模块

filed_applicant.java：对机构进行统计分析，选取专利数量前十的机构，以及机构的国家情况。

国家专利分析：

countryyear.java：对选择的国家每一年的专利数量进行可视化展示。

countryyearPie.java：对所有的国家统计分析，按年份显示前十的国家占比情况。

7.3 详细设计

7.3.1 系统开发流程设计

专利数据的来源为 USPTO 官网中的数据，根据数据解析的情况，设计了 MySQL 数据库的表结构。通过多维度查询，对查询的结果进行展示，以及对查询结果的二次查询。将查询的结果储存为 CSV 表格之后，可用于发明人消歧、发明人合作分析、关键词共现分析、领域分析、国家趋势分析。最后将各分析结果保存。整个系统开发流程如图 7-2 所示。

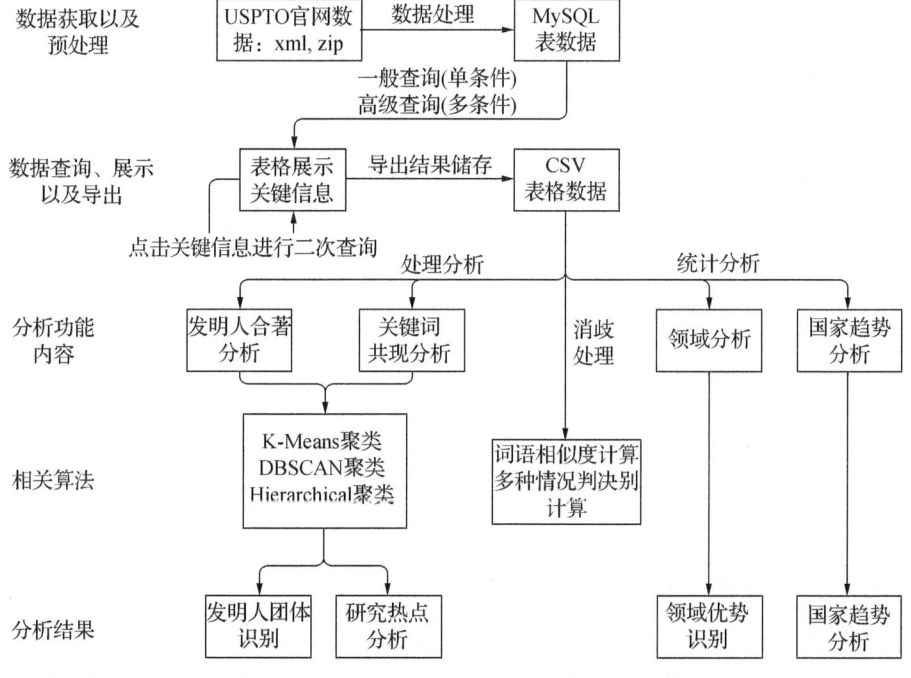

图 7-2 系统开发流程

7.3.2 界面设计及使用流程

页面设计主要采用了 IDEA 中的 JFormDesigner 插件。

系统包括 6 个界面，分别是主界面、数据展示及二次查询界面、发明人消歧操作界面、参数设置界面、重要发明人分析界面及 Echarts 可视化图表展示界面。

系统包括 6 个功能项，分别是数据解析与预处理功能、专利查询（一般查询和高级查询）、发明人分析（发明人消歧、发明人合著分析）、关键词分析、领域分析、国家专利分析。界面设计及使用流程如图 7-3 所示。

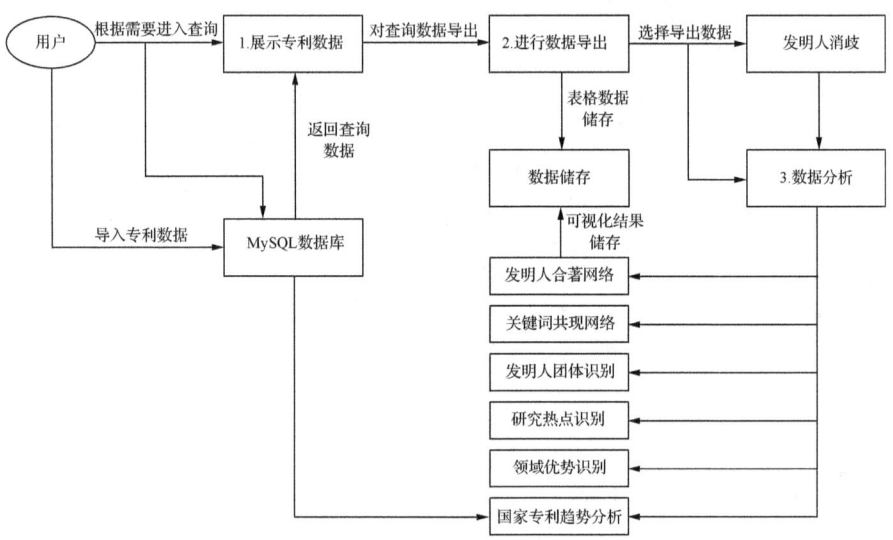

图 7-3　界面设计及使用流程

具体流程有以下 7 步。

Step 1：数据解析与预处理

如果选择单文件数据解析与预处理，则在弹窗后的文件选择器中选择 xml 或 zip 文件；如果选择多文件数据解析与预处理，则在弹窗后的文件选择器中选择含有 xml 或 zip 文件的文件夹。云端数据库中已有部分数据，根据需要录入数据，如图 7-4 所示。

Step 2：专利查询（包括多维度专利查询和二次查询）

Step 2.1：多维度专利查询。分为一般查询和高级查询，在一般查询中

7 专利大数据全流程处理与分析系统

图 7-4 数据解析与预处理界面

下拉框内选择查询项目,在后面的文本框中输入查询内容,在下面的日期范围输入 YYYY-MM-DD 格式的日期即可限定范围(可制空),点击确定即可生成结果,如图 7-5 所示。

图 7-5 一般查询界面

高级查询可以选择更多的字段进行更精确的查询,如图 7-6 所示。以一般查询下领域查询的 computer 查询为例。对查询的结果进行了分页设置,点击相应的转换页面按钮即可查看，也可以在表示页数的文本框内直接输入页数，如果大于总页数则会跳转到最后一页，如图 7-7 所示。

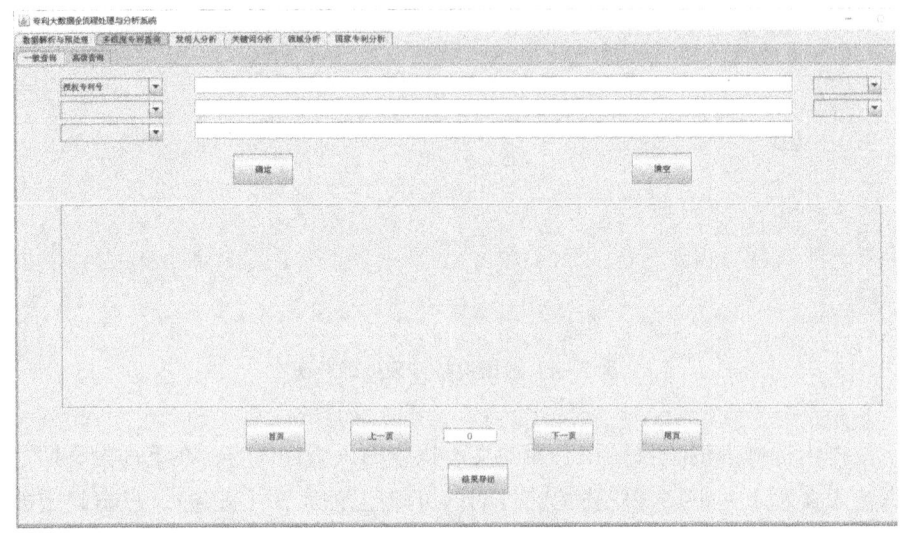

图 7-6　高级查询界面

图 7-7　领域查询 computer 结果展示

Step 2.2：二次查询。表格中蓝色的字体可以用鼠标点击进行二次查询。如果点击专利号，则会生成该专利的全部信息；如果点击发明人或者机构，就会显示该发明人或该机构的全部专利信息。如点击专利号 7686208 查看结果，如图 7-8 所示。

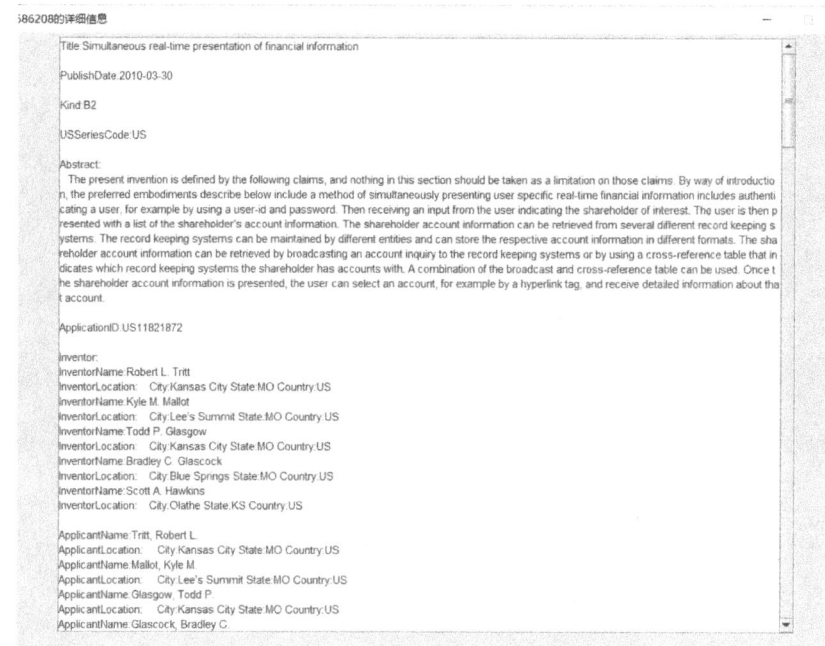

图 7-8　二次查询专利号结果展示

点击机构 Tritt，Robert L. 结果如图 7-9 所示。

Tritt, Robert L.的相关专利

GrantID	Title	PublishData	ApplicationID	Inventor	Applicant	Country
7686208	Simultaneous real-time pr...	2010-03-30	US11821872	Robert L.,Tritt	Tritt, Robert L.	US
7686208	Simultaneous real-time pr...	2010-03-30	US11821872	Kyle M.,Mallot	Tritt, Robert L.	US
7686208	Simultaneous real-time pr...	2010-03-30	US11821872	Todd P.,Glasgow	Tritt, Robert L.	US
7686208	Simultaneous real-time pr...	2010-03-30	US11821872	Bradley C.,Glascock	Tritt, Robert L.	US
7686208	Simultaneous real-time pr...	2010-03-30	US11821872	Scott A.,Hawkins	Tritt, Robert L.	US

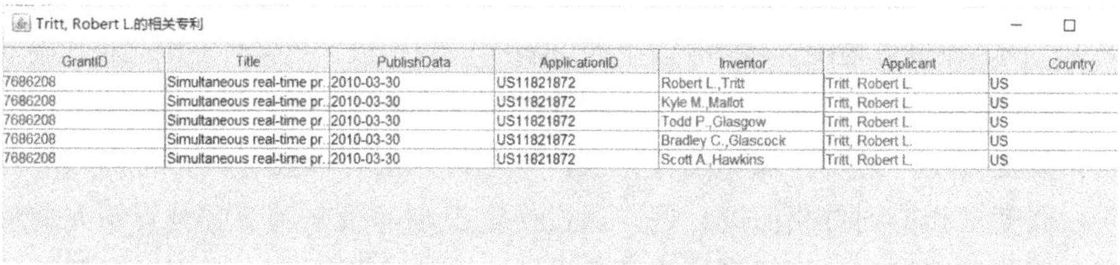

图 7-9　二次查询机构结果展示

Step 3：数据导出

查看查询数据为用户需要的数据后，点击下方数据导出按钮，选择导出路径文件夹，至系统提示导出完成。

Step 4：发明人分析（包括发明人消歧和发明人合作分析）

Step 4.1：发明人消歧。进行专利分析前对发明人的预处理，如图7-10所示。

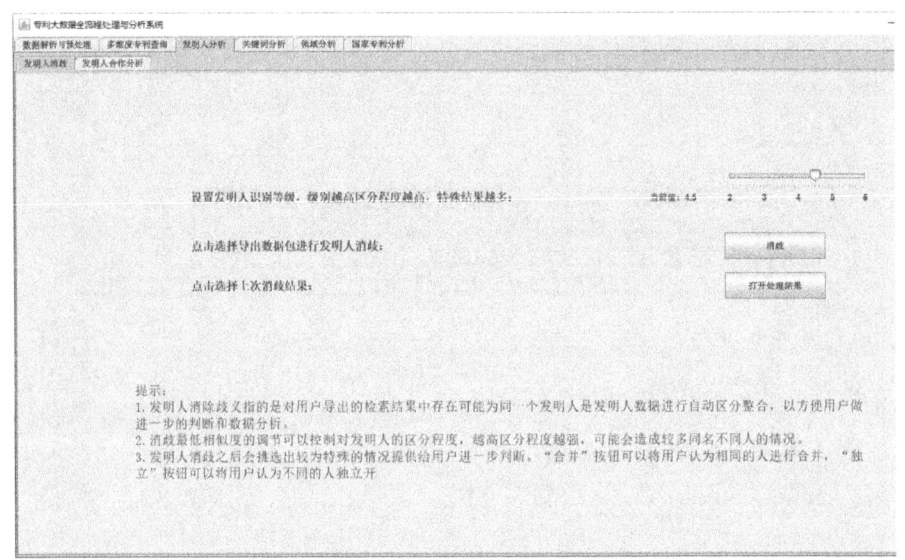

图7-10 发明人消歧界面展示

在导出结果的实际情况中，发明人是存在歧义现象的，主要的歧义现象包括两种：一是实际情况是同一个人但在申请时提交的姓名不同，简称同人不同名；二是实际情况为两个不同的人，但姓名却相同，简称同名不同人。同人不同名情况，包括英文姓名存在缩写、拼写不标准，或者拼写出现细微错误等；同名不同人情况，包括中文名字同音字拼写一致，英文存在同名情况等。

设计的消歧算法通过对两个发明人的其他基本信息包括姓与名、所在地的相似度对比，是否存在相同合作人，专利标题的相似度对比，将两人的各项相似度求和得到总相似度，用户通过设定识别等级来调节区分发明人的程度，识别等级越高，则越容易将两个发明人划定为不同人，适当地调节才能适应各种复杂情况。

点击消歧按钮会让用户选中先前导出的检索结果，经过算法消歧义完成以后会弹出特殊情况供用户做进一步判断，此时名字后面存在编号的情况为同名不同人情况。

"合并"按钮是指用户可以对按钮上一个表格分组情况进行判断，对"同名不同人"的情况进行进一步判断合并，结果可进行多选。

7 专利大数据全流程处理与分析系统

"独立"按钮指用户可以对上一个分组表格中歧义情况进行判断，对"同人不同名"的情况进行分析，如果用户认定两人实际并不是同一个人，但这种算法预处理时已经将两人归为一人，则可以对其中一个人进行独立出来。如果实际是同一个人可以不做操作。

"撤回"按钮是撤回到上一步用户操作前。

"确认修改保存"按钮是对最后的几个进行修改保存，如果用户确认算法消除歧义的结果正确，则可以直接确认修改保存，如图7-11所示。

图 7-11 发明人消歧功能实现界面

专利数量为算法识别到检索结果中其他该发明人下的专利数，点击可以对专利信息进行进一步查看。点击专利同样可以对专利的详细信息进行查看，在次界面同样可以进行选择，如果用户发现算法归并的这些专利结果中存在非本人的情况，可以进行选中然后点击"独立"进行独立区分开该发明人，结果同样会实时反馈到前面的特殊情况展示界面中的"同名不同人"情况，在前面界面的结果处理，可点击"刷新"实时反馈到专利详细情况中，如图7-12所示。

Step 4.2：发明人合作分析。包括路径选择、发明人频数设置、合作网络构建、重要发明人识别及研究团队识别，如图7-13所示。

· 227 ·

专利信息语义表示与深度挖掘

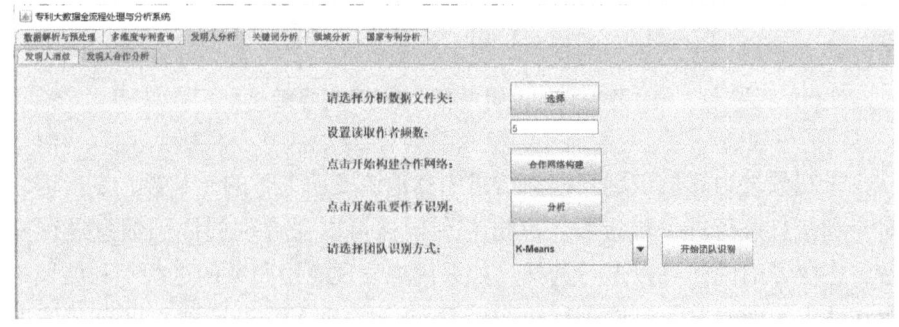

图 7-12　点击查看专利数量展示

图 7-13　发明人合作界面展示

Step 4.2.1：路径选择。选择路径后，弹窗展示选择路径下数据的重要信息。该界面支持二次查询。以领域 computer 为例，得到结果，如图 7-14 所示。

7 专利大数据全流程处理与分析系统

图 7-14 路径选择后作者信息展示

Step 4.2.2：合作网络构建。设置读取发明人频数（默认为 5）后，点击合作网络构建，会生成一个 Echarts 可视化图表。该图表可以拖动，可以放大缩小，鼠标放在节点上会显示该节点和相连接节点的名称，如图 7-15 所示。

Step 4.2.3：重要发明人识别。点击重要发明人识别后的分析按钮，会出现一个新界面。通过下拉框选择重要发明人判断方式后点击生成即可生成数据，判断方式有 3 种，分别为专利数量、合作次数和特征向量中心化。该界面支持二次查询。以选择专利数量为例，结果如图 7-16 所示。

Step 4.2.4：研究团队识别。在下拉框选择一种聚类方式，点击开始团队识别，会生成该参数的设置界面，且填入默认值。聚类方式有 3 种，分别为 K-Means、DBSCAN 及 Hierarchical。以 DBSCAN 方法为例，参数设置如下：

Minpts 为最小包含点数密度域值；

Radius 为邻域半径。

具体设置如图 7-17 所示。

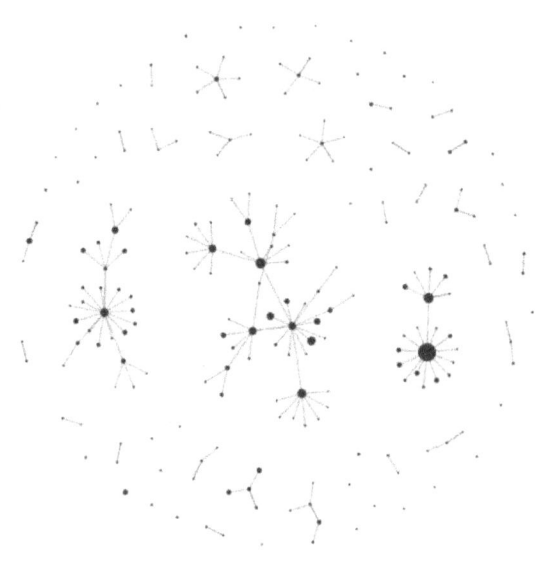

图 7-15 领域 computer 下的发明人合作网络

发明人	专利数量
kia,silverbrook	623
natarajan,ramachandran	201
paul,lapstun	189
keith,carpenter	151
tim,crews	142
james,block	138
songtao,ma	116
mark d.,smith	111
willis,miller	110
h. thomas,graef	103
james,meek	94
jay paul,drummond	81
dale h.,blackson	78
robert w.,childers	65
jeffery m.,enright	55
klaus,steinbach	54

图 7-16 领域 computer 合作网络下的重要作者识别

7 专利大数据全流程处理与分析系统

图 7-17 研究团队识别的聚类方式参数设置

得到研究团队识别可视化结果。左侧图例为该团队研究方向，包含 3 个关键词，如图 7-18 所示。

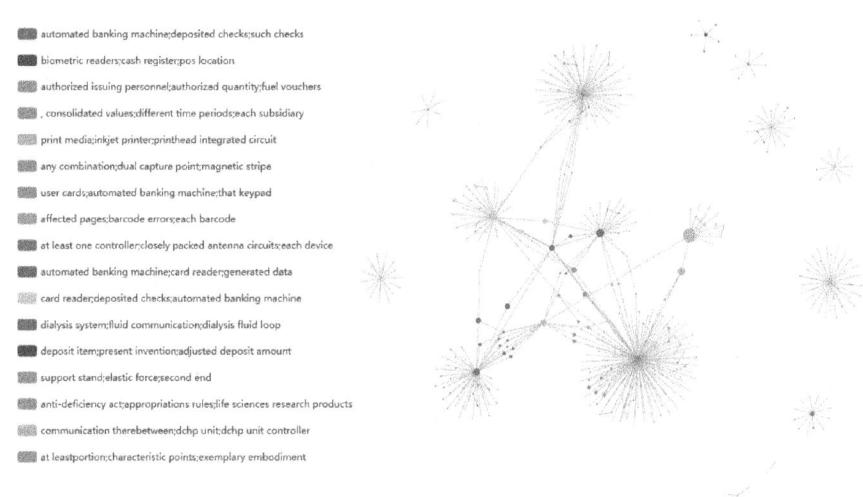

图 7-18 研究团队识别的可视化结果

Step 5：关键词分析

包括关键词抽取，共现网络构建及研究热点识别，如图 7-19 所示。

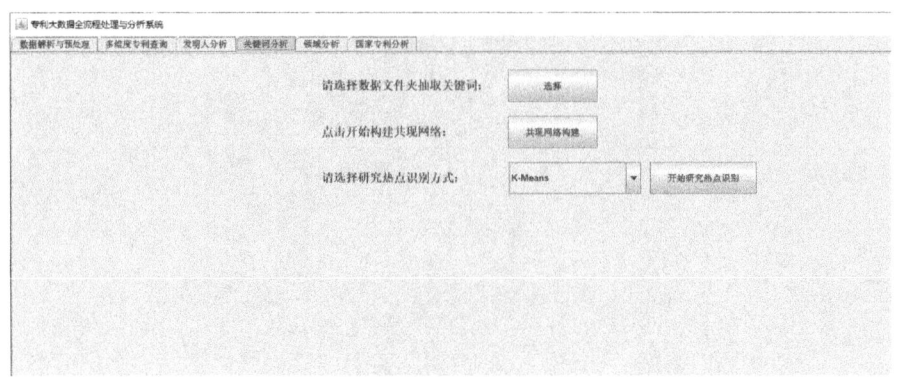

图 7-19　关键词分析界面展示

Step 5. 1. 1：关键词抽取。选择路径后，会对路径下的数据进行关键词抽取，并弹窗展示。该界面支持二次查询。以领域 computer 为例，得到二次查询结果，如图 7-20 所示。

关键词信息

授权专利号	关键词
7686208	several different record keeping systems;detailed information;different entities;this section;preferred embodiments;present invention
7828210	service providers;commerce and accounting services;organization and service providers;third party intermediary;any entity;present invention
8162208	user operation vehicle;vehicle code;base uis;communications module;each account;some embodiments
8261982	response lifecycle;data matching methods;various events;tracking data;each event;detailed audit trail
8267317	authorized issuing personnel;fuel vouchers;more effective fuel expense management;voucher and sales receipt;authorized quantity;fueling station
8365997	authorized issuing personnel;fuel vouchers;more effective fuel expense management;voucher and sales receipt;authorized quantity;fueling station
8505811	provisional billing event descriptor;billing event;machine memory module;processor module;invoice data;computer readable media
8523070	authorized issuing personnel;fuel vouchers;more effective fuel expense management;voucher and sales receipt;authorized quantity;fueling station
7854729	said container;said base;container supports;disassembly thrust forces;disposal chain;this application
7900832	coded tags;respective signature fragments;associated signature fragment identifiers;multiple coded tags;signature fragments;sensing device
8240550	electronic records;medicine administration;patient record system;scheduling information;display terminal;rfid tag
8261981	said portable computer;ultimate transfusion;said caregiver;complete audit trail;correct manner;that patient
8333696	perioperative complications;obstructive sleep apnea;multiple patient data;acquisition module;predictive model;determination module
8448846	image data;medication identification data;associated time-stamp data;one or more medication-identification parameters;method records
8505809	electronic records;medicine administration;patient record system;scheduling information;display terminal;rfid tag
8534549	recharge memory card;non-invasive physiological test data;personal smart cards;long-term use;its use;provider's recharging
8544727	peer comparison statistical data;expected level;peer comparison;anti-money laundering surveillance;debit/credit flow;one or more predetermined results
8561882	further review;safety net;barcode errors;affected pages;first and last page;each barcode
8613701	biological information;personal health management;intelligent personal health management appliances;wired or wireless network;system level scheme;any place
7677449	exposure detector;unique identifier;access control system;fare card;remote location
7703681	paper ticket;ticket verification module;ticket process module;service center;consumer displays;total process
7789301	ticket order;retail tickets;real time;digital press;print center;another feature
7837124	electronic circuit;said sheets;said test;contactless chip;geometrical condition;11， 12a
7909247	magnetic stripe;sale terminal;dual capture point;wireless financial transaction instrument;these items;any combination
7975918	existing baggage management systems;short message service sms;passenger's registered mobile phone number;sms-based cryptographically secure code;some embo
8028903	expedited security processing;pre-approving card holders;security personnel;country's port;biometric identifier stored thereon;present disclosure
8365994	existing baggage management systems;short message service sms;passenger's registered mobile phone number;sms-based cryptographically secure code;some embo
8448853	personalization data;hidden inner face;laser radiation;data medium;preferablysecond part;at least one
8474706	pre-charged amount;accumulated amount;charging processing unit;card reader;penultimate page;print job
8500013	electric vehicle charging station;mobile device;readable code;computer-executable instructions;computer processor;one embodiment
8550338	cash supply chain;notification settings;computer media;predetermined duration;communications channel;user input
8567670	card verification values;external device;secure wallet;single-use cvv;card-not-present transactions;one example
8622292	reservation system;credit providers;pre-authorized credit and reservation information;reservation and preauthorization information;this function;any number
7954766	fbw flight control system;control laws;aircraft load management system;load vector;slung load;three-dimensional aircraft symbology
8640807	wheel axes;non-parallel direction;sliding direction;drive mechanisms;load-supporting part;inverted pendulum type vehicle
8074882	promotional item;targeted video promotional material;targeted advertisements;particular manners;video terminal;computer-implemented method
8146802	user card data;electronic account number data;card insertion;automated banking machine;machine user;software application
8146803	user card data;electronic account number data;card insertion;automated banking machine;machine user;software application
8152060	new closed loop card/code;offer amount;automated clearing house ach;computer-readable storage media;disclosed herein;another user
7731084	pos terminal;transaction data;inline component;store promotions;remote processing server;this information

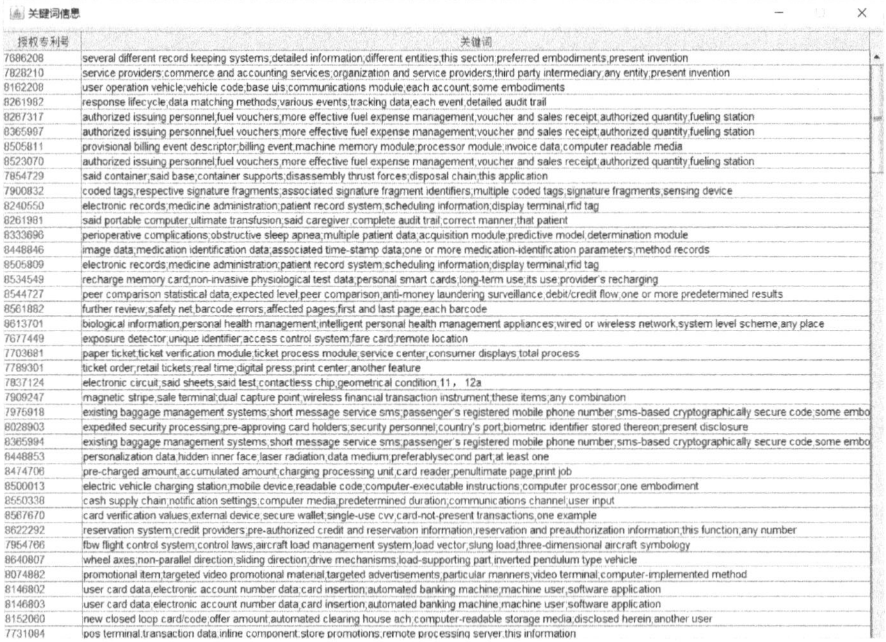

图 7-20　关键词抽取结果展示

Step 5.1.2：共现网络构建。点击共现网络构建后，生成 Echarts 可视化图表。以领域 computer 为例，结果如图 7-21 所示。

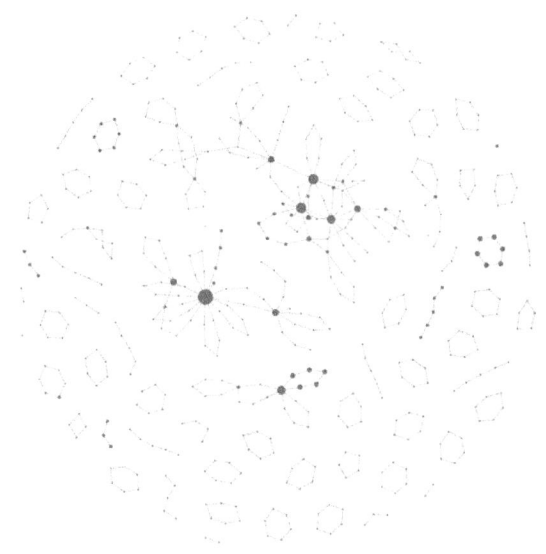

图 7-21　领域 computer 的关键词共现网络

Step 5.1.3：研究热点识别。在下拉框选择一种聚类方式，点击开始研究热点识别，会生成该参数的设置界面，且填入默认值。以 K-Means 方法为例，参数设置如图 7-22 所示。

K 值为聚类个数。

图 7-22　研究热点识别的聚类参数设置界面

专利信息语义表示与深度挖掘

研究热点识别可视化结果如图 7-23 所示。

图 7-23　研究热点识别的可视化结果

Step 6：领域分析

包括路径选择，发明人维度分析及机构维度分析，如图 7-24 所示。

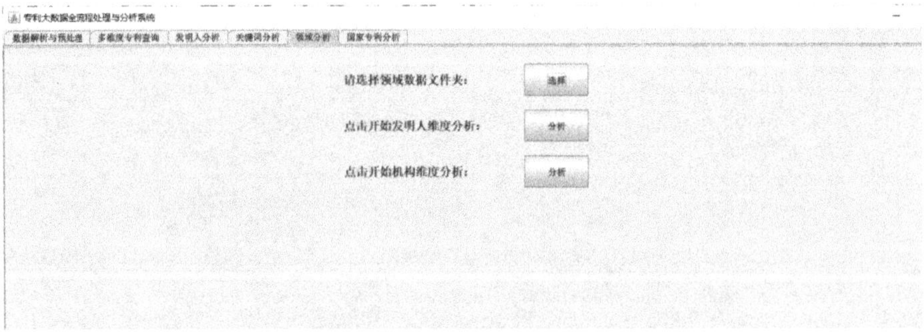

图 7-24　领域分析的界面展示

Step 6.1：路径选择。选择路径后，会弹窗展示选择路径下数据的重要信息。该界面支持二次查询。以领域 computer 为例，结果如图 7-25 所示。

7 专利大数据全流程处理与分析系统

图 7-25 领域分析的信息展示

Step 6.2：发明人维度分析。对发明人专利数量排名前十及发明人所在国家和地区数量及占比做统计分析。结果如图 7-26 和图 7-27 所示。

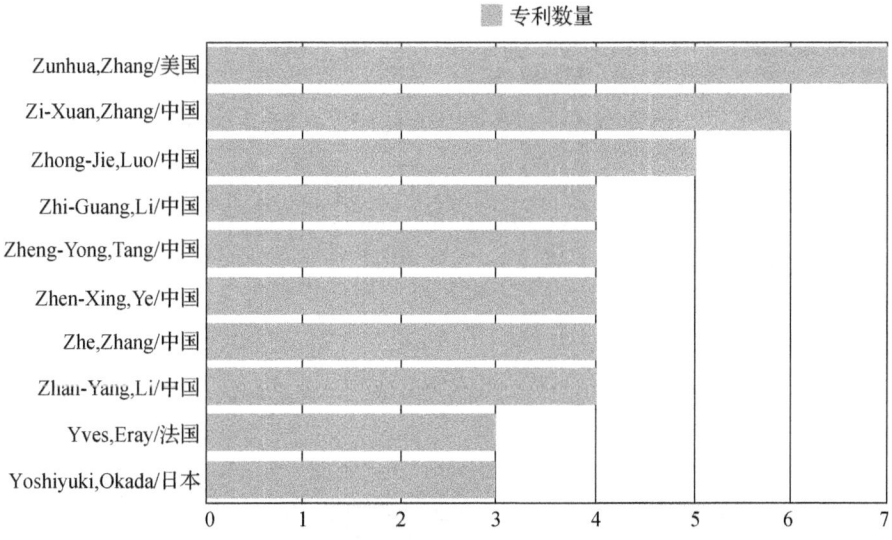

图 7-26 发明人维度分析的可视化结果

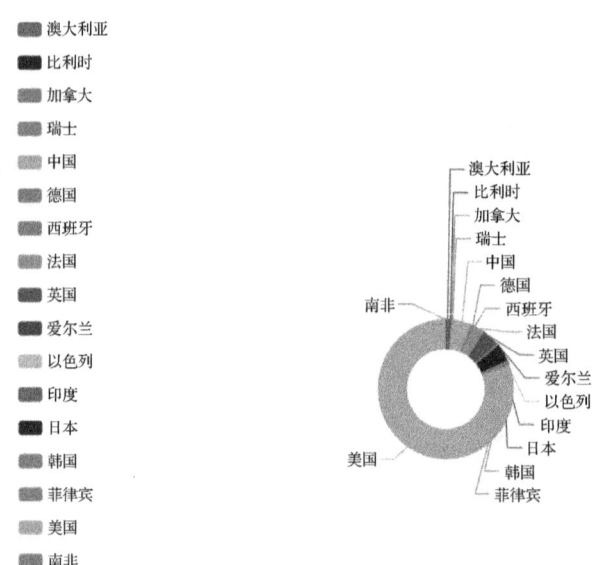

图 7-27　发明人维度分析的可视化结果（见书末彩图）

Step 6.3：机构维度分析。对机构专利数量排名前十及机构所在国家和地区数量及占比做统计分析。样式同图 7-26 和图 7-27。

Step 7：国家和地区专利分析

包括单国家和地区分析，多国家和地区对比分析及数据库总体情况分析，如图 7-28 所示。

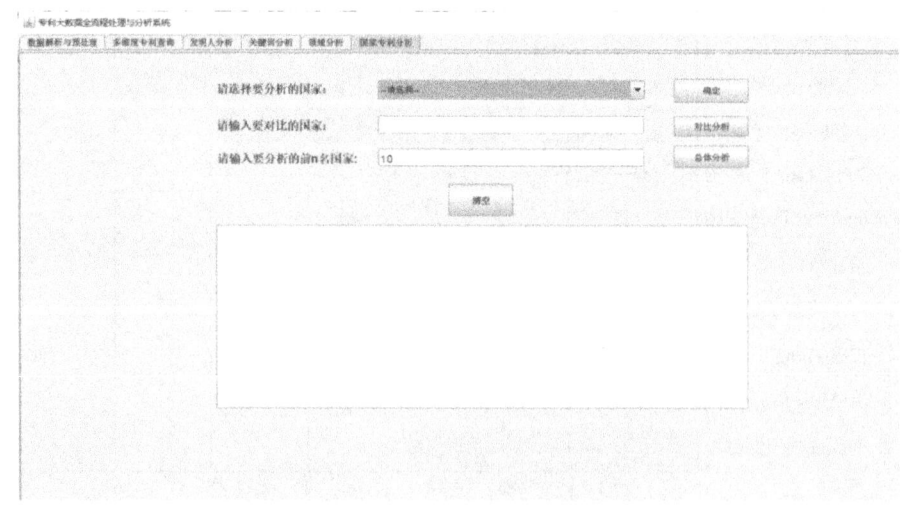

图 7-28　国家和地区专利分析的界面展示

7　专利大数据全流程处理与分析系统

Step 7.1：单国家和地区专利分析。通过下拉框选择分析国家和地区，点击确定后，会将该国家和地区的名称填写到对比分析的国家和地区中。以 CN – 中国为例，结果如图 7-29 所示。

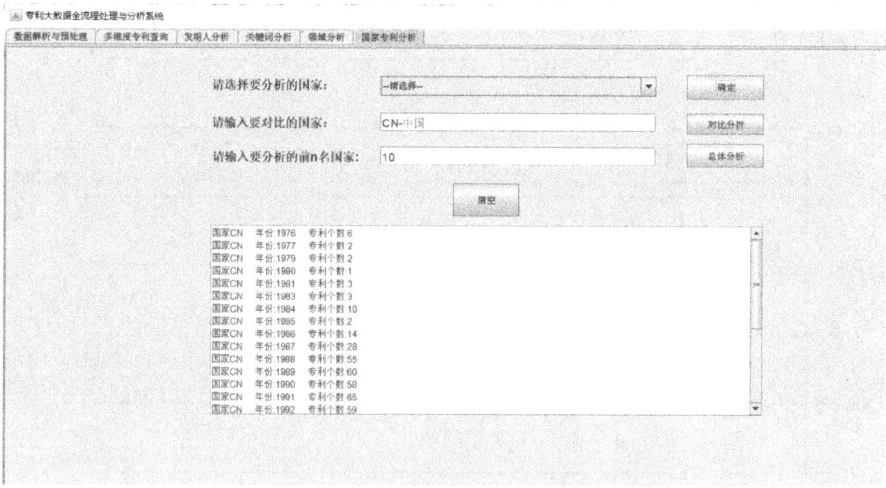

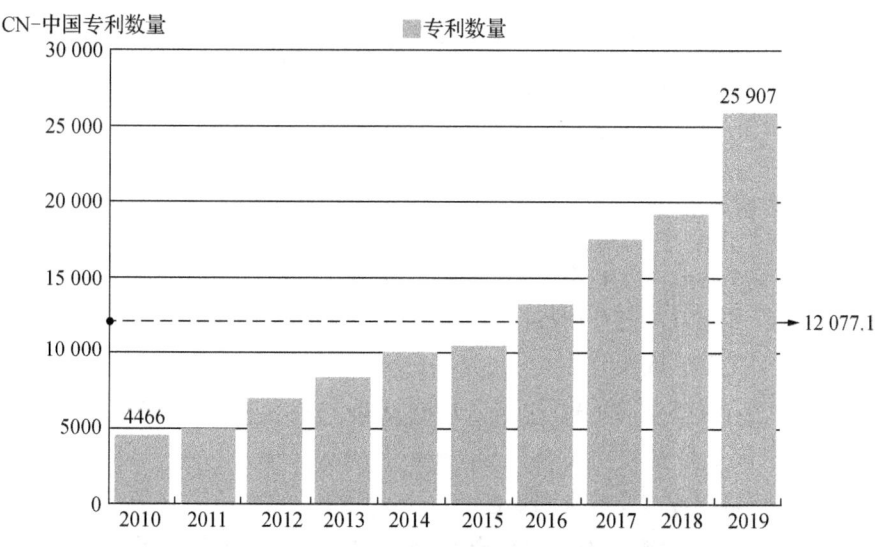

图 7-29　CN – 中国的专利数量分析界面结果

可视化分析结果（近十年）如图 7-30 所示。

图 7-30　CN – 中国的专利数量可视化分析结果（近十年）

Step 7.2：多国家对比分析。当国家数量大于一个时，点击对比分析，即可生成折线对比图。以 CN – 中国、US – 美国为例，结果（近十年）如图 7–31 所示。

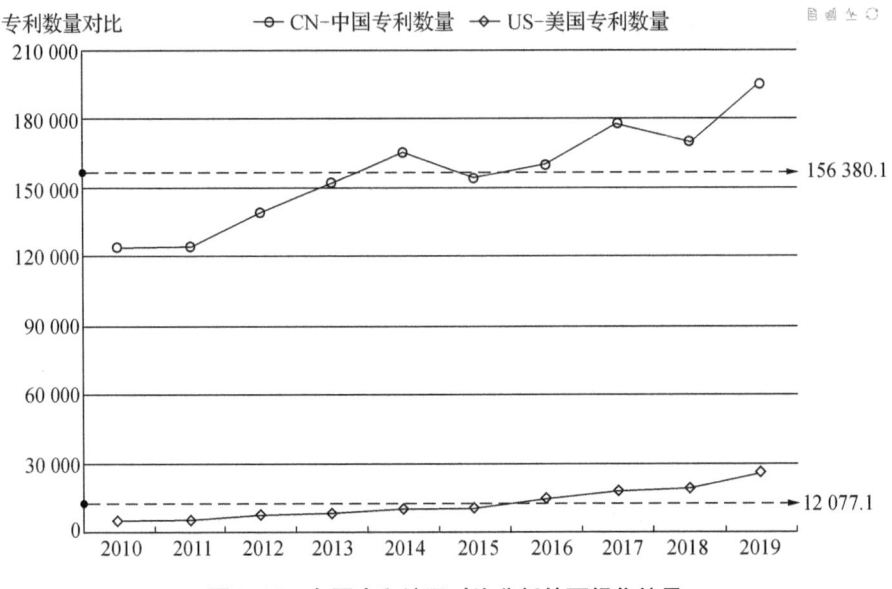

图 7–31 多国家和地区对比分析的可视化结果

Step 7.3：国家和地区专利总体分析。点击总体分析按钮，生成近十年前 10 名国家和地区专利数量及占比情况，随时间轴自动变化，结果如图 7–32 所示。

7.3.3 数据库设计

数据来源：美国专利商标局（USPTO）从 1976 年至 2019 年官网提供下载的共 4 百多万条授权专利数据。USPTO 专利数据内容表如图 7–33 所示。

从左上往右下依次为：

Agent_g 为代理机构表，包括专利授权 id、机构名称和所属国家和地区；

Assignee_g 为专利权人表，Assignee（Patent Owner），指专利权人，包括专利授权 id、城市及国家和地区；

inventor_g 为发明人表，包括专利授权 id、发明人名称、城市及国家和地区；

7　专利大数据全流程处理与分析系统

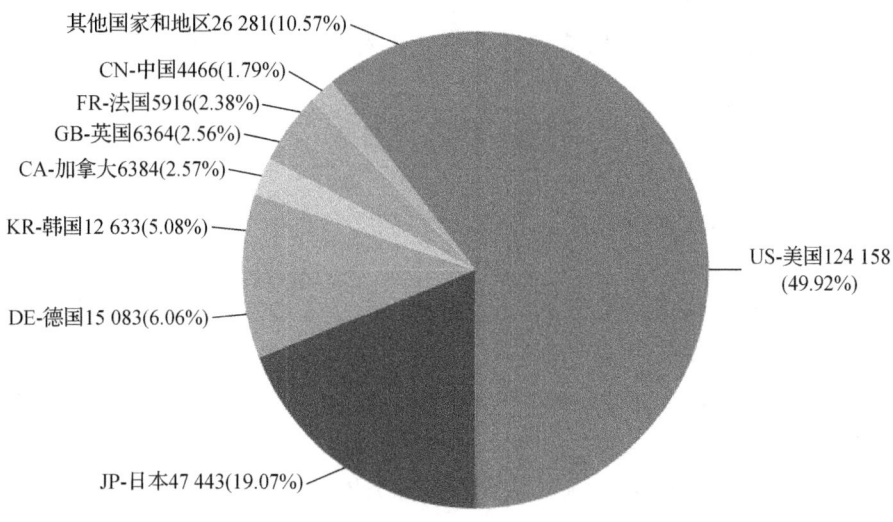

图 7-32　国家的总体分析可视化结果（见书末彩图）

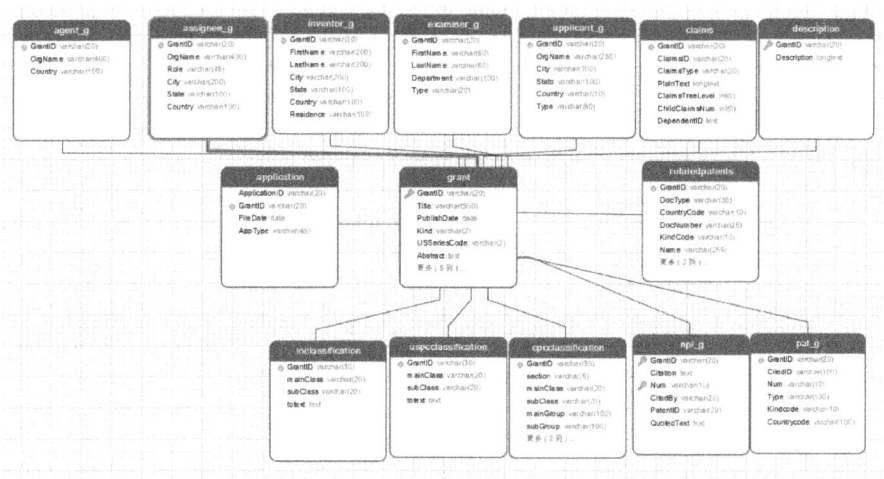

图 7-33　USPTO 专利数据库主表情况

Examiner_g 为审核人表，包括专利授权 id、姓名、审核人类型；

Applicant_g 为申请机构信息表，包括专利授权 id、机构名称、城市及国家和地区；

Claims 表为声明表，包括专利授权 id、声明及相关依赖；

Description 表包括专利授权 id 和描述；

Applicant_g 申请机构信息表，包括专利授权 id、机构名称、城市及国家；

Grant 为主要授权专利信息表，包括专利号，日期，标题，摘要等。其他表通过 grant 表中的 grantid（专利授权 id）连接；

RelatedPatents 为相关专利表，包括专利授权 id，专利类型，类别码，时间；

Loclassification 表为 Locarno（洛迦诺分类）分类表，包括专利授权 id，分类号；

Uspcclassification 表为 uspc（美国专利分类体系）分类表，包括专利授权 id、分类号；

Cpcclassification 表为 cpc（联合专利分类体系）分类表，包括专利授权 id、分类号；

Npl_g 表为非专利引用表，包括专利授权 id、声明信息等；

Pat_g 表为专利引用表，包括专利授权 id、被引用 id。

其中还有一些根据原数据处理的中间表，如图 7-34 所示。

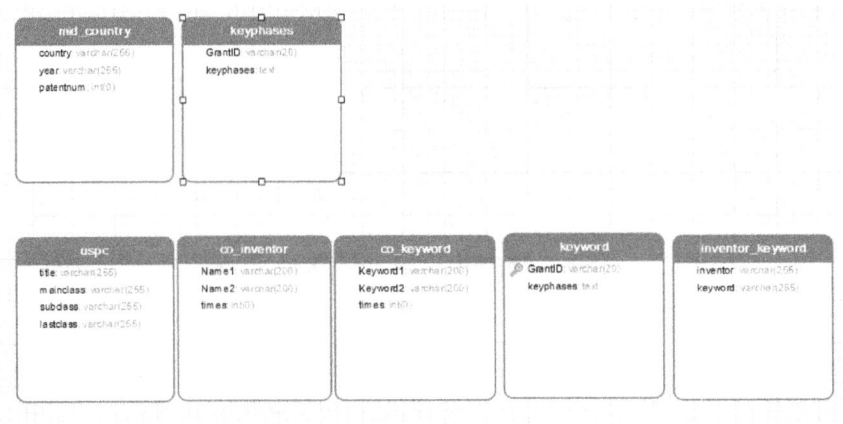

图 7-34　USPTO 专利数据库中间表情况

8 基于网络表示学习的专利信息分析系统

根着世界五大知识产权局发布的统计报告,截至 2018 年年底,全世界的有效专利量为 1390 万,同比 2017 年增长 1.8%。而在此环境下,如何更高效地进行专利推荐成了专利组织和各领域研究者关注的重点。随着专利数量不断增多,对专利信息进行分析的难度也在逐步提升,对专利数据工作者提出了更高的要求。针对这一情况,本系统采用网络表示学习方法,通过简单的操作就可实现了专利数据的处理、网络表示学习、主题识别、相关推荐等需求。该系统有助于相关工作人员节省时间,提高工作效率。

8.1 系统设计

该系统能够帮助数据工作者对有网络特征的数据,如专利引用网络、论文引用网络,进行分析。本章介绍了该系统中各个功能模块的使用方法,该系统具有数据导入、生成网络结构、网络表示学习、推荐指定数量专利等功能。

8.1.1 需求分析

随着科技的迅速发展及经济的全球化,专利在国家科技核心竞争力上的作用举足轻重,专利数据则是科学技术信息的最重要的载体。

为进行需求分析,在查阅大量文献资源的基础上,首先从数据库中筛选出相关领域的专利信息,从中提取出专利的引用信息及文本信息;之后使用表示学习对专利特征进行提取并进行向量表示,最终使用了诸多算法对向量进行挖掘,实现了对相似专利的推荐及对专利数据的分析。以上的每一步均已经通过程序设计进行了实现。然而,在了解到当前专利大数据分析系统的现状后,发现依然有多种问题亟须解决,主要包括以下方面。

①专利数据库多样,下载格式繁多,难以进行相互转换,亟须调研专利数据来源,形成支持多种来源数据库的较规范统一又便于操作的数据输入格

式，适用于多种来源的专利数据源。

②专利信息分析过程中，产生的中间数据可以作为其他分析方法、工具和系统的输入，因此需要对必要的中间数据进行保存，提高专利数据的利用率。

③在专利信息分析过程中，存在大量的参数可供用户设置，如表示学习中的语义表示维度、均值聚类的类数等。通过对参数的设置，可以对算法模型及生成结果有较为精准的把控。该系统必须具备算法参数设置功能，以提高整体的推荐效率。

④在大数据环境下，因为表示学习会对整个网络数据进行分析，从而造成数据处理速度慢、结果生成时间长的情况，程序在运行时可能会出现"假死""卡顿"等一系列问题，严重影响用户使用体验，所以在进行系统设计时，必须充分考虑到用户的使用舒适性。

⑤大数据分析中涉及的聚类和表示学习方法多种多样，虽然在已有的其他数据集中进行了测试和验证，但是针对专利数据，这些方法的表现可能有差异，并且新的方法可能不断加入进来，因此，需要实现系统中的网络表示学习方法、聚类方法和可视化方法等方法的快速丰富和增加，实现灵活扩展。

基于以上的需求，该系统结合专利数据特点，设计简洁的数据导入格式；通过多种网络生成方法、网络表示学习方法，实现多种专利网络下的多种专利语义表示；在此基础上结合聚类方法，发现技术研究现状和研究热点，并结合不同的时序数据，实现专利技术演化分析，发现技术发展趋势；并辅以结果进行可视化展示，使得主题表示结果更易于解释和说明，辅助管理决策。此外，本系统中的网络表示学习方法、聚类方法和可视化方法等可以快速丰富和增加，实现灵活扩展，满足用户的不同需求。

8.1.2 系统应用流程设计

本系统用户使用逻辑清晰，且简单易操作。图 8-1 则是对用户使用流程的介绍。

①从左下角的用户界面开始，黑色箭头构成的流程线，代表用户使用系统的流程。用户选择需要进行分析的数据集，并且导入系统，系统可对数据进行预处理，并根据用户对处理过程的参数选择，进行一系列的分析处理操作，生成专利网络数据，得到专利网络语义表示结果。然后用户可选择不同

8 基于网络表示学习的专利信息分析系统

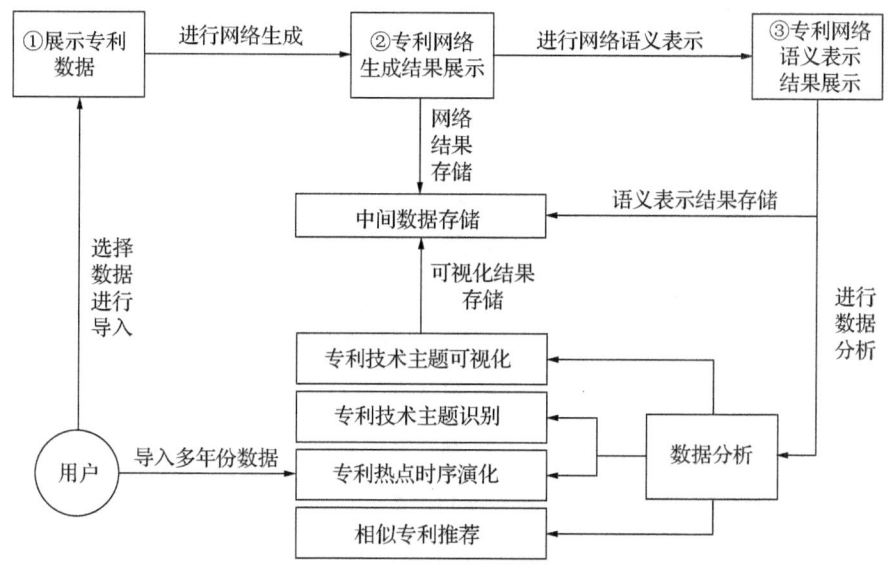

图 8-1 用户使用流程

的功能对专利信息进行一系列的分析挖掘。

②红色方框勾选出来的流程，表示系统在通过数据分析过程之后，能够进行的分析功能。用户可以根据网络语义表示结果，通过该系统的分析，对相关的专利进行推荐。对专利信息的技术主题进行识别，对不同时序下的专利技术热点的演变进行探索，并辅以可视化结果。

③蓝色箭头构成的流程线，表示在整个运行过程当中，系统对中间运行数据的存储过程。例如，对专利网络生成结果以邻接表的形式存储在本地文件中；对网络语义表示结果、技术主题识别可视化结果进行存储。用户可以使用这些中间数据作为其他分析软件的数据基础。

8.1.3 系统开发流程设计

系统的设计流程思路如图 8-2 所示：从专利数据多元性的角度考虑，我们对该系统的数据导入形式进行了设计。提供 excel、csv 格式的数据导入形式。为了方便对每份专利进行索引，本系统自动生成了每份专利的专利号。同时，使用二分网络算法，用户可根据研究需要生成相应的网络（耦合网络、同被引网络、引用网络），并且使用多种网络表示学习方法（deepwalk、node2vec、sdne 等），生成专利网络的语义表示。

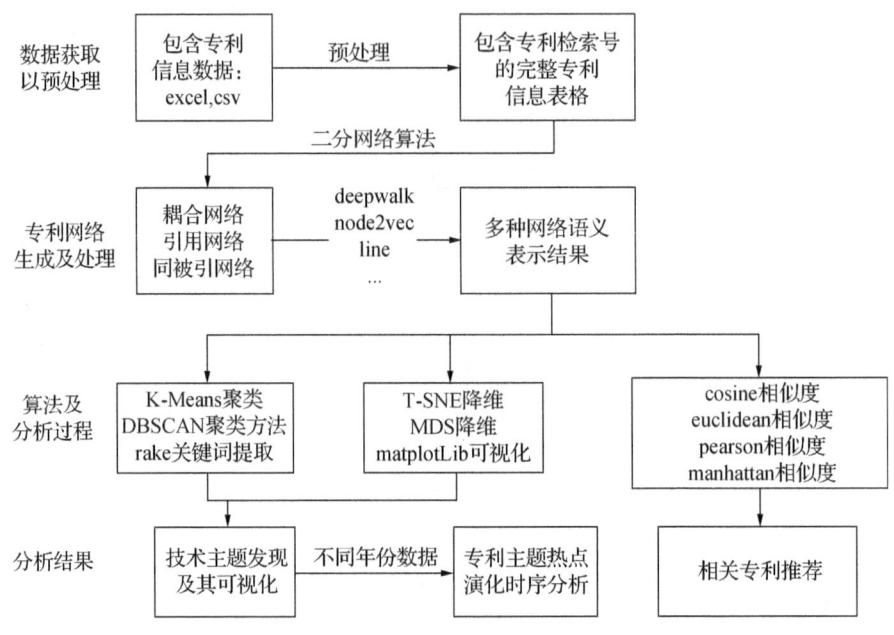

图 8-2　系统设计流程思路

在专利网络语义表示结果向量的基础上，通过聚类算法、关键词提取算法、可视化方法、相似度计算方法，对专利的信息进行深层次的分析，最终从宏观及微观层面对于整体的专利信息有确切的了解。

8.2　界面设计与功能模块

本系统分为专利数据导入、专利网络生成、专利网络语义表示、专利主题识别、专利主题可视化、相似专利推荐等六大功能模块。

8.2.1　专利系统主界面

图 8-3 所展示的是本系统打开时所显示的默认界面，该界面并未设计具体功能，用作进行用户引导和范例展示，其中背景图为最近一次系统工作生成的技术主题识别可视化结果，在右下角进行相关说明的提示。为了引导用户使用本系统，在打开时会锁定工作流程中后期功能模块，随着工作流程

8 基于网络表示学习的专利信息分析系统

的深入，会逐步解锁不同的功能模块。

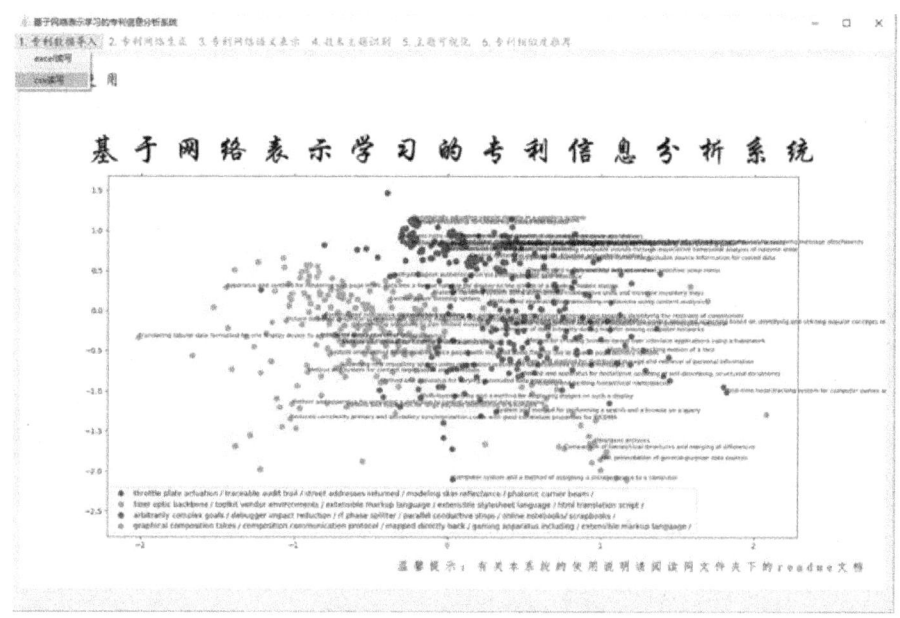

图 8-3 专利分析系统初始界面

8.2.2 专利数据导入模块

在菜单栏中选择"专利数据导入"并选取导入文件类型，本系统提供文件读取格式为 excel 及 csv 格式，然后即可进入数据导入界面导入具有引用关系的专利数据及论文数据等，在导入后，会赋予节点独立不重复的索引号，方便后期操作，导入界面见图 8-4。

在该页面的上半部分，系统对读取数据进行了展示，包含专利的标题、摘要、引用、被引等信息；为了方便后续程序对读取的专利数据进行处理，系统自动为每份专利生成唯一对应的专利索引号，如图中"施引专利 ID"、"被引专利 ID"这两列数据。同时在结果展示页面的左下角，系统对导入数据的格式进行了详细的说明；在该页面的右下角，系统对生成的中间数据存储位置进行了说明。

8.2.3 专利网络生成模块

图 8-5 展示了系统的专利网络生成功能，在导入专利数据的基础上，

专利信息语义表示与深度挖掘

图 8-4　专利数据导入功能界面

图 8-5　专利网络生成功能界面

8 基于网络表示学习的专利信息分析系统

本系统提供专利的引用网络、耦合网络及同被引网络的生成。

本次展示使用耦合网络生成功能：点击"点击生成网络"按钮，系统则根据导入的专利数据，生成对应的耦合网络。同时将耦合网络结果以邻接表的形式展示在页面上。系统在页面的下方解释了展示数据的含义：数字表示专利索引号，每一行中的两份专利存在引用关系，如"1707 846"表示"1707 号专利"引用"846 号专利"。

8.2.4 专利网络语义表示模块

图 8-6 展示了系统的专利网络语义表示功能，图 8-7 为专利语义表示工作流程图。系统提供了多种网络表示学习方法（DeepWalk/node2vec/LINE/GraRep/GraphFactorization/SDNE）对专利网络进行语义表示。

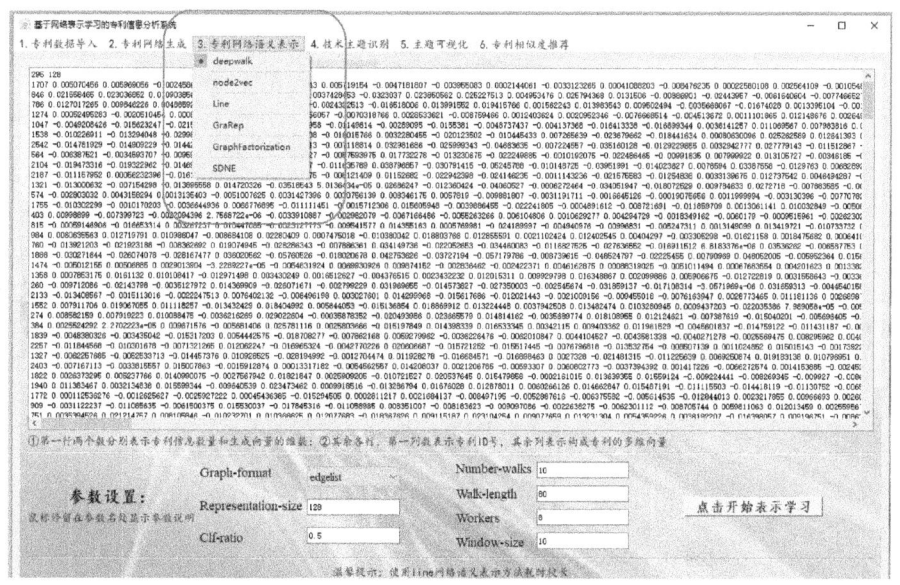

图 8-6 专利网络语义表示功能界面

用户可根据每种网络表示学习方法提供的多种参数，选择自行设置参数或使用默认参数。将鼠标移动到参数名上，系统会显示该参数的中文解释及默认值，方便用户使用。同时系统给出了大量的提示信息，如"使用 Line 网络语义表示方法耗时较长"。点击"点击开始表示学习"进行训练。系统会对"专利网络生成"功能中生成的网络进行语义表示。

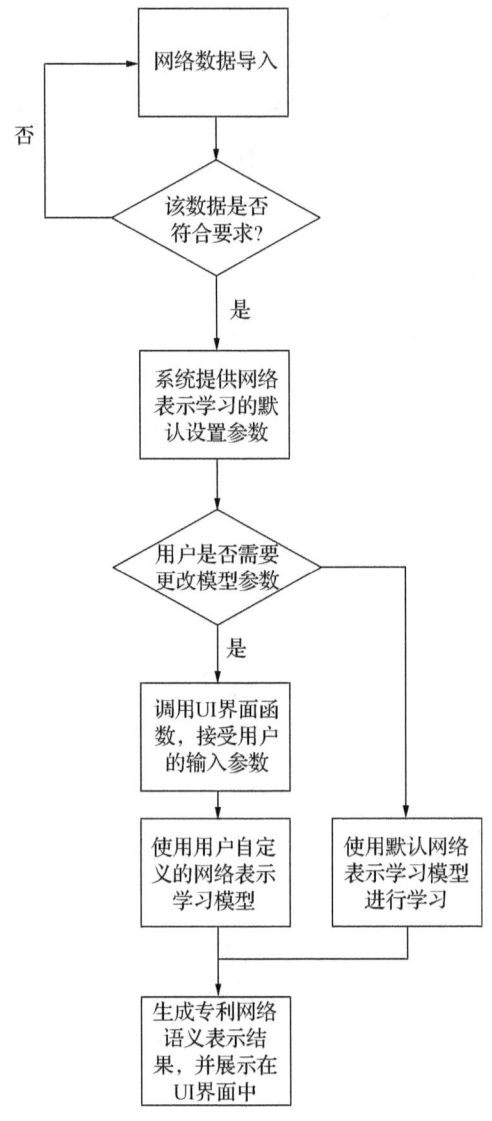

图 8-7 专利语义表示工作流程

以下是对界面展示结果的解释：第一行第一个数字示该耦合网络中的专利数量，第二个数字表示每份专利的语义表示结果的向量维度。余下每一行的第一个数字是专利的索引号，其余列构成该专利的向量表示。

8 基于网络表示学习的专利信息分析系统

8.2.5 专利主题识别模块

在进行专利语义表示后解锁技术主题识别模块,该模块主要采用两种聚类算法,Kmeans 和 DBSCAN 对所生成的向量进行聚类。其中 Kmeans 可自主设置聚类数量。对向量对应的文本采用 Rake 算法,提取出每一个类别中的核心短语。主题识别效果如图 8-8 所示,主题识别流程如图 8-9 所示。

图 8-8 主题识别效果

8.2.6 专利主题可视化模块

在进行主题识别后,解锁主题可视化模块,该模块可以根据聚类算法产生的结果进行可视化,其可视化效果如图 8-10,其中不同聚类的节点使用不同的颜色进行标记,且技术主题识别结果通过"标签"的形式展示在可视化结果中。系统结合"专利网络语义表示"生成的专利向量,以及"技术主题识别"生成的主题识别结果,生成可视化的主题展示图,方便用户的查看与存储。在可视化过程中,运行时间会因为专利数量增多而明显变

· 249 ·

专利信息语义表示与深度挖掘

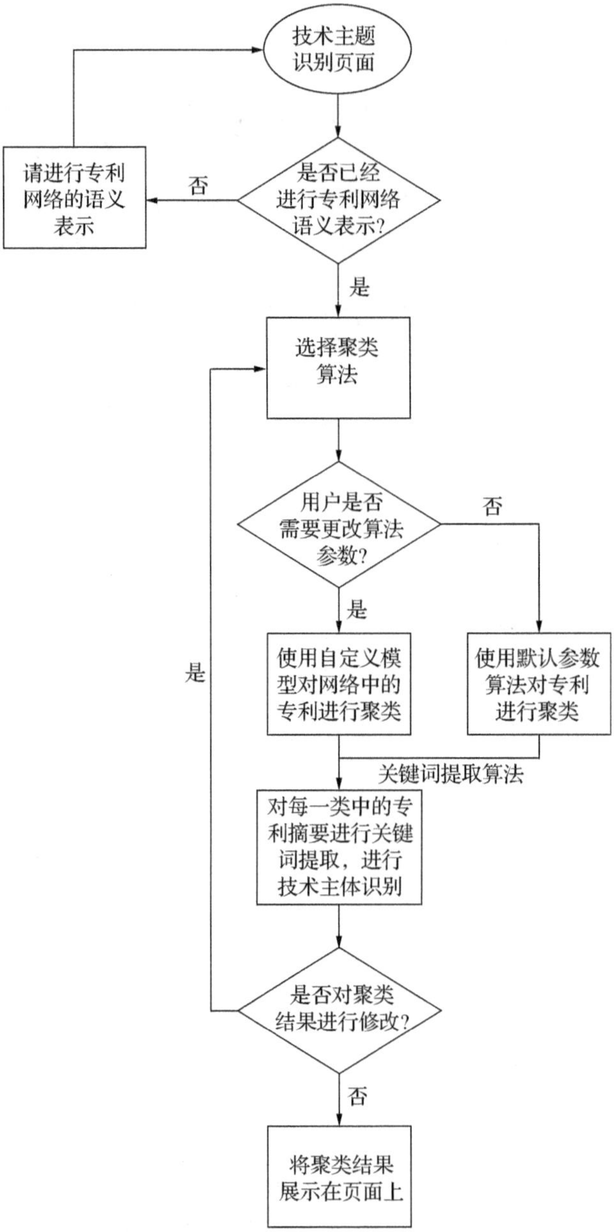

图 8-9　主题识别工作流程

长，为了解决这一问题，系统加入多线程，并在程序运行过程中加入计时器，使得用户有着更佳的使用体验。

8 基于网络表示学习的专利信息分析系统

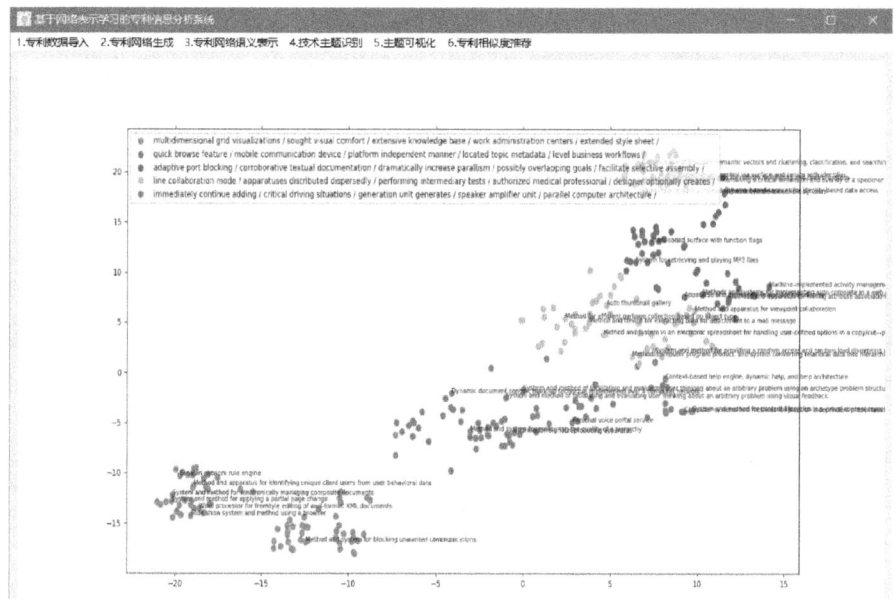

图 8-10 聚类可视化结果

8.2.7 相似专利推荐模块

图 8-11 为专利相似度推荐功能的结果展示页面。系统在该页面的左侧给出可供选择进行推荐的专利，包含专利的索引号及其对应的专利标题。系统在右上方给出了推荐功能的参数设置，例如，"输入您想查询的 ID 号""选择相似度推荐算法""输入推荐的专利数量"。点击"推荐"按钮，系统则在右下角返回推荐结果，该结果包含相似专利的标题名，以及对应的相似度数值。

8.3 系统的具体功能及使用

8.3.1 系统功能的实现过程

基于分析需求，系统开发了专利数据导入、专利网络生成、专利网络语义表示、技术主题识别、主题可视化、专利相似度推荐、结果保留功能 7 个

专利信息语义表示与深度挖掘

图 8-11 专利相似度推荐功能界面

功能模块。

以下对每一个功能所使用到的函数进行简要声明。

（1）专利数据导入

readExcel：读取用户选择的 Excel 专利数据文件，并将结果展示在界面上。

readCsv：读取用户选择的 Csv 专利数据文件，并将结果展示在界面上。

（2）专利网络生成

citeNetwork：根据专利的引用信息生成专利的引用网络。

ouheNetwork：根据专利的引用网络生成对应的耦合网络。

tongbeiyinNetwork：根据专利的引用网络生成对应的同被引网络。

（3）专利网络语义表示

deepwalk_vec：使用 openne 中的 deepwalk 方法对生成的网络进行语义表示。

sdne_vec：使用 openne 中的 SDNE 方法对生成的网络进行语义表示。

grarep_vec：使用 openne 中的 GraRep 方法对生成的网络进行语义表示。

node_vec：使用 openne 中的 node2vec 方法对生成的网络进行语义表示。

8 基于网络表示学习的专利信息分析系统

line_vec 使用 openne 中的 LINE 方法对生成的网络进行语义表示。

GF_vec 使用 openne 中的 GraphFactorization 方法对生成的网络进行语义表示。

(4) 技术主题识别

Kmeanscluster：使用 Kmeans 聚类算法对网络语义表示后的向量进行聚类。

DBSCANcluster：使用 DBSCAN 聚类算法对网络语义表示后的向量进行聚类。

rake_self：使用 rake 算法将同一聚类的专利摘要进行主题识别，发现研究热点。

(5) 主题可视化

Visual：对于聚类结果及主题识别结果进行可视化展示。

(6) 专利相似度推荐

topNtable：筛选并获取可用于相似度计算的向量及其文本，并以表格形式展示。

Sort：针对对应数据进行多种相似度计算。

Similarity：针对用户选择的专利，对其进行相似专利推荐。

(7) 结果保存功能

write_edgelist：将生成的耦合网络等使用邻接表的形式保存在本地文件中。

deepwalk2_vec：将专利网络语义表示生成的结果存储在本地文件中。

custer_plot：将可视化结果以 png 格式保存在本地文件中。

在对于每一部分功能函数进行介绍的基础上，图 8-12 展示了程序运行流程及函数之间的关联。

8.3.2 系统功能实现的关键技术

(1) 专利网络语义表示技术

通过重写网络表示学习中的第三方库 openNE 中的 main 方法，我们对其中的函数进行了设计，在此基础上，实现了 6 种网络表示学习方法的调用，且可以根据用户的输入对参数进行设置，使网络表示模型更加符合用户的需求（图 8-12）。

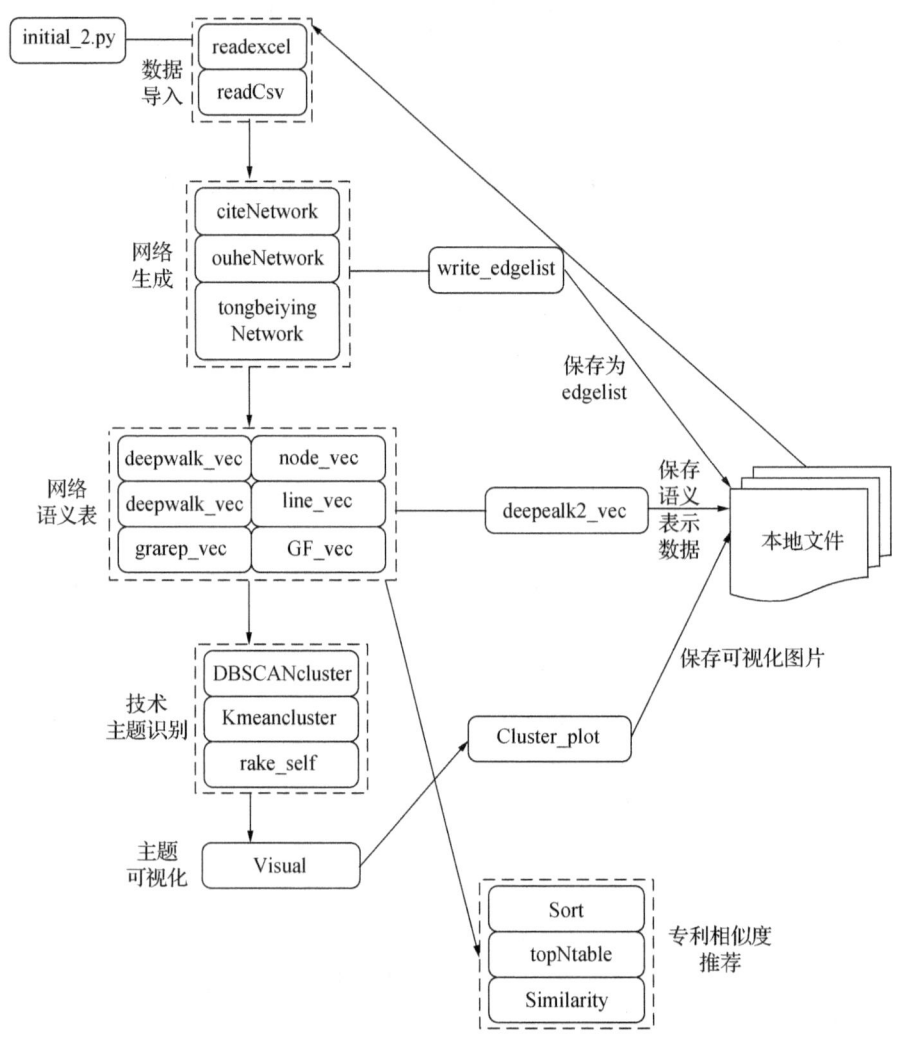

图 8-12　系统功能实现过程

（2）技术主题识别技术

在该技术中，系统使用了聚类算法，关键词提取算法，并且用户可根据自身需要，使用不同的参数对模型进行设置。最终的主题识别结果，给出了相关领域的热点技术主题，并给出了每一类热点主题下，有哪些专利文件可供参考。

8 基于网络表示学习的专利信息分析系统

(3) 相关专利推荐技术

在专利网络语义表示功能使用完毕的基础上，选取该网络中的某一专利，对其进行相似专利的推荐。该技术读取现有的网络中可供进行推荐的专利列表，并提供参数选择。用户可根据不同的相似度推荐方式，选取推荐返回结果的数量，对相关专利进行推荐并返回结果。

9 结论与展望

本章对全书内容进行总结，归纳给出本书研究的贡献及创新之处；并指出本书研究存在的不足，以及后续的研究方向。

9.1 研究总结

本书的研究工作主要包括如下 5 个方面。

（1）系统地调研和总结国内外相关研究现状

专利信息语义表示与深度挖掘能够有效将多个产业技术创新知识吸收及扩散结合起来，为创新主体制定创新战略、为实现跨行业技术突破提供基础，进而实现产业经济效益最大化。

首先，本书根据研究对象的不同介绍了表示学习的 3 种方式，即网络表示学习，文本表示学习，融合表示学习，重点介绍了 3 种方式下的常用模型，为专利信息语义表示提供了方法基础。其次，本书提供了两种专利信息挖掘视角，即专利网络挖掘的视角、专利文本挖掘的视角，并对两种视角下的指标和方法进行综述。

在此基础上，对已有研究进行归纳和总结，找出其不足和待改进之处。即：专利引文分析侧重于以专利引用文献中的非专利引文为研究对象，在专利科学引文方向上的研究还不够深入。此外，引文的分析涉及语义信息层面的研究相对较少；当前的专利推荐主要基于单语言专利文献数据，从专利的技术关键词、主题等内容特征出发，研究单语言环境下的相似专利推荐，而专门针对双语或者多语种专利文献数据的跨语言专利推荐和分析还较少。此外，目前的专利推荐大多是相似专利，推荐的多样性和相关性尚需进一步扩展；目前大多数技术机会发现相关的研究都通过对专利数据或科技文献数据运用多种研究分析方法，包括共词、共现分析、文献计量分析、聚类分析、异常监测分析、可视化分析等来发现潜在技术机会，这类方法大多着眼于该领域的自身数据，很难发现数据中还未提及的潜在技术机会，而实际上潜在

9 结论与展望

技术机会在萌芽阶段几乎不会出现在这些数据中,就算出现也很难判别,等到具有足量数据进行识别时已经具有很强的时滞性;目前的专利主题识别研究更多的侧重利用关键词之间的关系来构建共现网络,利用聚类算法来进行分析,但是聚类算法很难考虑到专利中所有单词及其语义关系;目前的专利数据处理和分析系统尚不完善,难以支撑全流程的数据处理,并且尚有一些发明人消歧、主题识别等问题存在,亟须改善。

(2)提出了一种基于表示学习的专利科学引文元数据抽取及内容挖掘的方法并验证其有效性

本书应用和改进传统的引文元数据抽取方法,将表示学习的方法引入专利科学引文元数据抽取中,以期实现更准确的专利科学引文元数据抽取,在获得内容元数据的基础上实现专利科学引文内容挖掘。首先设计专利科学引文识别方法,将专利科学引文从多种格式的非专利引文中识别出来;然后对识别到的专利科学引文进行抽取,得到专利科学引文元数据,并设计对比实验验证方法的有效性;最后,根据识别出的专利科学引文和抽取出的专利科学引文元数据,对专利科学引文的内容进行挖掘和分析。

为了验证方法的有效性,本次实验使用的数据是纳米技术领域的专利数据。选择纳米技术这一领域作为研究对象主要有两个方面的原因,一方面,由于近几年纳米技术的高速发展,有必要对当前纳米技术的实际应用和科学研究之间的关系进行分析,探索这一领域将来可能的发展趋势;另一方面,纳米技术作为的高新技术领域的代表,其技术应用与科学研究之间存在着紧密的联系。此外,纳米技术具有多学科交叉的特性,其与物理学、化学、材料学、生物学、电子学、生物学等学科都有交叉,这样的特性使得纳米技术领域的专利科学引文具有很高的研究价值。

本书提出了一种专利科学引文元数据自动抽取及其内容挖掘的方法,具体包括专利科学引文识别、专利科学引文元数据的自动抽取及专利科学引文的内容挖掘3个部分。从实验结果来看,通过文中的方法能够实现专利科学引文的识别及元数据的自动抽取,与对比实验相比,准确率分别提高了1.66%及7.23%。因此本书认为,将表示学习方法引入专利科学引义元数据抽取的工作中,对文本的语义信息特征加以利用,能够对专利科学引文的识别及元数据抽取的结果产生积极影响。同时,本书将抽取到的专利科学引文标题数据放入期刊数据库中进行检索,得到了专利科学引文的摘要、关键词等内容元数据,通过对摘要和关键词这两种内容元数据的分析可以进行专

专利信息语义表示与深度挖掘

利科学引文的内容挖掘。

(3) 基于无监督跨语言词向量映射的方法，使用中英专利单语语料库独立训练中英单语专利词向量

本书利用文本表示学习方法，自动学习中英专利文本的语义信息，并在统一语义向量空间中进行表示，最后通过向量相似度计算方法，计算不同语言下专利文本间的语义相似度，构建基于表示学习的跨语言专利推荐方法，实现跨语言相关专利推荐。

近年来无线通信技术发展迅猛，已经成为全球通信业发展最受关注的产业领域之一，给人们的生活带来巨大的便利和影响，截至 2018 年年底，全球共有 51 亿人使用无线移动服务，占全球人口的 67%。未来一段时间内，无线移动通信技术演进、智能终端和业务应用将形成广阔的市场空间，成为全球通信业发展的重要推动力。因此，该实验采用无线通信网络的中英文专利文献作为实验对象，来进行跨语言需求相关专利词推荐及相关专利推荐研究。

实证分析表明，本书设计的基于表示学习的跨语言相关专利推荐方法，在既不需要任何外部双语词典，也不需要大型双语语料库的情况下，就可以形成很好的中英专利词语间的语义映射关系，从而实现跨语言需求相关词推荐。随后在文本表示后，只需要输入整篇专利就可以得到多种语言的相关专利推荐，推荐结果前 5 的推荐准确率达到了 77.82%，不仅语义相关性高，推荐结果也非常多样。可以更全面有效发现相关领域的前沿技术、新兴技术和发展态势，为企业遴选相关重要专利、规避专利侵权、收集竞争情报等方面提供个性化信息推送和决策支持服务。便于企业与科研人员进行参考和自主创新，制定适合企业发展的专利战略，把握核心科技，提高企业竞争能力，知己知彼，推动整个行业良性发展。

(4) 提出了一种基于类比设计的潜在技术机会发现及其实现路径构建方法

在潜在技术机会发现部分，本书改进传统潜在技术机会发现的方法，将类比设计的方法引入潜在技术机会发现研究中，以期更有效地发现目标领域的潜在技术机会。首先，选择进行类比时技术机会有关的共同语义成分—专利功效短语，作为类比知识单元，并利用深度学习方法实现类比知识单元的自动抽取；其次，利用表示学习的方法对类比知识单元实现融合上下文信息的语义向量表示，并通过聚类对所有向量基于语义相似度建立类比关系形成

9　结论与展望

功效主题；最后，利用机会评估算法计算每个功效主题的技术机会得分，根据得分高低确定最终的潜在技术机会。在潜在技术机会实现路径构建部分，本书结合和改进现有的技术机会实现路径构建方法，在潜在技术机会发现研究的基础上，通过融入技术主题词与功效词间的语义关联关系来构建三元组形式的实现路径。首先基于不同规则从每个专利标题中抽取技术主题词；其次，从潜在技术机会发现研究部分抽取的专利功效短语中识别出关系词和功效词，并将其与对应的技术主题构建"技术主题—关系—功效词语"三元组，形成初步的实现路径；最后，利用实体对齐技术进行数据清洗后形成标准的三元组实现路径，并存入图数据库进行可视化后形成知识图谱。

通信为社会各个行业提供了越来越多的便利，完全改变了传统的生活方式，并且成为我们日常生活的一部分。5G 作为现阶段最新的移动通信技术手段，还未全面实现商业化，国际标准规范也尚未确定，仍处于研发和应用的阶段，因而存在着潜在的技术机会，因此该实验选择通信领域的 5G 技术作为类比目标。由于专利分类号可以将专利的依据功能信息划分到不同的领域，因此，本书选择通信领域内与 5G 技术相同分类号的其他技术作为类比源。由于 4G 和 5G 同属于通信领域，功能相似，且 4G 当前已经发展很成熟了，得到了广泛应用，因此本书选择 4G 作为 5G 的类比源。

从实证结果来看，能够发现符合实际情况的潜在技术机会，并且构建的技术机会实现路径存入数据库形成知识图谱后，不仅可以提供清晰的潜在技术机会实现路径实时查询结果，同时还支持技术机会实现路径的动态更新，以呈现最新的技术支持信息。特别地，对于本书实证研究的 5G 技术领域的潜在技术机会，截至目前，科技部已经召开了 6G 技术研发的工作启动会。而目前全球 6G 技术研究仍处于探索起步阶段，技术路线尚不明确，但可以确定的是 6G 和 4G、5G 一样仍属于通信领域。因此，本书中涉及的技术机会很可能包含了 6G 领域的潜在技术机会，因而，基于类比设计的潜在技术机会发现可以预测最新类似领域的潜在技术机会，并且本书潜在技术机会的实现路径也可以随着 5G 领域或 6G 领域研究的深入发展而得到不断更新。由此可见，本书的研究内容具有较强的实用性与应用价值。

（5）提出了基于专利分类序列和文本语义融合的技术融合预测方法

为了丰富专利分类的网络和文本语义表示，实现两者更有效的语义融合，提高技术融合预测效果，提出了基于专利分类序列和文本语义融合的技术融合预测方法。首先直接对专利分类序列进行语义表示，充分考虑专利分类所在位置及其上下文语境,提出基于专利分类序列语义表示的技术融合预测方法;其次,根据专利分类在序列中的排序重要性设计专利分类文本分配方法,形成基于专利分类文本语义表示的技术融合预测方法;在此基础上,设计专利分类组合对的多种特征融合方法,利用机器学习自动获取专利分类多维语义特征的最优权重,提出融合专利分类序列结构和文本内容语义表示的技术融合预测方法;最后基于链路预测的理论和 Top-n 准确率方法对提出的多种技术融合预测方法进行定量评价。

无人机具有成本低、操作灵活、能够避免出现人员伤亡等特点,备受军事和民用领域的关注。2015 年国务院提出《中国制造 2025》发展战略,将无人机产业作为我国十大重点领域之一。无人机产业包括从人工智能到核心软件和硬件工程的各种知识领域,是典型的多学科融合、跨领域集成的新兴产业,技术融合已然成为无人机产业创新发展的主要来源。因此,该实验以无人机领域专利数据为基础,对无人机的技术融合趋势进行预测,把握无人机产业未来的发展方向。

在无人机领域的实验证实,从 AUC 和 MAP 的角度来看,专利分类序列语义表示模型的效果明显优于其他网络表示学习方法,AUC 和 MAP 值较基准模型中最好的方法分别提高了 0.046 和 0.081,较最差的方法提高了 0.495 和 0.480;专利分类文本语义表示模型中表现最好的是仅赋予第一位专利分类以文本,AUC 和 MAP 值较以往的平均分配方式分别提高了 0.159 和 0.144;在语义融合模型中,"SVM+哈达玛积"表现最优,较单一的专利分类序列和专利分类文本方式均有提高,AUC 和 MAP 值达到了 0.913 和 0.923,较基准拼接模型提高了 0.282 和 0.302。从 Top-n 准确率的角度来看,与上述结论大致相同,考虑所有预测方式中最优的两类单特征模型和"SVM+哈达玛积"模型,当仅考虑前 200 的组合的准确率时,专利分类序列表示模型与"SVM+哈达玛积"模型均优于"赋予前 1 位 IPC"表示学习模型,且预测准确率均为 1。当进行扩展实验时(扩展到 500),专利序列表示学习模型的准确率开始下降,而"SVM+哈达玛积"模型的准确率仍能保持为 1。因此,综合两类评估指标,"SVM+哈达玛积"模型是本书预测效果最优的模型。本书的方法能够提高技术融合预测的效果,更好地为技术布局、技术研发提供借鉴和参考。

9.2 贡献与创新之处

本书的主要贡献与创新在于以下 9 点。

①将表示学习方法应用到专利科学引文元数据抽取中。通过表示学习方法获得的文本向量维度较低，有助于提高计算效率，有效缓解数据稀疏问题，同时能够充分利用对象间的语义信息，提高识别准确率。相对于现有的基于机器学习等元数据抽取方法，基于表示学习的方法可以利用对象间的语义信息，减少引文格式杂乱、数据不规范等问题对专利科学引文元数据抽取的影响，获得更好的抽取结果。

②进行内容层面的专利科学引文分析。当前专利科学引文分析多以非专利引文整体为研究对象，方法以文献计量为主。本书以专利科学引文的关键词、摘要等内容元数据作为研究对象，引入表示学习的方法，从内容层面对专利科学引文与专利之间的关系进行挖掘。

③将表示学习方法应用到跨语言相关专利推荐中。本书基于表示学习中无监督跨语言词向量映射的方法，使用中英专利单语语料库独立训练中英单语专利词向量，然后通过线性变换将它们映射到统一语义空间。在即不需要任何外部双语词典，也不需要大型双语语料库等情况下，就可以得到很好的中英专利相关词映射关系，实现跨语言需求相关词推荐。以此为基础，利用文本表示学习方法，自动学习中英专利文本的语义信息，并在统一语义向量空间中进行表示，最后通过向量相似度计算方法，计算不同语言下专利文本间的语义相似度，构建基于表示学习的跨语言专利推荐方法，实现跨语言相关专利推荐。

④一方面丰富现有专利挖掘分析的方法，当前专利分析方法多基于单语言专利文献数据，本书提出的基于表示学习的跨语言专利推荐方法可以从多语言专利文本数据的角度出发，来更全面有效发现相关领域的前沿技术、新兴技术和发展态势；另一方面，减少了双语词典和双语平行语料的需求，同时减少了检索推荐查询输入扩展，只需输入整个专利文本，就可以得到更丰富的跨语言相关专利结果，提高查询效率，为企业遴选相关重要专利、规避专利侵权、收集竞争情报等方面提供个性化信息推送和决策支持服务。

⑤将类比设计方法引入潜在技术机会发现研究中。通过对类比目标领域和类比源领域的专利数据提取功效短语作为共同语义成分的类比知识单元，

并基于功效短语的语义相似度建立类比关系,能够有效地抓住体现技术机会信息的核心信息。同时相较于现有的潜在技术机会发现方法,该方法能够发现更有价值的潜在技术机会,并且能够为最新的研究领域预测潜在的技术机会。

⑥对技术机会构建实现路径并形成知识图谱。当前技术机会的研究大多集中于找到潜在技术机会,而较少涉及技术机会实现路径的构建研究。本书从技术主题与技术机会的关联关系入手,构建"技术主题—关系—功效词语"形式的三元组实现路径,并存入数据库可视化后形成知识图谱,有效地体现出了整个类比目标领域及类比源领域内技术与功效的关联关系,便于发现潜在技术机会的多个实现路径,甚至是关联路径,同时能够实现对多个路径之间的比较,以及支持实现路径的实时查询与动态更新。

⑦当前的技术融合预测任务多从两类网络结合指标分析的角度进行研究。其一为专利引文网络,基于专利引用网络形成的技术融合识别指标和方法在多个领域中取得了较好的效果,但同族专利自引现象层出不穷,导致一些相互引用的专利之间技术内容可能大体相似,使得引用网络出现重复和冗余信息,影响预测结果的准确性;与此同时,专利引用需要一定的时间累积,造成引用网络的形成具有一定的时间滞后性,不利于技术融合的预测;其二为专利分类号共现网络,然而共现网络较难体现专利分类序列中专利分类号的位置和上下文语义信息。因此,本书借鉴表示学习方法从现有技术融合的实例出发,挖掘专利分类序列中专利分类号的真实位置信息和上下文语义信息,进而提高技术融合预测任务的效果。

⑧当前技术融合预测任务中专利分类号引入的外部特征多为专利文本信息,取得了较好的结果。然而,大多数学者多平等对待专利分类序列中的每一个专利分类号,进而赋予每一个专利分类号以文本,导致同一个专利分类序列中的专利分类号文本大体相同,造成专利分类号的文本信息出现大量重复,难以区分不同专利分类号之间的区别,迫切需要新的方法降低专利分类号之间的文本冗余度。有学者表明,当一篇专利文献中包含多个专利分类号时,排序靠前的专利分类号往往越重要,越能代表专利的核心技术。因此,本书依据专利分类号在专利分类序列中的排序,逐步赋予专利分类号以文本,设计多种专利文本分配方式,利用表示学习方法实现专利分类号的文本语义表示,随后根据实验结果发现最佳的文本分配方法,并对技术融合预测实验结果进行深入分析和解读。

9 结论与展望

⑨一般而言，多特征相较于单一特征而言包含了更多的信息，更利于技术融合预测的效果提升。而在不同领域中，网络和文本中的每一维特征的贡献程度可能并不相同，需要针对不同领域数据进行针对性学习，自动调整特征的权重和贡献。因此，本书利用机器学习方法设计多个特征融合方式，综合利用专利分类序列特征和专利分类文本特征，充分有效利用不同特征中的每一维信息，以找到最佳的方式应用于技术融合预测任务，对最佳的方式进行具体应用，并对应用后的预测结果进行深入分析和解读。

9.3 不足与后续研究

由于时间、条件的限制，本书还存在着一些不足之处，具体如下。

（1）专利科学引文内容抽取与挖掘实验

本书提出的专利科学元数据方法在训练分类模型时需要进行人工标注，相对于无监督的分类算法更为费时费力。下一步工作中可以引入无监督学习的方法，以实现真正的"全自动"抽取。

本书提出的方法仅针对同一研究领域中的专利科学引文进行元数据抽取，若针对不同的研究领域中的专利科学引文，例如，某两篇专利科学引文分别属于纳米技术领域和人工智能领域，这两篇专利科学引文的标题、期刊等元数据间语义的相似度较低，可能难以获得理想的效果。且当前对于数字类元数据的抽取的效果显著差于其他类别的元数据，在未来的研究中，可以结合基于模板的方法处理此类数据。

专利科学引文内容挖掘研究当前还处于初步阶段，仅从专利及专利科学引文的摘要和关键词的层面进行了探索性研究，未来可以通过获取更多的数据类型，如专利科学引文位置、专利科学引文正文、专利科学引文与领域内的其他科学论文对比，进行更深层次的内容挖掘。

（2）跨语言专利推荐实验

本书提出的跨语言词向量模型只在中英专利文献数据中进行跨语言词向量表示的实验，还需要进一步扩展到其他更多语言的专利数据或者其他文本数据中，验证方法的有效性。

在双语专利文本表示和跨语言专利推荐时，由于中英专利数据未进行标注，而选择了无监督的文本表示方法，只融入了单词的权重信息，并没有结合单词在文本中语序信息，下一步的研究工作中可以对中英专利文本数据进行标注,从而更好地学习单词在句子中的语序信息,实现更全面的专利文本表示,提高跨语言专利推荐效果。

当前跨语言专利分析挖掘研究还相对较少,可以将以无监督跨语言词向量映射为基础的双语专利文本表示的方法应用到其他的专利挖掘任务中,丰富不同语言专利间的深度挖掘研究。

(3) 技术机会发现实验

本书提出的基于类比设计的潜在技术机会发现方法只对同领域的专利数据进行了近距离的类比,而没有考虑对其他领域内潜在技术机会的可能,然而不同领域的远距离域间类比有可能更容易发现突破性的技术创新点。因此,在以后的研究中,可能需要进行其他类型的类比来设计新的潜在技术机会发现方法。

本书提出的方法只考虑了专利数据中的潜在技术机会,而现实生活中,除了专利数据,可能还存在大量富含技术信息或者富有创意的在线数据等,对于这类非规范化的数据,可能需要选择抽取不同的类比知识单元用于建立类比关系,或者需要设计新的类比知识单元抽取方法等。因此,在未来的研究中可以对这部分数据的潜在技术机会作进一步的研究。

当前的潜在技术机会实现路径的构建只是一个简单的技术主题到技术机会的三元组实现路径,只能提供一个粗略的技术指导方向,而对于具体怎么实现潜在技术机会,还需要更多的技术细节,因此,在以后的研究中可以对专利数据抽取更多的技术细节信息,作为技术主题实体的属性或新类型的实体加入技术机会实现路径知识图谱中,为潜在技术机会的实现路径提供更为完整的技术支持信息。

(4) 技术融合预测

本书只使用了专利的标题、摘要来表示专利文本,而实际上,专利声明和专利全文中蕴含着更丰富的文本信息,可能有益于专利文本表示,未来需要进行尝试和对比。

在专利文本赋予方式的比较过程中发现,仅对专利分类号序列中的第一位专利分类号赋予文本时技术融合预测效果最优,但是这种方式下会导致部分专利分类号不存在对应文本的情况,后续可以尝试引入专利特征项中其他文本内容或者外部信息来赋予每一位专利分类以文本,更好地进行专利分类文本赋予。

本书仅从专利分析视角研究了技术融合的某一特定类型,而实际上技融合的表现形式多种多样,尚需结合市场、产品、主题等进行综合评判,未来可以综合利用专利数据、商标数据、研究报告和市场信息综合研究技术融合预测的指标、方法和评测框架,实现更准确的技术融合预测,提高决策支持效果。

参考文献

[1] 张志强,范少萍. 论学科信息学的兴起与发展[J]. 情报学报,2015,34(10):1011-1023.

[2] 张志强. 论科技情报研究新范式[J]. 情报学报,2012,31(8):788-797.

[3] 李广建,化柏林. 大数据分析与情报分析关系辨析[J]. 中国图书馆学报,2014,40(5):14-22.

[4] 苏新宁. 大数据时代情报学与情报工作的回归[J]. 情报学报,2017(4):331-337.

[5] 任泽平. 深圳改革透露重大信号[J]. 全球商业经典,2020(11):86-92.

[6] 黄鲁成,王静静,李欣,等. 基于论文和专利的钙钛矿太阳能电池的技术机会分析[J]. 情报学报,2016,35(7):686-695.

[7] 翟东升,刘鹤,张杰,等. 一种基于链路预测的技术机会挖掘方法[J]. 情报学报,2016,35(10):1090-1100.

[8] KATZ M L. Remarks on the economic implications of convergence [J]. Industrial & Corporate Change, 1996 (4): 1079-1095.

[9] GREENSTEIN S, KHANNA T. What does industry convergence mean? [J]. Competing in An Age of Digital Convergence, 1997: 201-226.

[10] STIEGLITZ N. Digital dynamics and types of industry convergence: The evolution of the handheld computers market [J]. Social Science Electronic Publishing, 2007 (2): 179-208.

[11] KARVONEN M, KASSI T, KAPOOR R. Technological innovation strategies in converging industries [J]. International Journal of Business Innovation and Research, 2010, 4 (5): 391-410.

[12] 马费成,张瑞,李志元. 大数据对情报学研究的影响[J]. 图书情报知识,2018,185(5):6-11.

[13] LIU W, LIU J, WU M, et al. Representation learning over multiple knowledge graphs for knowledge graphs alignment [J]. Neurocomputing, 2018, 320: 12-24.

[14] YANG L, GENG X, CAO X. A novel knowledge representation model based on factor state space [J]. Optik: International Journal for Light Electron Optics, 2016, 127

(12): 5141-5147.

[15] ZHAO C, JIANG J C, GUAN Y. EMR: based medical knowledge representation and inference via Markov random fields and distributed representation learning [J]. Artificial Intelligence In Medicine, 2018.

[16] WANG F, LI H, DONG C, et al. Knowledge representation using non-parametric Bayesian networks for tunneling risk analysis [J]. Reliability Engineering System Safety, 2019, 191: 106529.

[17] SULEIMANKADIEVA A E, PILIPENKO V I, SÁGI J. Knowledge company: Approaches to Assessing New Knowledge and Representation it to Society [J]. Procedia Computer Science, 2019, 150: 730-736.

[18] GÜRDÜR D, FELJAN A V, EL-KHOURY J, et al. Knowledge Representation of Cyberphysical Systems for Monitoring Purpose [J]. Procedia CIRP, 2018, 72: 468-473.

[19] KATALNIKOVA S, NOVICKIS L, PROKOFYEVA N, et al. Intelligent Collaborative Educational Systems and Knowledge Representation [J]. Procedia Computer Science, 2017, 104: 166-173.

[20] 岑咏华, 王曰芬, 王晓蓉. 面向企业技术创新决策的专利数据挖掘研究综述（下）[J]. 情报理论与实践, 2010, 33 (2): 124-128.

[21] 杨骞, 刘鑫鹏, 孙淑惠. 中国科技创新效率的区域差异及其成因识别: 基于重大国家区域发展战略 [J]. 科学学研究, 2021 (10): 1-14.

[22] 张晓林. 元数据研究与应用 [M]. 北京: 北京图书馆出版社, 2002.

[23] 刘知远, 孙茂松, 林衍凯, 等. 知识表示学习研究进展 [J]. 计算机研究与发展, 2016, 53 (2): 247-261.

[24] ARTETXE M, LABAKA G, AGIRRE E. A robust self-learning method for fully unsupervised cross-lingual mappings of word embeddings [C]. Melbourne, Australia, 2018: 789-798.

[25] 李枫林, 柯佳. 基于深度学习的文本表示方法 [J]. 情报科学, 2019, 37 (1): 156-164.

[26] IETSWAART R, GYORI B M, BACHMAN J A, et al. GeneWalk identifies relevant gene functions for a biological context using network representation learning [J]. Genome Biology, 2021, 22 (1): 55.

[27] 刘新. 目标导向下知识网络的关键主体识别方法 [D]. 昆明: 昆明理工大学, 2016.

[28] 曹晓欢. 基于复杂异质信息网络的文本特征构建与应用研究 [D]. 北京: 北京邮电大学, 2018.

[29] 张蝶依, 尹立杰. 保持聚类结构的异质网络表示学习 [J]. 计算机工程与应用,

2021, 57 (7): 144-150.

[30] HANG C C, GARNSEY E W. Opportunities and Resources for Disruptive Technological Innovation [J]. SSRN Electronic Journal, 2011 (3): 32.

[31] PORTER A L, DETAMPEL M J. Technology opportunities analysis [J]. Technological Forecasting Social Change, 1995, 49 (3): 237-255.

[32] OLSSON O. Technological Opportunity and Growth [J]. Journal of Economic Growth, 2005, 10 (1): 35-57.

[33] 王肃. 专利信息传播利用的体系化建构与创新 [J]. 知识产权, 2018 (11): 75-81.

[34] FU K, MURPHY J, YANG M, et al. Design-by-analogy: experimental evaluation of a functional analogy search methodology for concept generation improvement [J]. Research in Engineering Design, 2015, 26 (1): 77-95.

[35] 黄恒琪, 于娟, 廖晓, 等. 知识图谱研究综述 [J]. 计算机系统应用, 2019, 28 (6): 3-14.

[36] PUJARA J, HUI M, GETOOR L, et al. Proceedings of International Semantic Web Conference, October 21-25, 2013 [C]. NewYork: Spinger, 2013.

[37] 阮彤, 王梦婕, 王昊奋, 等. 垂直知识图谱的构建与应用研究 [J]. 知识管理论坛, 2016 (3): 226-234.

[38] 邱均平, 杨强. 技术融合的计量分析: 以4种新兴信息技术为例 [J]. 图书情报工作, 2014, 58 (14): 90-97.

[39] ROCO M C, BAINBRIDGE W S. Converging Technologies for Improving Human Performance: Integrating From the Nanoscale [J]. Journal of Nanoparticle Research, 2002, 4 (4): 281-295.

[40] LIND J. Convergence: History of Term Usage and Lessons for Firm Strategists [R]. Stockholm: Center for Information and Communications Research, 2004.

[41] 娄岩, 杨培培, 黄鲁成. 基于专利的技术融合测度方法及实证研究 [J]. 科研管理, 2019, 40 (11): 134-145.

[42] KIM T S, SOHN S Y. Machine-learning-based deep semantic analysis approach for forecasting new technology convergence [J]. Technological Forecasting and Social Change, 2020 (157): 120095.

[43] 李姝影, 方曙. 测度技术融合与趋势的数据分析方法研究进展 [J]. 数据分析与知识发现, 2017, 1 (7): 2-12.

[44] 陈悦, 王康, 宋超, 等. 一种用于技术融合与演化路径探测的新方法: 技术群相似度时序分析法 [J]. 情报学报, 2021, 40 (6): 565-574.

[45] LIU P, CHEN F, MA Y, et al. Research community detection from multi-relation researcher network based on structure/attribute similarities [J]. Chinese Journal of Library

and Information Science,2013,6(1):14-32.

[46] 刘向,马费成.科学知识网络的演化与动力:基于科学引证网络的分析[J].管理科学学报,2012,15(1):87-94.

[47] 马费成,刘向.科学知识网络的演化模型[J].系统工程理论与实践,2013,33(2):437-443.

[48] LEE C, CHO Y, SEOL H, et al. A stochastic patent citation analysis approach to assessing future technological impacts [J]. Technological Forecasting and Social Change, 2012, 79 (1): 16-29.

[49] PINEGAR J S. What Customers Want: Using Outcome-Driven Innovation to Create Breakthrough Products and Services by Anthony W. Ulwick [J]. 2006, 23 (5): 464-466.

[50] ZHANG Q M, XU X K, ZHU Y X, et al. Measuring multiple evolution mechanisms of complex networks [J]. Scientific reports, 2015, 5 (1): 1-11.

[51] ALBERT R, BARABÁSI A L. Statistical mechanics of complex networks [J]. Reviews of modern physics, 2002, 74 (1): 47.

[52] NEWMAN M E. Detecting community structure in networks [J]. The European physical journal B, 2004, 38 (2): 321-330.

[53] NEWMAN M E. The structure and function of complex networks [J]. SIAM review, 2003, 45 (2): 167-256.

[54] 刘知远,孙茂松,林衍凯,等.知识表示学习研究进展[J].计算机研究与发展,2016,53(2):247-261.

[55] 彭晓娅,周栋.跨语言词向量研究综述[J].中文信息学报,2020,34(2):1-15.

[56] 刘思,刘海,陈启买,等.基于网络表示学习与随机游走的链路预测算法[J].计算机应用,2017,37(8):2234-2239.

[57] 李宇琦,陈维政,闫宏飞,等.基于网络表示学习的个性化商品推荐[J].计算机学报,2019,42(8):1767-1778.

[58] 潘俊.面向数字人文的人物分布式语义表示研究:基于CBDB数据库和古籍文献[J].图书馆杂志,2020,39(8):94-102.

[59] PEROZZI B, AL-RFOU R, SKIENA S. Proceedings of the 20th ACM SIGKDD international conference on Knowledge discovery and data mining, August 24—27, 2014 [C]. New York: ACM, 2014.

[60] GROVER A, LESKOVEC J. node2vec: Scalable Feature Learning for Networks [J]. KDD, 2016 (8): 855-864.

[61] WANG D, PENG C, ZHU W. Structural Deep Network Embedding: Proceedings of the 22nd ACM SIGKDD International Conference on Knowledge Discovery and Data Mining, August 13-17, 2016 [C]. New York: ACM, 2016.

专利信息语义表示与深度挖掘

［62］ TANG J, QU M, MEI Q. PTE：Predictive Text Embedding through Large-scale Heterogeneous Text Networks：Proceedings of the 21th ACM SIGKDD International Conference on Knowledge Discovery and Data Mining, August 10 – 13, 2015 ［C］. New York：ACM, 2015.

［63］ DONG Y, CHAWLA N V, SWAMI A. metapath2vec：Scalable Representation Learning for Heterogeneous Networks：Proceedings of the 23rd ACM SIGKDD International Conference on Knowledge, August 13 – 17, 2017 ［C］. New York：ACM, 2017.

［64］ SHI C, HU B, ZHAO W X, et al. Heterogeneous Information Network Embedding for Recommendation ［J］. IEEE Transactions on Knowledge and Data Engineering, 2019, 31（2）：357 – 370.

［65］ 王建霞, 刘梦琳, 许云峰, 等. 异构网络表示学习方法综述［J］. 河北科技大学学报, 2021, 42（1）：48 – 59.

［66］ 张金柱, 王玥, 胡一鸣. 基于专利科学引文内容表示学习的科学技术主题关联分析研究［J］. 数据分析与知识发现, 2019, 3（12）：52 – 60.

［67］ DHILLON P, RODU J, FOSTER D, et al. Two Step CCA：A new spectral method for estimating vector models of words：International Conference on International Conference on Machine Learning, June 27 – July 3, 2012 ［C］. New York：ACM, 2012.

［68］ HOFMANN T. Unsupervised Learning by Probabilistic Latent Semantic Analysis ［J］. Machine Learning, 2001, 42（1 – 2）：177 – 196.

［69］ BLEI D M, NG A Y, JORDAN M I. Latent Dirichlet Allocation. ［J］. The Journal of Machine Learning Research, 2001（3）：601 – 608.

［70］ 张金柱, 于文倩. 基于短语表示学习的主题识别及其表征词抽取方法研究［J］. 数据分析与知识发现, 2021, 5（2）：50 – 60.

［71］ MIKOLOV T, CORRADO G, KAI C, et al. Efficient Estimation of Word Representations in Vector Space：Proceedings of the International Conference on Learning Representations, May 2 – 4, 2013 ［C］. Openreview. net, 2013.

［72］ MIKOLOV T, SUTSKEVER I, CHEN K, et al. Distributed Representations of Words and Phrases and their Compositionality ［J］. Neural information processing systems, 2013（26）：3111 – 3119.

［73］ BENGIO Y, SCHWENK H, SENÉCAL J-S, et al. Neural Probabilistic Language Models ［M］. Berlin, Heidelberg：Springer Berlin Heidelberg, 2006.

［74］ HINTON G E, SALAKHUTDINOV R R. Reducing the Dimensionality of Data with Neural Networks ［J］. Science, 2006, 313（5786）：504 – 507.

［75］ PENNINGTON J, SOCHER R, MANNING C. Glove：Global Vectors for Word Representation：Conference on Empirical Methods in Natural Language Processing, July 12 –

14，2014［C］. Stroudsburg：ACL，2014.

[76] PETERS M, NEUMANN M, IYYER M, et al. Deep Contextualized Word Representations：The 16th Annual Conference of the North American Chapter of the Association for Computational Linguistics：Human Language Technologies, June 1-6, 2018［C］. Stroudsburg：NAACL, 2018.

[77] DEVLIN J, CHANG M W, LEE K, et al. BERT：Pre-training of Deep Bidirectional Transformers for Language Understanding：The 17th Annual Conference of the North American Chapter of the Association for Computational Linguistics：Human Language Technologies, June 2-7, 2019［C］. Stroudsburg：NAACL 2019.

[78] LE Q V, MIKOLOV T. Distributed Representations of Sentences and Documents：31st International Conference on Machine Learning, June 21-26, 2014［C］. New York：ACM, 2014.

[79] TANG D, BING Q, LIU T. Proceedings of the 2015 conference on empirical methods in natural language processing, 2015［C］. Lisbon：2015.

[80] YANG Z, YANG D, DYER C, et al. Hierarchical Attention Networks for Document Classification：Proceedings of the 2016 Conference of the North American Chapter of the Association for Computational Linguistics：Human Language Technologies, June 12-17, 2016［C］. Stroudsburg：NAACL, 2016.

[81] 王昆，郑毅，方书雅，等. 基于文本筛选和改进BERT的长文本方面级情感分析［J］. 计算机应用，2020，40（10）：2838-2844.

[82] 刘正铭，马宏，刘树新，等. 一种融合节点文本属性信息的网络表示学习算法［J］. 计算机工程，2018，44（11）：165-171.

[83] 倪琦瑄，张霞，卜湛. 基于双视角的耦合网络表示学习算法［J］. 计算机系统应用，2021，30（9）：247-255.

[84] YANG C, LIU Z Y, ZHAO D L, et al. Network representation learning with rich text information：Proceedings of the 24th International Conference on Artificial Intelligence, July 25-31, 2015［C］. Menlo Park：AAAI, 2015.

[85] ZHANG D, YIN J, ZHU X, et al. Homophily, Structure, and Content Augmented Network Representation Learning［J］. IEEE International Conference on Data Mining, 2016：609-618.

[86] SUN X, GUO J, DING X, et al. A general framework for content-enhanced network representation learning［J］. ArXiv preprint arXiv, 2016：1610.02906.

[87] LI C, WANG S, YANG D, et al. PPNE：property preserving network embedding：International Conference on Database Systems for Advanced Applications, March 27-30, 2017［C］. Cham：Springer, 2017.

［88］ TU C, HAN L, LIU Z, et al. CANE: Context-Aware Network Embedding for Relation Modeling: Proceedings of the 55th Annual Meeting of the Association for Computational Linguistics, July 30 – August 4, 2017 [C]. Stroudsburg: ACL, 2017: 1722 – 1731.

［89］ TU C, ZHANG Z, LIU Z, et al. TransNet: Translation-Based Network Representation Learning for Social Relation Extraction: Proceedings of the 26th International Joint Conference on Artificial Intelligence, August 19 – 25, 2017 [C]. Menlo Park: AAAI, 2017: 2864 – 2870.

［90］ PAN S, JIA W, ZHU X, et al. Tri-Party Deep Network Representation: Proceedings of the Twenty-Fifth International Joint Conference on Artificial Intelligence, July 9 – 15, 2016 [C]. Menlo Park: AAAI, 2016.

［91］ 丁勇, 陈夕, 蒋翠清, 等. 一种融合网络表示学习与XGBoost的评分预测模型 [J]. 数据分析与知识发现, 2020, 4（11）: 52 – 62.

［92］ 杨奕卓, 于洪涛, 黄瑞阳, 等. 基于融合表示学习的跨社交网络用户身份匹配 [J]. 计算机工程, 2018, 44（9）: 45 – 51.

［93］ 林原, 刘海峰, 王海龙, 等. 基于表示学习的学者间潜在合作机会挖掘 [J]. 情报杂志, 2019, 38（5）: 65 – 70.

［94］ 关鹏, 王曰芬. 国内外专利网络研究进展 [J]. 数据分析与知识发现, 2020, 4（1）: 26 – 39.

［95］ 赵阳, 文庭孝. 专利技术信息挖掘研究进展 [J]. 图书馆, 2018（4）: 28 – 36, 43.

［96］ 刘彤, 郭鲁钢, 杨冠灿. 基于动态网络分析的专利合作网络演化分析：以纳米技术为例 [J]. 情报杂志, 2014, 33（11）: 66, 88 – 93.

［97］ 李红, 陈少龙. 基于社会网络分析的智能手机专利发明人合作网络演化研究 [J]. 科技管理研究, 2013, 33（20）: 157 – 160, 165.

［98］ DU Y P, YAO C Q, LI N. Using heterogeneous patent network features to rank and discover influential inventors [J]. Frontiers of Information Technology & Electronic Engineering, 2015, 16（7）: 568 – 578.

［99］ 贾佳, 孙济庆. 基于核心专利分析对技术创新应用发展的研究 [J]. 情报理论与实践, 2009, 32（1）: 79 – 81.

［100］ YAN B, LUO J. Measuring technological distance for patent mapping [J]. Journal of the Association for Information Science and Technology, 2017, 68（2）.

［101］ SEIBEL A. Citation system for patent office [J]. Journal of Patent Office Society, 1949（31）: 554 – 567.

［102］ 唐晖岚, 文庭孝. 专利战略信息挖掘研究进展 [J]. 高校图书馆工作, 2019, 39（2）: 13 – 18.

[103] MAGERMAN T, VAN LOOY B, SONG X. Exploring the feasibility and accuracy of Latent Semantic Analysis based text mining techniques to detect similarity between patent documents and scientific publications [J]. Scientometrics, 2009, 82 (2): 289-306.

[104] WANG X, REN H, CHEN Y, et al. Measuring patent similarity with SAO semantic analysis [J]. Scientometrics, 2019, 121 (1): 1-23.

[105] CHOI Y, PARK S, LEE S. Identifying emerging technologies to envision a future innovation ecosystem: A machine learning approach to patent data [J]. Scientometrics, 2021, 126 (7): 5431-5476.

[106] 鄂海红, 张文静, 肖思琪, 等. 深度学习实体关系抽取研究综述 [J]. 软件学报, 2019, 30 (6): 1793-1818.

[107] 余传明, 黄婷婷, 林虹君, 等. 基于标签迁移和深度学习的跨语言实体抽取研究 [J]. 现代情报, 2020 (12): 3-16.

[108] 谢明鸿, 冉强, 王红斌. 基于同义词词林和规则的中文远程监督人物关系抽取方法 [J]. 计算机工程与科学, 2021 (9): 1660-1667.

[109] 王鼎乾, 胡卓涵, 黄政龙, 等. 基于深度学习的有监督实体关系抽取方法对比研究 [J]. 信息技术与信息化, 2021 (7): 25-28.

[110] CHEN L, XU S, ZHU L, et al. A deep learning based method for extracting semantic information from patent documents [J]. Scientometrics, 2020, 125 (1): 289-312.

[111] 陈玲, 林平, 段尧清. 产业链视角下结合 K-means 和 LDA 的专利技术主题挖掘与趋势分析: 以虚拟现实技术为例 [J]. 知识管理论坛, 2020 (3): 135-146.

[112] ALTUNTAS S, ERDOGAN Z, DERELI T. A clustering-based approach for the evaluation of candidate emerging technologies [J]. Scientometrics, 2020, 124 (2): 1157-1177.

[113] 马建红, 张少光, 曹文斌, 等. 面向功能信息的相似专利动态聚类混合模型 [J]. 计算机应用与软件, 2021 (5): 201-207.

[114] KIM J, YOON J, PARK E, et al. Patent document clustering with deep embeddings [J]. Scientometrics, 2020, 123 (2): 563-577.

[115] 刘朝章, 赵海兵, 李晓博, 等. 基于多特征决策树的专利智能画像模型研究 [J]. 计算机与网络, 2019 (24): 64-67.

[116] 李玉, 王利, 周志平, 等. 基于 DBSCAN 聚类改进随机森林算法的专利价值评估方法 [J]. 科学技术与工程, 2020 (14): 5673-5679.

[117] 王思培, 韩涛. 基于随机森林算法的潜在高价值专利预测方法研究 [J]. 情报科学, 2020 (5): 120-125.

[118] 黄彩云, 吴金红, 陈勇跃, 等. 非均衡数据下基于卷积神经网络的专利文本自动分类研究 [J]. 文献与数据学报, 2020, 2 (3): 25-36.

[119] 刘子辰，小娟，韦伟. 基于循环神经网络的专利价格自动评估[J]. 计算机应用，2021（9）：2532-2538.

[120] LU Y, XIONG X, ZHANG W, et al. Research on classification and similarity of patent citation based on deep learning[J]. Scientometrics, 2020, 123（2）：813-839.

[121] 陈凯，徐峰，程如烟. 非专利引文分析研究进展[J]. 图书情报工作，2015, 59（5）：137-144.

[122] WEI W, KING I, LEE H M. Bibliographic Attributes Extraction with Layer-upon-Layer Tagging: Proceedings of the Ninth International Conference on Document Analysis and Recognition, September 23-26, 2007[C]. Washington: IEEE Computer Society, 2007.

[123] AZIMJONOV J, ALIKHANOV J. Rule based metadata extraction framework from academic articles[J]. ArXiv preprint arXiv, 2018：1807.09009.

[124] 李雪驹，王智广，鲁强. 一种规则与SVM结合的论文抽取方法[J]. 计算机技术与发展，2017, 27（10）：24-29.

[125] 张金柱，张晓林. 基于被引科学知识主题突变的突破性创新识别[J]. 现代图书情报技术，2016（Z1）：42-50.

[126] DAY M-Y, TSAI R T-H, SUNG C-L, et al. Reference metadata extraction using a hierarchical knowledge representation framework[J]. Decision Support Systems, 2007, 43（1）：152-167.

[127] CORTEZ E, DA SILVA A S, GONCALVES M A, et al. FLUX-CIM：flexible unsupervised extraction of citation metadata: Proceedings of the 7th ACM/IEEE-CS joint conference on Digital libraries, June 18-23, 2007[C]. New York: ACM, 2007.

[128] 郭志鑫. 基于本体的文档引文元数据信息抽取[J]. 微计算机信息，2006（18）：304-306.

[129] 高良才，汤帜，陶欣，等. 一种自动发现、分割与标注引文元数据的方法[J]. 北京大学学报（自然科学版），2010, 46（6）：893-900.

[130] GENJ J, YANG J. AUTPBIB: Automatic extraction of bibliographic information on the web: Proceedings of the International Database Engineering and Applications Symposium, July 7-9, 2004[C]. Washington: IEEE Computer Society, 2004.

[131] SEYMORE K, MCCALLUM A, ROSENFELD R. Learning hidden Markov model structure for information extraction: AAAI-99 workshop on machine learning for information extraction, July 18-22, 1999[C]. Menlo Park: AAAI, 1999：37-42.

[132] HAN H, GILES C L, MANAVOGLU E, et al. Automatic document metadata extraction using support vector machines: Proceedings of the 3rd ACM/IEEE-CS joint conference on Digital libraries, May 27-31, 2003[C]. Washington D. C.：IEEE Computer So-

ciety, 2003.

[133] 姜霖, 王东波. 引文元数据的自动发现和标注方法研究: 以外文引文为例 [J]. 数据分析与知识发现, 2017, 1 (1): 47-54.

[134] TAKASU A. Bibliographic attribute extraction from erroneous references based on a statistical model: Proceedings of the 3rd ACM/IEEE-CS joint conference on Digital libraries, May 27-31, 2003 [C]. Washington D. C. : IEEE Computer Society, 2003.

[135] OKADA T, TAKASU A, ADACHI J. Bibliographic component extraction using support vector machines and hidden Markov models: International Conference on Theory and Practice of Digital Libraries, September 12-17, 2004 [C]. Berlin: Springer, 2004.

[136] 孙师尧, 妙全兴. 基于改进 SVM 和 HMM 的文本信息抽取算法 [J]. 计算机应用与软件, 2015, 32 (11): 281-284, 292.

[137] 张铭, 银平, 邓志鸿, 等. SVM+BiHMM: 基于统计方法的元数据抽取混合模型 [J]. 软件学报, 2008 (2): 358-368.

[138] NANBA H, ANZEN N, OKUMURA M. Automatic extraction of citation information in Japanese patent applications [J]. International journal on digital libraries, 2008, 9 (2): 151-161.

[139] PENG F C, MCCALLUM A. Information extraction from research papers using conditional random fields [J]. Information Processing & Management, 2006, 42 (4): 963-979.

[140] YU J, FAN X. Metadata extraction from Chinese research papers based on conditional random fields: 4th International Conference on Fuzzy Systems and Knowledge Discovery (FSKD 2007), August 24-27, 2007 [C]. Piscataway: IEEE, 2007.

[141] NARIN F. Patent bibliometrics [J]. Scientometrics, 1994, 30 (1): 147-155.

[142] 庞景安, 黄迎燕. 国内外专利引文数据库的研究与发展 [J]. 情报科学, 2004 (2): 182-187.

[143] CHANG P L, WU C C, LEU H J. Using patent analyses to monitor the technological trends in an emerging field of technology: a case of carbon nanotube field emission display [J]. Scientometrics, 2010, 82 (1): 5-19.

[144] S. W C, YU C W, YING H H, et al. To study the technological network by structural equivalence [J]. The Journal of High Technology Management Research, 2010, 21 (1).

[145] BATAGELJ V, KEJZAR N, KORENJAK-CERNE S, et al. Analyzing the structure of US patents network [M]. Berlin, Heidelberg: Springer, 2006: 141-148.

[146] HUANG M H, CHIANG L Y, CHEN D Z. Constructing a patent citation map using bibliographic coupling: A study of Taiwan's high-tech companies [J]. Scientometrics,

2003, 58 (3): 489-506.

[147] VERSPAGEN B. Mapping technological trajectories as patent citation networks: A study on the history of fuel cell research [J]. Advances in Complex Systems, 2007, 10 (1): 93-115.

[148] 孙艳玲. 专利引文在技术评价及预测中的作用 [J]. 情报学报, 1991, 10 (4): 293-298.

[149] 杨祖国, 李文兰. 中国专利被专利文献引用的主题分析 [J]. 情报科学, 2005 (12): 1845-1851.

[150] 李睿, 张玲玲, 郭世月. 专利同被引聚类与专利引用耦合聚类的对比分析 [J]. 图书情报工作, 2012, 56 (8): 91-95.

[151] 黎欢, 彭爱东. 竞争对手识别的三种专利引文分析方法研究: 以全息摄影技术为例 [J]. 情报杂志, 2014, 33 (10): 71, 78-82.

[152] NARIN F, NOMA E. Is technology becoming science? [J]. Scientometrics, 1985, 7 (3-6).

[153] NARIN F. Patents as indicators for the evaluation of industrial research output [J]. Scientometrics, 1995, 34 (3): 489-496.

[154] FRANCIS N, DOMINIC O. Status report: Linkage between technology and science [J]. Research Policy, 1992, 21 (3): 237-249.

[155] BREITZMAN A F, NARIN F. Method and apparatus for choosing a stock portfolio, based on patent indicators: US6175824 B1 [P]. 2001-01-16.

[156] SCHMOCH U. Tracing the knowledge transfer from science to technology as reflected in patent indicators [J]. Scientometrics, 1993, 26 (1).

[157] VAN VIANEN B G, MOED H F, VAN RAAN A F J. An exploration of the science base of recent technology [J]. Research Policy, 1990, 19 (1): 61-81.

[158] NARIN F, HAMILTON K S, OLIVASTRO D. The increasing linkage between U.S. technology and public science [J]. Research Policy, 1997, 26 (3): 317-330.

[159] MCMILLAN G S, DEEDS D L. An analysis of the critical role of public science in innovation: the case of biotechnology [J]. Research Policy, 1999, 29 (1): 1-8.

[160] MEYER M. Measuring science-technology interaction in the knowledge-driven economy: The case of a small economy [J]. Scientometrics, 2006, 66 (2): 425-439.

[161] NARIN F, HAMILTON K S. Bibliometric performance measures [J]. Scientometrics, 1996, 36 (3): 293-310.

[162] ELLWEIN L B, KROLL P, NARIN F. Linkage between research sponsorship and patented eye-care technology [J]. Investigative Ophthalmology & Visual Science, 1996, 37 (12): 2495-2503.

参考文献

[163] VERBEEK A, DEBACKERE K, LUWEL M, et al. Linking science to technology: Using bibliographic references in patents to build linkage schemes [J]. Scientometrics, 2002, 54 (3): 399-420.

[164] PARK H W, KANG J. Patterns of scientific and technological knowledge flows based on scientific papers and patents [J]. Scientometrics, 2009, 81 (3): 811-820.

[165] BRESCHI S, CATALINI C. Tracing the links between science and technology: An exploratory analysis of scientists' and inventors' networks [J]. Research Policy, 2010, 39 (1): 14-26.

[166] 刘立, 王耀德. 从专利引文看公共科学对技术创新的重要作用 [J]. 科学学研究, 2003 (4): 428-432.

[167] 刘立. 基础研究与技术创新的定量研究 [J]. 中国软科学, 2001 (11): 83-85.

[168] 赵黎明, 李海霞, 韩宇. 基于数据挖掘的专利引文研究与知识发现 [J]. 预测, 2002 (6): 59.

[169] 赵黎明, 高杨, 韩宇. 专利引文分析在知识转移机制研究中的应用 [J]. 科学学研究, 2002 (3): 297-300.

[170] 高霞, 官建成. 非专利引文衍生的科学期刊共被引网络分析 [J]. 科学学研究, 2010, 28 (5): 675-680, 696.

[171] 陈亮, 张志强, 尚玮姣. 专利引文分析方法研究进展 [J]. 现代图书情报技术, 2013 (Z1): 75-81.

[172] HE Z-L, DENG M. The evidence of systematic noise in non-patent references: A study of New Zealand companies' patents [J]. Scientometrics, 2007, 72 (1): 149-166.

[173] CALLAERT J, GROUWELS J, VAN LOOY B. Delineating the scientific footprint in technology: Identifying scientific publications within non-patent references [J]. Scientometrics, 2012, 91 (2): 383-398.

[174] HUANG M H, YANG H W, CHEN D Z. Increasing science and technology linkage in fuel cells: A cross citation analysis of papers and patents [J]. Journal of Informetrics, 2015, 9 (2): 237-249.

[175] 卞雅莉. 科学引文对企业专利质量的影响: 以纳米材料产业为例 [J]. 情报杂志, 2013, 32 (1): 50-54.

[176] 张金柱, 张晓林. 利用引用科学知识突变识别突破性创新 [J]. 情报学报, 2014, 33 (3): 259-266.

[177] 裴云龙, 蔡虹, 赵皎卉. 纳米科学对纳米技术的影响: 基于 NPR 的分析 [J]. 情报杂志, 2010, 29 (10): 1-4.

[178] 赵志耘, 雷孝平. 我国生物科技领域技术创新与基础研究关联分析: 从专利引文分析的角度 [J]. 情报学报, 2012, 31 (12): 7.

[179] LE Q V, MIKOLOV T. Distributed representations of sentences and documents: Proceedings of the 31st International Conference on International Conference on Machine Learning, 2014 [C]. JMLR, 2014.

[180] MIKOLV T, CHEN K, CORRADO G, et al. Efficient Estimation of Word Representations in Vector Space [J]. ArXiv preprint arXiv, 2013: 1301.3781.

[181] HINTON G E. Learning distributed representations of concepts [C]. Eighth Conference of the Cognitive Science Society, 1989.

[182] SOCHER R, HUANG E H, PENNINGTON J, et al. Dynamic Pooling and Unfolding Recursive Autoencoders for Paraphrase Detection [J]. Advances in Neural Information Processing Systems, 2011 (24): 801-809.

[183] 蒋新. 英美学术文献的几种主要引文方式 [J]. 图书与情报, 2003 (3): 26-30.

[184] 张培晶, 宋蕾. 基于LDA的微博文本主题建模方法研究述评 [J]. 图书情报工作, 2012, 56 (24): 120-126.

[185] 文晓芬. 基于专利引文的我国基础研究与技术创新的关联分析 [D]. 北京: 中国科学技术信息研究所, 2011.

[186] JOCHIM C, LIOMA C, SCHÜTZE H, et al. Preliminary study into query translation for patent retrieval: Proceedings of the 3rd international workshop on Patent information retrieval, 2010 [C]. New York: ACM, 2010.

[187] MAGDY W, JONES G J F. Studying machine translation technologies for large-data CLIR tasks: a patent prior-art search case study [J]. Information Retrieval, 2014, 17 (5): 492-519.

[188] MAGDY W, JONES G J F. An efficient method for using machine translation technologies in cross-language patent search: Proceedings of the 20th ACM international conference on Information and knowledge management, October, 2011 [C]. New York: ACM, 2011.

[189] SHEN X, HUANG H, LI L, et al. A parallel cross-language retrieval system for patent documents: 2015 6th IEEE International Conference on Software Engineering and Service Science (ICSESS), September 23-25, 2015 [C]. Piscataway: IEEE, 2015.

[190] LEE C, WANG M, HSIAO Y, et al. Ontology-based GFML agent for patent technology requirement evaluation and recommendation [J]. Soft Computing, 2019, 23 (2): 537-556.

[191] JI X, GU X, DAI F, et al. Patent collaborative filtering recommendation approach based on patent similarity: 2011 eighth international conference on fuzzy systems and knowledge discovery (FSKD), July 26-28, 2011 [C]. Piscataway: IEEE, 2011.

[192] RUI X, MIN D. HIM-PRS: a patent recommendation system based on hierarchical index-based MapReduce framework [M]. Singapore: Springer, 2016.

[193] TADURI S, LAU G T, LAW K H, et al. A patent system ontology for facilitating retrieval of patent related information: Proceedings of the 6th International Conference on Theory and Practice of Electronic Governance, October, 2012 [C]. New York: ACM, 2012.

[194] 吴鸿韬, 朱怀忠, 马建红, 等. 基于概念推荐的专利查询方法 [J]. 计算机集成制造系统, 2014, 20 (1): 79.

[195] 梁田. 2016 中国机构知识库学术研讨会, 9月21—22日, 2016 [C]. 重庆, 2016.

[196] TRAPPEY A J C, TRAPPEY C V, WU C-Y, et al. Intelligent patent recommendation system for innovative design collaboration [J]. Journal of Network and Computer Applications, 2006, 36 (6): 1441-1450.

[197] 仲伟炜. 专利文献分类及关联推荐技术应用研究 [D]. 南京: 南京航空航天大学, 2009.

[198] WANG C, BLEI D M. Collaborative topic modeling for recommending scientific articles: Proceedings of the 17th ACM SIGKDD International Conference on Knowledge Discovery and Data Mining, August 21—24, 2011 [C]. New York: ACM, 2011.

[199] SUGIYAMA K, KAN M-Y. A comprehensive evaluation of scholarly paper recommendation using potential citation papers [J]. International Journal on Digital Libraries, 2015, 16 (2): 91-109.

[200] SUGIYAMA K, KAN M Y. Exploiting potential citation papers in scholarly paper recommendation: Proceedings of the 13th ACM/IEEE-CS joint conference on Digital libraries, July 22—26, 2013 [C]. New York: ACM, 2013.

[201] TRAPPEY A J C, HSU F-C, TRAPPEY C V, et al. Development of a patent document classification and search platform using a back-propagation network [J]. Expert Systems with Applications, 2006, 31 (4): 755-765.

[202] KRESTEL R, SMYTH P. Recommending patents based on latent topics: Proceedings of the 7th ACM conference on Recommender systems, October 12-16, 2013 [C]. New York: ACM, 2013.

[203] 赵飞龙. 基于功能信息自动标注的专利推荐方法研究 [D]. 天津: 河北工业大学, 2015.

[204] Mahdabi P, Crestani F. Query-driven mining of citation networks for patent citation retrieval and recommendation: Proceedings of the 23rd ACM international conference on conference on information and knowledge management, November 3-7, 2014 [C]. New York: ACM, 2014.

[205] OH S, LEI Z, LEE W C, et al. CV-PCR: a context-guided value-driven framework for patent citation recommendation: Proceedings of the 22nd ACM international conference on Information & Knowledge Management, October 27 - November 01, 2013 [C]. New York: ACM, 2013.

[206] 沈鑫. 基于Hadoop的海量专利文献跨语言并行检索系统设计与实现 [D]. 北京: 北京理工大学, 2016.

[207] FUJII A, UTIYAMA M, YAMAMOTO M, et al. Evaluating effects of machine translation accuracy on cross-lingual patent retrieval: Proceedings of the 32nd international ACM SIGIR conference on Research and development in information retrieval, July 19 - 23, 2009 [C]. New York: ACM, 2009.

[208] MAKITA M, HIGUCHI S, FUJII A, et al. A system for Japanese/English/Korean multilingual patent retrieval: Proceedings of Machine Translation Summit IX: System Presentations, September 23 - 27, 2003 [C]. Stroudsburg: ACL. 2003.

[209] LI Y, SHAWE-TAYLOR J. Advanced learning algorithms for cross-language patent retrieval and classification [J]. Information Processing & Management, 2007, 43 (5): 1183 - 1199.

[210] LEE C H, YANG H C, WU C H, et al. A multilingual patent text-mining approach for computing relatedness evaluation of patent documents: 2009 Fifth International Conference on Intelligent Information Hiding and Multimedia Signal Processing, September 12 - 14, 2009 [C]. Piscataway: IEEE, 2009: 612 - 615.

[211] 陶志恒. 中英双语专利信息检索及主题聚类研究 [D]. 南京: 南京理工大学, 2017.

[212] MIKOLOV T, LE Q V, SUTSKEVER I. Exploiting similarities among languages for machine translation [J]. ArXiv preprint arXiv, 2013: 1309.4168.

[213] DINU G, LAZARIDOU A, BARONI M. Improving zero-shot learning by mitigating the hubness problem: Proceedings of the 3rd International Conference on Learning Representations (ICLR 2015), May 7 - 9, 2015 [C]. Openreview.net, 2014: 135 - 151.

[214] FARUQUI M, DYER C. Improving vector space word representations using multilingual correlation: Proceedings of the 14th Conference of the European Chapter of the Association for Computational Linguistics, April 26 - 30, 2014 [C]. Stroudsburg: ACL, 2014.

[215] LU A, WANG W, BANSAL M, et al. Deep multilingual correlation for improved word embeddings: Proceedings of the 2015 Conference of the North American Chapter of the Association for Computational Linguistics: Human Language Technologies, May 31 - June 5, 2015 [C]. Stroudsburg: ACL, 2015.

[216] HUANG E H, SOCHER R, MANNING C D, et al. Improving word representations via global context and multiple word prototypes: Proceedings of the 50th Annual Meeting of the Association for Computational Linguistics (Volume 1: Long Papers), July 8 – 14, 2012 [C]. Stroudsburg: ACL, 2012.

[217] SMITH S L, TURBAN D H P, HAMBLIN S, et al. Offline bilingual word vectors, orthogonal transformations and the inverted softmax: Proceedings of the 5th International Conference on Learning Representations (ICLR2017), April 24 – 26, 2017 [C]. Openreview. net, 2017.

[218] XING C, WANG D, LIU C, et al. Normalized word embedding and orthogonal transform for bilingual word translation: Proceedings of the 2015 conference of the North American chapter of the association for computational linguistics: human language technologies, May 31 – June 5, 2015 [C]. Stroudsburg: ACL, 2015.

[219] LAZARIDOU A, DINU G, BARONI M. Hubness and pollution: Delving into cross-space mapping for zero-shot learning: Proceedings of the 53rd Annual Meeting of the Association for Computational Linguistics and the 7th International Joint Conference on Natural Language Processing, July 26 – 31, 2015 [C]. Stroudsburg: ACL, 2015.

[220] BARONE A V M. Towards cross-lingual distributed representations without parallel text trained with adversarial autoencoders: Proceedings of the 1st Workshop on Representation Learning for NLP, August 11, 2016 [C]. Stroudsburg: ACL, 2016.

[221] ZHANG M, LIU Y, LUAN H, et al. Adversarial training for unsupervised bilingual lexicon induction: Proceedings of the 55th Annual Meeting of the Association for Computational Linguistics, July 30 – August 4, 2017 [C]. Stroudsburg: ACL, 2017.

[222] ARTETXE M, LABAKA G, AGIRRE E. A robust self-learning method for fully unsupervised cross-lingual mappings of word embeddings: Proceedings of the 56th Annual Meeting of the Association for Computational Linguistics, July 15 – 20, 2018 [C]. Stroudsburg: ACL, 2018.

[223] PEIRSMAN Y, PADÓ S. Cross-lingual induction of selectional preferences with bilingual vector spaces: Proceedings of the 11th Annual Conference of the North American Chapter of the Association for Computational Linguistics: Human Language Technologies, June 1 – 6, 2010 [C]. Stroudsburg: ACL, 2010: 921 – 929.

[224] VULIĆ I, MOENS M F. A study on bootstrapping bilingual vector spaces from non-parallel data (and nothing else): Proceedings of the 2013 conference on empirical methods in natural language processing, October 18 – 21, 2013 [C]. Stroudsburg: ACL, 2013.

[225] ARTETXE M, LABAKA G, AGIRRE E. Learning bilingual word embeddings with (al-

most) no bilingual data: Proceedings of the 55th Annual Meeting of the Association for Computational Linguistics, July 30 – August 4, 2017 [C]. Stroudsburg: ACL, 2017.

[226] VULIĆ I, KORHONEN A. On the Role of Seed Lexicons in Learning Bilingual Word Embeddings: Proceedings of the 54th Annual Meeting of the Association for Computational Linguistics, August 7 – 12, 2016 [C]. Stroudsburg: ACL, 2016.

[227] CONNEAU A, LAMPLE G, RANZATO M A, et al. Word translation without parallel data: Proceedings of the 6th International Conference on Learning Representations, April 30 – May 3, 2018 [C]. Openreview. net: 2018.

[228] ZOU W Y, SOCHER R, CER D, et al. Bilingual word embeddings for phrase-based machine translation: Proceedings of the 2013 conference on empirical methods in natural language processing, October 18 – 21, 2013 [C]. Stroudsburg: ACL, 2013.

[229] TSAI C, ROTH D. Cross-lingual wikification using multilingual embeddings: Proceedings of the 2016 Conference of the North American Chapter of the Association for Computational Linguistics: Human Language Technologies, June 12 – 17, 2016 [C]. Stroudsburg: ACL, 2016.

[230] KLEMENTIEV A, TITOV I, Bhattarai B. Inducing cross-lingual distributed representations of words: Proceedings of the 24th International Conference on Computational Linguistics, December 22, 2012 [C]. New York: ACM, 2012.

[231] XIAO M, GUO Y. Distributed word representation learning for cross-lingual dependency parsing: Proceedings of the 18th Conference on Computational Natural Language Learning, June 26 – 27, 2014 [C]. CONLL: 2014.

[232] GADDY D M, ZHANG Y, BARZILAY R, et al. Ten pairs to tag-multilingual POS tagging via coarse mapping between embeddings: Proceedings of the 2016 Conference of the North American Chapter of the Association for Computational Linguistics: Human Language Technologies, June 12 – 17, 2016 [C]. Stroudsburg: ACL, 2016.

[233] GEORGIANA D, ANGELIKI L, MARCO B. Improving zero-shot learning by mitigating the hubness problem [J]. Computer Science, 2014 (9284): 135 – 151.

[234] RADOVANOVIC M, NANOPOULOS A, IVANOVIC M. Hubs in Space: Popular Nearest Neighbors in High-Dimensional Data [J]. Journal of Machine Learning Research, 2010, 11 (5): 2487 – 2531.

[235] RADOVANOVIĆ M, NANOPOULOS A, IVANOVIĆ M. On the existence of obstinate results in vector space models: Proceedings of the 33rd international ACM SIGIR conference on Research and development in information retrieval, July 19 – 23, 2010 [C]. New York: ACM, 2010.

[236] ARORA S, LI Y, LIANG Y, et al. A Latent Variable Model Approach to PMI-based

Word Embeddings [J]. Transactions of the Association for Computational Linguistics, 2016 (4): 385 – 399.

[237] ARORA S, LIANG Y, MA T. A Simple but Tough-to-Beat Baseline for Sentence Embeddings: Proceedings of the 5th International Conference on Learning Representations (ICLR2017), April 24 – 26, 2017 [C]. Openreview. net, 2017.

[238] ORLOFF M A. Inventive Thinking through TRIZ [M]. Berlin: Springer, 2003.

[239] JEONG C, KIM K. Creating patents on the new technology using analogy-based patent mining [J]. Expert Systems with Applications, 2014, 41 (8): 3605 – 3614.

[240] LEE C, KANG B, SHIN J. Novelty-focused patent mapping for technology opportunity analysis [J]. Technological Forecasting and Social Change, 2015 (90): 355 – 365.

[241] CHOI J, JEONG B, YOON J. Technology opportunity discovery under the dynamic change of focus technology fields: Application of sequential pattern mining to patent classifications [J]. Technological Forecasting and Social Change, 2019 (148): 119737.

[242] CHAN J, FU K, SCHUNN C, et al. On the effective use of design-by-analogy: The influences of analogical distance and commonness of analogous designs on ideation performance [J]. ICED 11 – 18th International Conference on Engineering Design-Impacting Society Through Engineering Design, 2011 (7): 85 – 96.

[243] SHAOBO L I, ZHENG W U, YANG G, et al. Patent mining algorithm based on analogy design [J]. Computer Integrated Manufacturing Systems, 2017, 23 (11): 2344 – 2352.

[244] SCHNOTZ W, BAADTE C. Surface and deep structures in graphics comprehension [J]. Memory & Cognition, 2015 (43): 605 – 618.

[245] HILL A, PARIS J. The Counterpart Principle of Analogical Support by Structural Similarity [J]. Erkenntnis, 2013 (79): 1169 – 1184.

[246] FU K, MURPHY J, YANG M, et al. Design-by-analogy: experimental evaluation of a functional analogy search methodology for concept generation improvement [J]. Research in Engineering Design, 2015, 26 (1): 77 – 95.

[247] 杨丽, 周雪忠, 毕斓馨, 等. 基于案例推理的中医临床诊疗决策支持系统 [J]. 世界科学技术: 中医药现代化, 2014, 16 (3): 474 – 480.

[248] LINSEY J. Design-by-analogy and representation in innovative engineering concept generation [J]. Dissertation Abstracts International, 2007, 69 (1): 1 – 410.

[249] CHRISTENSEN B T, SCHUNN C D. The relationship of analogical distance to analogical function and preinventive structure: the case of engineering design [J]. Memory Cognition, 2007, 35 (1): 29 – 38.

[250] GOEL A K, BHATTA S R. Use of design patterns in analogy-based design [J]. Advanced Engineering Informatics, 2004, 18 (2): 85 – 94.

[251] GOLDSTONE R L, MEDIN D L, GENTNER D. Relational similarity and the nonindependence of features in similarity judgments [J]. Cognitive Psychology, 1991, 23 (2): 222 – 262.

[252] JIA L Z, WU C L, ZHU X H, et al. Design by Analogy: Achieving More Patentable Ideas from One Creative Design [J]. Chinese Journal of Mechanical Engineering, 2018, 31 (2): 25 – 34.

[253] 汤建民. 类比源、类比泉和类比知识单元 [J]. 科学学研究, 2003 (5): 467 – 469.

[254] 陈英和, 赵笑梅. 类比问题解决的理论及研究 [J]. 北京师范大学学报 (社会科学版), 2008 (1): 50 – 56.

[255] TURNEY P D, LITTMAN M L, BIGHAM J, et al. Combining Independent Modules to Solve Multiple-choice Synonym and Analogy Problems: Proceedings of the International Conference on Recent Advances in Natural Language Processing (RANLP-03), September 10 – 12, 2003 [C]. Bulgaria: Borovets, 2003.

[256] HASKELL R E. Mental Leaps: Analogy in Creative Thought (Book) [J]. Metaphor and Symbol, 1997, 12: 89 – 94.

[257] HOPE T, CHAN J, KITTUR A, et al. Accelerating Innovation Through Analogy Mining: Proceedings of the 23rd ACM SIGKDD International Conference, August 13 – 17, 2017 [C]. New York: ACM, 2017.

[258] 李阳, 许培扬. 基于专利分析的技术机会识别流程研究 [J]. 情报理论与实践, 2014, 37 (5): 61 – 63.

[259] PORTER A L, DETAMPEL M J. Technology opportunities analysis [J]. Technological Forecasting and Social Change, 1995, 49 (3): 237 – 255.

[260] OLSSON O. Technological Opportunity and Growth [J]. Journal of Economic Growth, 2005, 10 (1): 31 – 53.

[261] 李保明. 技术机会与技术创新的决策 [J]. 科学管理研究, 1990 (5): 61 – 62.

[262] 程美静. 不确定环境中创业机会识别与创业力关系研究 [D]. 成都: 西南交通大学, 2005.

[263] 陈震红, 董俊武. 创业机会的识别过程研究 [J]. 科技管理研究, 2005 (2): 133 – 136.

[264] 王京安, 汤月, 王坤. 基于 Citespace 的技术机会发现研究: 以物联网技术发展为例 [J]. 现代情报, 2018, 38 (2): 130 – 137, 170.

[265] 王坤, 王京安, 汤月, 等. 基于专利和科技论文的技术机会识别研究: 以金属

3D打印技术为例[J].科技管理研究,2018,38(7):73-79.

[266] 陈悦,谭建国,王智琦,等.专利视角下工业机器人领域的技术机会分析[J].科研管理,2018,39(4):144-156.

[267] LEE S, YOON B, PARK Y. An approach to discovering new technology opportunities: Keyword-based patent map approach [J]. Technovation, 2009, 29 (6-7): 481-497.

[268] YOON J, KIM K. Detecting signals of new technological opportunities using semantic patent analysis and outlier detection [J]. Scientometrics, 2012, 90 (2): 445-461.

[269] SEO W, YOON J, PARK H, et al. Product opportunity identification based on internal capabilities using text mining and association rule mining [J]. Technological Forecasting and Social Change, 2016 (105): 94-104.

[270] KIM B, GAZZOLA G, YANG J, et al. Two-phase edge outlier detection method for technology opportunity discovery [J]. Scientometrics, 2017, 113 (1): 1-16.

[271] 李辉,乔晓东.基于科技文献的技术机会分析方法初探[J].情报杂志,2007(5):74-76.

[272] 吕一博,康宇航,王淑娟.基于共现分析的技术机会发现与可视化识别[J].科研管理,2012,33(4):80-85.

[273] 潘东华,徐珂珂.基于共词分析的技术机会分析[J].科研管理,2014,35(4):10-17.

[274] 张鼐,刘玉梅,艾华,等.基于专利的技术机会分析方法与应用研究[J].现代情报,2015,35(10):104-106,110.

[275] 李保利,陈玉忠,俞士汶.信息抽取研究综述[J].计算机工程与应用,2003(10):1-5,66.

[276] 郭喜跃,何婷婷.信息抽取研究综述[J].计算机科学,2015,42(2):14-17,38.

[277] 朱文琰,郑肖雄.基于正则表达式构建学习的网页信息抽取方法[J].计算机应用与软件,2017,34(2):14-19,79.

[278] 王荣洋,鞠久朋,李寿山,等.基于CRFs的评价对象抽取特征研究[J].中文信息学报,2012,26(2),56-61.

[279] 孙安,于英香,罗永刚,等.序列标注模型中的字粒度特征提取方案研究:以CCKS2017:Task2临床病历命名实体识别任务为例[J].图书情报工作,2018,62(11):103-111.

[280] YANG J, TENG Z, ZHANG M, et al. Combining Discrete and Neural Features for Sequence Labeling: Proceedings of Computational Linguistics and Intelligent Text Processing, April 3-9, 2016 [C]. Cham: Springer, 2016.

[281] 徐飞,叶文豪,宋英华.基于BiLSTM-CRF模型的食品安全事件词性自动标注研究[J].情报学报,2018,37(12):1204-1211.

[282] 漆桂林,高桓,吴天星.知识图谱研究进展[J].情报工程,2017,3(1):4-25.

[283] 黄恒琪,于娟,廖晓,等.知识图谱研究综述[J].计算机系统应用,2019,28(6):1-12.

[284] PUJARA J, HUI M, GETOOR L, et al. Knowledge Graph Identification: Proceedings of International Semantic Web Conference, October 21-25, 2013 [C]. New York: Springer-Verlag, 2013.

[285] 阮彤,王梦婕,王昊奋,等.垂直知识图谱的构建与应用研究[J].知识管理论坛,2016,1(3):226-234.

[286] 刘峤,李杨,段宏,等.知识图谱构建技术综述[J].计算机研究与发展,2016,53(3):582-600.

[287] 黄峻福,李天瑞,贾真,等.中文异构百科知识库实体对齐[J].计算机应用,2016,36(7):1881-1886,1898.

[288] AGYEMANG M, LINSEY J, TURNER C. Transforming functional models to critical chain models via expert knowledge and automatic parsing rules for design analogy identification [J]. Artificial Intelligence for Engineering Design, Analysis and Manufacturing, 2017 (31): 501-511.

[289] 马远浩,曾卫明,石玉虎,等.基于加权词向量和LSTM-CNN的微博文本分类研究[J].现代计算机(专业版),2018(25):18-22.

[290] 李少波,吴正,杨观赐,等.基于类比设计的专利知识挖掘算法[J].计算机集成制造系统,2017(11):13-21.

[291] 张兆锋,张均胜,姚长青.一种基于知识图谱的技术功效图自动构建方法[J].情报理论与实践,2018,41(3):149-155.

[292] 陈颖,张晓林.专利技术功效矩阵构建研究进展[J].现代图书情报技术,2011(11):1-8.

[293] 许海云,方曙.基于专利功效矩阵的技术主题关联分析及核心专利挖掘[J].情报学报,2014,33(2):158-166.

[294] MARXT C. How incremental innovation becomes disruptive: the case of technology convergence: Proceedings of the 2004 IEEE International Engineering Management Conference, October 18-21, 2004 [C]. Piscataway: IEEE, 2004.

[295] 娄岩.基于专利的技术融合测度方法及实证研究[J].科研管理,2019,V40(11):134-145.

[296] BATAGELJ V. Efficient Algorithms for Citation Network Analysis [J]. Computer Sci-

ence, 2003, 19 (1): 111.

[297] VERSPAGEN B. Mapping Technological Trajectories as Patent Citation Networks. A Study on the History of Fuel Cell Research [J]. Research Memorandum, 2005, 10 (1): 93 – 115.

[298] MARTINELLI A. An emerging paradigm or just another trajectory? Understanding the nature of technological changes using engineering heuristics in the telecommunications switching industry [J]. Research Policy, 2011, 41 (2): 414 – 429.

[299] KIM J, LEE S. Forecasting and identifying multi-technology convergence based on patent data: the case of IT and BT industries in 2020 [J]. Scientometrics, 2017, 111 (1): 47 – 65.

[300] PARK I, YOON B. Technological opportunity discovery for technological convergence based on the prediction of technology knowledge flow in a citation network [J]. Journal of Informetrics, 2018, 12 (4): 1199 – 1222.

[301] RODRIGUEZ A, KIM B, TURKOZ M, et al. New multi-stage similarity measure for calculation of pairwise patent similarity in a patent citation network [J]. Scientometrics, 2015, 103 (2): 565 – 581.

[302] NO H J, PARK Y. Trajectory patterns of technology fusion: Trend analysis and taxonomical grouping in nanobiotechnology [J]. Technological forecasting and social change, 2010, 77 (1): 63 – 75.

[303] KO N, YOON J, SEO W. Analyzing interdisciplinarity of technology fusion using knowledge flows of patents [J]. Expert Systems with Applications, 2014, 41 (4): 1955 – 1963.

[304] HAN E J, SOHN S Y. Technological convergence in standards for information and communication technologies [J]. Technological Forecasting & Social Change, 2016 (106): 1 – 10.

[305] SAVIOTTI N. Coherence of the Knowledge Base and the Firm \ " s Innovative Performance: Evidence from the U. S. Pharmaceutical Industry [J]. The Journal of Industrial Economics, 2005, 53 (1): 123 – 142.

[306] PENNINGS J M, PURANAM P. Market convergence & firm strategies: towards a systematic analysis [J]. Retrieved August, 2000 (27): 2010.

[307] 陈悦, 王康, 宋超, 等. 基于技术融合视角下的人工智能技术嵌入态势研究 [J]. 科学学研究, 2021, 39 (8): 1448 – 1458.

[308] CAVIGGIOLI F. Technology fusion: Identification and analysis of the drivers of technology convergence using patent data [J]. Technovation, 2016, 55 – 56: 22 – 32.

[309] LEE W S, HAN E J, SOHN S Y. Predicting the pattern of technology convergence using

big-data technology on large-scale triadic patents [J]. Technological Forecasting and Social Change, 2015, 100: 317-329.

[310] 李丫丫, 赵玉林. 基于专利的技术融合分析方法及其应用 [J]. 科学学研究, 2016, 34 (2): 203-211.

[311] 慎金花, 闫倩倩, 孙乔宣, 等. 基于专利数据挖掘的技术融合识别与技术机会预测研究: 以电动汽车产业为例 [J]. 图书馆杂志, 2019, 38 (10): 95-106.

[312] 吴晓燕, 胡雅敏, 陈方. 基于专利共类的技术融合分析框架研究: 以合成生物学领域为例 [J]. 情报理论与实践, 2021 (10): 179-184.

[313] 王宏起, 夏凡, 王珊珊. 新兴产业技术融合方向预测: 方法及实证 [J]. 科学学研究, 2020, 38 (6): 1009-1017, 1075.

[314] FENG S, AN H, LI H, et al. The technology convergence of electric vehicles: Exploring promising and potential technology convergence relationships and topics [J]. Journal of Cleaner Production, 2020 (260): 120992.

[315] Nina, Preschitschek, Helen, et al. Anticipating industry convergence: semantic analyses vs IPC co-classification analyses of patents [J]. Foresight, 2013, 15 (6): 446-464.

[316] KATHI, EILERS, JONAS, et al. Patent-based semantic measurement of one-way and two-way technology convergence: The case of ultraviolet light emitting diodes (UV-LEDs)-ScienceDirect [J]. Technological Forecasting and Social Change, 2019 (140): 341-353.

[317] 王格格, 刘树林. 国际专利分类号间的知识流动与技术间知识溢出测度: 基于中国发明授权专利数据 [J]. 情报学报, 2020, 39 (11): 1162-1170.

[318] 王鑫, 赵蕴华, 高芳. 基于分类号和引文的专利相似度测量方法研究 [J]. 数字图书馆论坛, 2015, (1): 57-62.

[319] 叶佳鑫, 熊回香, 童兆莉, 等. 在线医疗社区中面向医生的协同标注研究 [J]. 数据分析与知识发现, 2020, 4 (06): 118-128.

[320] 熊回香, 李晓敏, 杜瑾. 基于学术关键词与共被引的学者推荐研究 [J]. 情报学报, 2021, 40 (7): 725-733.

[321] 谷勇浩, 黄博琪, 王继刚, 等. 基于半监督深度学习的木马流量检测方法 [J]. 计算机研究与发展, 2022 (6): 1329-1342.

[322] 沈国际, 周燕辉. 2000—2017年无人机专利技术发展态势分析 [J]. 国防科技, 2018, 39 (6): 87-92.

[323] LZ K, ZOU C Q, BU S H, et al. Multi-modal feature fusion for geographic image annotation [J]. Pattern Recognition: The Journal of the Pattern Recognition Society, 2018 (73): 1-14.